utb 3895

Eine Arbeitsgemeinschaft der Verlage

Böhlau Verlag · Wien · Köln · Weimar
Verlag Barbara Budrich · Opladen · Toronto
facultas · Wien
Wilhelm Fink · Paderborn
A. Francke Verlag · Tübingen
Haupt Verlag · Bern
Verlag Julius Klinkhardt · Bad Heilbrunn
Mohr Siebeck · Tübingen
Ernst Reinhardt Verlag · München · Basel
Ferdinand Schöningh · Paderborn
Eugen Ulmer Verlag · Stuttgart
UVK Verlagsgesellschaft · Konstanz, mit UVK/Lucius · München
Vandenhoeck & Ruprecht · Göttingen · Bristol
Waxmann · Münster · New York

StandardWissen Lehramt

Die Bände zur Pädagogischen Psychologie werden herausgegeben von Wolfgang Schneider

Bislang sind erschienen in der Reihe:

Interkulturalität und Schule von K. Göbel/P. Buchwald (utb 4642)
Emotion, Motivation und selbstreguliertes Lernen, 2. Auflage, von T. Götz (utb 3481)
Lernen mit Medien von G. Nieding/P. Ohler/G. D. Rey (utb 4001)
Die Entwicklung mathematischer Kompetenzen, 2. Auflage, von W. Schneider/P. Küspert/K. Krajewski (utb 3899)
Mündliche Kommunikation in der Schule von R. W. Wagner (utbB 2810)

Mareike Kunter / Ulrich Trautwein

Psychologie des Unterrichts

Ferdinand Schöningh

Die Autoren:

Prof. Dr. Mareike Kunter ist Professorin für Pädagogische Psychologie an der Goethe-Universität Frankfurt. Ihre Forschungsschwerpunkte umfassen Fragen der Unterrichtsqualität, die professionelle Kompetenz von Lehrkräften sowie Motivation im schulischen Kontext.

Prof. Dr. Ulrich Trautwein ist Professor für Empirische Bildungsforschung an der Universität Tübingen. Schwerpunkte seiner Forschung liegen im Bereich der Effektivität im Bildungssystem, der Kompetenzentwicklung bei Lehrkräften, der Unterrichtsqualität sowie der Entwicklung und Bedeutung schulischer Motivation.

Online-Angebote oder elektronische Ausgaben sind erhältlich unter **www.utb-shop.de**

Bibliografische Information der Deutschen Nationalbibliothek

Die Deutsche Nationalbibliothek verzeichnet diese Publikation in der Deutschen Nationalbibliografie; detaillierte bibliografische Daten sind im Internet über http://dnb.d-nb.de abrufbar.

© 2013 Verlag Ferdinand Schöningh, ein Imprint der Brill-Gruppe
(Koninklijke Brill NV, Leiden, Niederlande; Brill USA Inc., Boston MA, USA;
Brill Asia Pte Ltd, Singapore; Brill Deutschland GmbH, Paderborn, Deutschland)

Internet: www.schoeningh.de

Das Werk, einschließlich aller seiner Teile, ist urheberrechtlich geschützt. Jede Verwertung außerhalb der engen Grenzen des Urheberrechtsgesetzes ist ohne Zustimmung des Verlages unzulässig und strafbar. Das gilt insbesondere für Vervielfältigungen, Mikroverfilmungen und die Einspeicherung und Verarbeitung in elektronischen Systemen.

Printed in Germany.
Herstellung: Brill Deutschland GmbH, Paderborn
Einbandgestaltung: Atelier Reichert, Stuttgart

UTB-Band-Nr: 3895
ISBN 978-3-8252-3895-7

Vorwort zur Reihe

StandardWissen Lehramt – Studienbücher für die Praxis

Wie das gesamte Bildungswesen wird sich auch die künftige Lehramtsausbildung an Kompetenzen und Standards orientieren. Damit rückt die Frage in den Vordergrund, was Lehrkräfte wissen und können müssen, um ihre berufliche Praxis erfolgreich zu bewältigen. Das Spektrum reicht von fachlichen Fähigkeiten über Diagnosekompetenzen bis hin zu pädagogisch-psychologischem Wissen, um Lehren als Unterstützung zur Selbsthilfe und Lernen als eigenaktiven Prozess fassen zu können.

Kompetenzen werden nicht in einem Zug erworben; Lehrerbildung umfasst nicht nur das Studium an einer Hochschule, sondern ebenso das Referendariat und die Berufsphase. Die Reihe StandardWissen Lehramt bei UTB bietet daher Lehramtsstudierenden, Referendaren, Lehrern in der Berufseinstiegsphase und Fortbildungsteilnehmern jenes wissenschaftlich abgesicherte Know-How, das sie im Rahmen einer neu orientierten Ausbildung wie auch später in der Schule benötigen. Fachdidaktische und pädagogisch-psychologische Themen werden gleichermaßen in dieser Buchreihe vertreten sein – einer Basisbibliothek für alle Lehramtsstudierenden, Referendare, Lehrerinnen und Lehrer.

Inhalt

Seite 11   Vorwort

13   1   Unterrichtspsychologie: Grundlagen

14   1.1   Unterricht planen und gestalten

15   1.2   Ein psychologisches Rahmenmodell zum Verständnis von Unterricht

19   1.3   Wie kann die Qualität von Unterricht bestimmt werden?

21   1.4   Zur Gliederung des Buches

23   2   Die Nutzung des Lernangebots und individuelle Lernvoraussetzungen

24   2.1   Wie lernen wir?

25   2.2   Lernen als aktive Informationsverarbeitung
26   2.2.1   Das Drei-Speicher-Modell
30   2.2.2   Informationsverarbeitung: ein wissensgesteuerter Konstruktionsprozess
30   2.2.3   Der langwierige Weg vom Arbeitsgedächtnis ins Langzeitgedächtnis

36   2.3   Lernen als sozialer Prozess: Soziokonstruktivistische Lerntheorien
36   2.3.1   Lernen ist ein sozialer Prozess
39   2.3.2   Wissen ist mehr als Information
42   2.3.3   Implikationen für den Unterricht

43   2.4   Motivationale Prozesse

47   2.5   Individuelle Voraussetzungen: Kognitives Lernpotenzial und motivationale Prädispositionen als Ursachen und Folgen des Lernens
48   2.5.1   Kognitives Lernpotenzial
49   2.5.2   Motivationale Prädispositionen

53	3	ANSÄTZE ZUR BESCHREIBUNG UND ANALYSE DES UNTERRICHTSANGEBOTES
54	3.1	Unterricht als eine Lernsituation mit vielen Facetten
56	3.1.1	Typische Merkmale der Unterrichtssituation
60	3.1.2	Unterricht als eine Lern-*Gelegenheit*
62	3.2	Unterricht beschreiben und analysieren
64	3.2.1	Sicht- und Tiefenstrukturen
67	3.2.2	Zur fachlichen Einbettung von Unterricht
68	3.2.3	Unterrichtsforschung
75	4	LEHR-LERNPROZESSE IM UNTERRICHT
76	4.1	Ein Blick auf die Tiefenstrukturen
78	4.2	Classroom Management
79	4.2.1	Wie man die Klasse führen kann – die Studien von Kounin
81	4.2.2	Wie kann effektive Klassenführung im Unterricht umgesetzt werden?
85	4.3	Potenzial zur kognitiven Aktivierung
87	4.3.1	Wie kann kognitive Aktivierung im Unterricht erreicht werden?
91	4.3.2	Kognitive Aktivierung beschreibt Lernprozesse, nicht die Schwierigkeit von Lerninhalten
93	4.3.3	Aktivieren und Üben: Der Schlüssel zu einem soliden Wissensaufbau
94	4.4	Konstruktive Unterstützung
95	4.4.1	Aspekte konstruktiver Unterstützung
97	4.4.2	Wie kann konstruktive Unterstützung im Unterricht umgesetzt werden?
102	4.4.3	Sozialklima – wie gehen die Lernenden miteinander um?
103	4.5	Zusammenspiel zwischen Classroom Management, kognitiver Aktivierung und Unterstützung
107	5	UNTERRICHTSMETHODEN
108	5.1	Sichtstrukturen des Unterrichts

110	5.2	Von der Lehrkraft angeleitetes Lernen: Lehrergesteuerte Unterrichtsmethoden
111	5.2.1	Frontalunterricht – ein Relikt aus früheren Zeiten, das abgeschafft werden sollte?
112	5.2.2	Formen des lehrerzentrierten Unterrichts
120	5.3	Methoden des gemeinsamen Lernens: Gruppenarbeit und Kooperatives Lernen
121	5.3.1	Lernen in der Gruppe – Anspruch und Wirklichkeit
124	5.3.2	Welche Faktoren machen gemeinsames Arbeiten und Lernen effektiv?
126	5.3.3	Kooperative Lernmethoden
129	5.4	Individualisiertes Lernen: Problemorientierte Unterrichtsmethoden
129	5.4.1	Die Aufgabe selbst leitet die Lernenden
130	5.4.2	Formen des offenen Unterrichts
134	5.4.3	Effekte und Herausforderungen offener Unterrichtsmethoden
141	6	BEDINGUNGEN FÜR QUALITÄTVOLLEN UNTERRICHT: DIE PROFESSIONELLE KOMPETENZ VON LEHRKRÄFTEN
142	6.1	Was macht eine „gute" Lehrkraft aus?
143	6.2	Professionelle Kompetenz als Grundstein für qualitätvollen Unterricht
149	6.3	Die Aspekte der professionellen Kompetenz
149	6.3.1	Professionelles Wissen
151	6.3.2	Professionelle Überzeugungen
156	6.3.3	Motivation
158	6.3.4	Berufliche Selbstregulation
161	7	RAHMENBEDINGUNGEN DES UNTERRICHTS
162	7.1	Unterricht ist immer kontextabhängig
163	7.2	Klassenzusammensetzung
167	7.3	Schulformeffekte

Inhalt

168	7.4	Weitere Kontextfaktoren
173	7.5	Familiäre Herkunft
175	7.6	Kulturelle Rahmenbedingungen
180		Im Text zitierte Internetquellen
180		Weiterführende Literatur und praktische Ratgeber
182		Literaturverzeichnis
203		Stichwortregister

Vorwort

Der Unterricht ist das Zentrum schulischen Lebens. Kinder und Jugendliche verbringen einen großen Teil ihrer Lebenszeit in Unterrichtsstunden und für Lehrkräfte ist das Unterrichten die Haupttätigkeit, um die sich ihr berufliches Handeln dreht. Doch was macht guten Unterricht aus? Wie kann Unterricht möglichst lernförderlich gestaltet werden? Welche Vorteile haben bestimmte Methoden oder Strategien? Das vorliegende Buch behandelt diese und ähnliche Fragen auf Basis pädagogisch-psychologischer Erkenntnisse.

Angesichts der zentralen Bedeutung von Unterricht ist die oft in Vorworten zu lesende Rechtfertigung, warum es dieses speziellen Bandes bedarf, in unserem Falle verzichtbar. Auch zum Adressatenkreis bedarf es keiner langen Worte: Wir haben den Band für Lehramtsstudierende geschrieben. Er kann in den pädagogischen/psychologischen Veranstaltungen des Studiums eingesetzt oder auch für die Prüfungsvorbereitung verwendet werden. Es ist ein Grundlagenband, der das vorhandene Wissen selektiv – und nur an wenigen Stellen detailliert – aufarbeitet. Didaktisch begründete Straffungen waren uns wichtiger als wissenschaftlich erwünschte Vollständigkeit. Mit dem Risiko, dass wir dadurch eine positivere Resonanz und größere Lerneffekte bei den Studierenden erzielen als bei unseren Fachkollegen, wollen wir gern leben – es würde sich somit erwünschterweise um ein Lernangebot mit differenzieller Wirkung handeln.

Die Basis des vorliegenden Buchs stellen unsere Lehrveranstaltungen für Lehramtsstudierende an den Universitäten Frankfurt und Tübingen dar, die wir für diesen Band weiter vertieft und systematisiert haben. Über die Jahre hinweg haben wir von vielen Studierenden und Kolleginnen und Kollegen wertvolle Hinweise und Unterstützung erhalten, für die wir uns an dieser Stelle herzlich bedanken wollen. Ein besonderer Dank geht an Caroline Stöss und René Staab für die Fertigstellung des Manuskripts und an Andreas Gold für hilfreiches Feedback zu einem Großteil des Textes.

Frankfurt und Tübingen im Oktober 2012

Mareike Kunter und Ulrich Trautwein

Unterrichtspsychologie: Grundlagen

1.1 Unterricht planen und gestalten

Das Unterrichten ist die Kernaufgabe des Lehrerberufs. Bedenkt man, dass in Deutschland ein Lehrer oder eine Lehrerin aktuell im Schnitt ein wöchentliches Unterrichtsdeputat von 23-28 Stunden hat (KMK, 2012) und darüber hinaus noch ein Großteil der restlichen Arbeitszeit mit Unterrichtsvorbereitung, -nachbereitung oder unterrichtsbezogenen Korrekturen verbracht werden, so wird deutlich, dass „Unterricht" das Thema ist, das Sie als zukünftige Lehrkraft in den folgenden Jahren mehr als alles andere beschäftigen wird. Eine gute Unterrichtsstunde kann eine Quelle großer professioneller Zufriedenheit sein und für viele Lehrkräfte ist es einer der schönsten beruflichen Momente, wenn sie bemerken, dass die eigenen didaktischen Planungen aufgegangen und Schülerinnen und Schüler motiviert und konzentriert bei der Sache sind. Eine missratene Unterrichtsstunde, Klassen, die man nicht in Griff bekommt, und das Gefühl, die Schülerinnen und Schüler nicht richtig motivieren zu können, gehören dagegen zu den weniger erstrebenswerten Momenten im Berufsleben einer Lehrerin oder eines Lehrers.

Unterricht verstehen   Um Unterricht zu verstehen und um die eigene Unterrichtspraxis zu verbessern, können verschiedene Wege beschritten werden. Sie können sich daran erinnern, wie Sie Unterricht als Schüler oder Schülerin erlebt haben und daraus schlussfolgern, was Sie selbst besser oder genauso machen möchten. Sie können erfahrene Kollegen beobachten, von ihnen lernen und sich Rat holen. Sie können sich auch direkt in die Praxis begeben und durch Ausprobieren und Reflektieren ermitteln, welche Vorgehensweisen Ihnen am besten geeignet erscheinen. Auf dem Weg in die eigene Unterrichtspraxis werden Sie merken, dass Unterricht ein komplexes Gefüge ist, bei dem viele Aspekte zu beachten sind und viele Dinge gleichzeitig geschehen. Das vorliegende Buch soll Ihnen eine Orientierungshilfe auf dem Weg zu einer gelungenen Unterrichtspraxis sein. Wir werden Unterricht im Hinblick darauf untersuchen, durch welche Bedingungen nachhaltige Lernprozesse bei den Schülerinnen und Schülern angeregt werden können, und werden darstellen, wie psychologische Erkenntnisse genutzt werden können, um die Unterrichtsqualität zu optimieren.

Da Unterricht ein sehr vielschichtiges Geschehen ist, das nur schwer in seiner Gesamtheit angemessen beschrieben werden kann, werden wir in diesem Einführungskapitel zunächst ein theoretisches Rahmenmodell vorstellen, das hilfreich ist, um Unterricht zu analysieren und zu bewerten (Abschnitt 1.2). Wir werden uns dann Gedanken darüber machen, ob man überhaupt von „gutem" und „schlechtem" Unterricht sprechen kann und Kriterien für die Bewertung von Unterricht beschreiben (Abschnitt 1.3). Das Kapitel schließt mit einer Vorschau auf die folgenden Kapitel, die anhand des Rahmenmodells gegliedert sind (Abschnitt 1.4).

1.2 Ein psychologisches Rahmenmodell zum Verständnis von Unterricht

Woran liegt es, ob eine Schülerin beziehungsweise ein Schüler viel oder wenig lernt? Bitte überlegen Sie einen kurzen Moment. Schreiben Sie Ihre Gedanken ruhig auf – wir werden später nochmals darauf zurückkommen.

_____

_____

_____

_____

_____

_____

_____

_____

Wenn wir ähnliche Fragen den Teilnehmerinnen und Teilnehmern in unseren Vorlesungen stellen, so erhalten wir eine Vielzahl unterschiedlicher Antworten. Als Gründe für nicht befriedigende

Schulleistungen wird die Motivation der Schülerinnen und Schüler („faule Schüler") ebenso genannt wie deren familiäre („Eltern kümmern sich nicht") und intellektuelle Voraussetzungen („fehlende Intelligenz"). Darüber hinaus kommen der Medienkonsum („exzessiv"), aber auch Aspekte des Unterrichts („langweiliger Frontalunterricht"), die Klassengröße („zu groß"), die Lehrerschaft (zu „alt" oder „schlecht ausgebildet"), das Bildungssystem („Schüler werden in Hauptschule abgeschoben") sowie sehr viele weitere Faktoren zur Sprache.

Keine Frage: Bei den meisten der von Ihnen bzw. von unseren Studierenden genannten Faktoren scheint es plausibel zu sein, dass sie im Zusammenhang damit stehen, wie viel eine Schülerin bzw. ein Schüler lernt. Aber wie bedeutsam ist die Rolle des jeweiligen Faktors? Und auf welche Art und Weise hängt er mit anderen Faktoren zusammen? Dies herauszufinden ist eine zentrale Aufgabe der Wissenschaft vom Lernen und Lehren – einem der spannendsten und komplexesten Teilgebiete der Psychologie.

Rahmenmodelle Eine wichtige Rolle im Forschungsprozess zum Lehren und Lernen nehmen so genannte „Rahmenmodelle" ein. Rahmenmodelle sind Vereinfachungen der Wirklichkeit; man kann sie auch „nützliche Fiktionen" nennen: Sie heben diejenigen Faktoren hervor, denen man eine besonders wichtige Rolle beim Lehren und Lernen zuspricht (bzw. solche Faktoren, die sich in empirischen Studien bereits als besonders bedeutsam erwiesen haben), und sie spezifizieren die Beziehungen, die zwischen den unterschiedlichen Faktoren bestehen. „Rahmenmodelle" sind – wie der Name bereits impliziert – auf einer eher abstrakten Ebene gehalten. Typische Rahmenmodelle des Lehrens und Lernens benennen beispielsweise die Motivation der Schülerinnen und Schüler als relevanten Faktor, aber sie führen nicht genauer aus, was genau unter „Motivation" zu verstehen ist. Die einzelnen Faktoren von Rahmenmodellen müssen deshalb jeweils nochmals genauer definiert und in ihrer Bedeutung beim Lehren und Lernen untersucht werden.

Aber nicht nur für die Forschung sind Rahmenmodelle von großem Nutzen. Für Studierende, die sich erstmals systematisch mit der Materie auseinandersetzen, bieten sie ein praktikables Orientierungsgerüst, das sukzessive mit Inhalt gefüllt und oftmals auf der Basis eigener Erfahrungen später weiter differenziert wird. Für den vorliegenden Band ziehen wir das Angebots-

1.2 Ein Rahmenmodell zum Verständnis von Unterricht

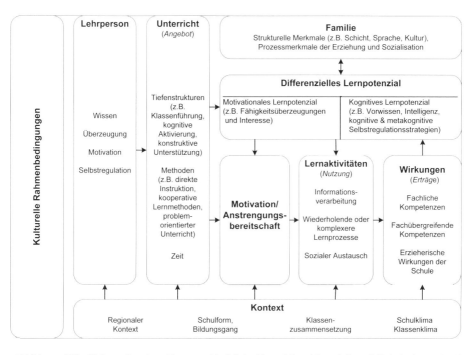

Abbildung 1 | Modifiziertes Angebots-Nutzungs-Modell der Unterrichtswirksamkeit nach Helmke (2012, S. 71)

Nutzungs-Modell des Psychologen Andreas Helmke (2012) als Rahmenmodell heran und haben dieses geringfügig modifiziert. Das Rahmenmodell wird uns als ein Orientierungsrahmen durch den gesamten Band begleiten.

Angebots-Nutzungs-Modell

Nach dem Angebots-Nutzungs-Modell ist Unterricht als ein *Angebot* zu verstehen, das seitens der Adressaten – der Schülerinnen und Schüler – *genutzt* werden kann und nicht zwangsläufig den gewünschten *Ertrag* garantiert. Angebot, Nutzung und Ertrag stellen in dem Modell deshalb zentrale Komponenten dar.

Das Unterrichts-Angebot (Box „Unterricht" in der Abbildung) kann sehr unterschiedlich sein: Es kann viel oder wenig Lernzeit zur Verfügung stehen, der Unterricht und das Lernmaterial können mehr oder weniger gut strukturiert oder unterstützend sein, mehr oder weniger stark aktivieren. Je besser dieses Angebot, umso wahrscheinlicher ist es, dass Schülerinnen und Schüler lernen. Die Qualität und Quantität des Unterrichts – also des

Angebots – sind jedoch lediglich eine von mehreren Bedingungen erfolgreichen Lernens und determinieren das Lernergebnis nicht vollständig.

Unterricht als Lerngelegenheit

Schule und Unterricht stellen Lern*gelegenheiten* bereit, die von Lernenden genutzt und konstruktiv gestaltet werden müssen. *Nutzung* bedeutet dabei, dass Lernen immer ein aktiver, selbstgesteuerter und letztlich individueller Prozess ist: Schülerinnen und Schüler unterscheiden sich darin, wie sehr sie sich anstrengen, welche Lernstrategien sie anwenden und welche Lernaktivitäten sie insgesamt zeigen (Boxen „Lernaktivitäten" und „Motivations/Anstrengungsbereitschaft").

Nur wenn Lernangebote auch von den Lernenden aufgegriffen und genutzt werden, sind überhaupt Wirkungen zu erwarten.

Schulische Wirkungen

Schulische Wirkungen (Box „Erträge") sind vielfältig (Kunter, 2005). Natürlich stellt die Vermittlung aller Art von Kenntnissen zur Vorbereitung auf das Berufs- und Erwachsenenleben ein zentrales schulisches Ziel dar. Schulisches Lernen sollte allerdings nicht nur fachbezogene Inhalte und Fertigkeiten, sondern auch fächerübergreifende Kompetenzen, wie etwa Lern- oder Problemlösekompetenzen umfassen (Artelt, Baumert, Julius-McElvany & Peschar 2003; Weinert & Schrader, 1997). Weiterhin gilt es, Erziehungsziele wie Selbstständigkeit und Selbstvertrauen zu fördern, und auch das Erreichen sozialer und emotionaler Ziele kann als Ergebnis erfolgreichen Unterrichts verstanden werden (Helmke & Schrader, 1990). Der Ertrag von Unterricht kann folglich multikriterial beschrieben werden (Helmke, 2012). Im Mittelpunkt des vorliegenden Bandes stehen kognitive Lernerträge, wir gehen jedoch nach Möglichkeit auch auf andere Unterrichtsziele ein.

Ob und wie Lernende das Angebot nutzen und welche Wirkungen es entfaltet, hat viel mit ihren individuellen Voraussetzungen

Lernpotenzial

zu tun, also ihrem Lernpotential in Bezug auf Vorkenntnisse, Motivation und Anstrengungsbereitschaft, allgemeine Intelligenz und vieles mehr (Box „Differenzielles Lernpotenzial"). Dass dieses Lernpotenzial auch eine Folge bestimmter familiärer Anregung und Förderung ist, ist mittlerweile in vielen Studien nachgewiesen (Box „Familie"). Das Angebots-Nutzungs-Modell verdeutlicht somit die entscheidende Rolle, die die Lerner selbst im unterrichtlichen Lernprozess spielen, und es zeigt, dass sich Unterrichtsangebote nicht direkt in Lernerfolge „umsetzen" lassen.

Ein genauerer Blick auf das Angebots-Nutzungs-Modell macht zudem deutlich, dass das Lernangebot, die Nutzung dieses Angebots, und die Erträge von zusätzlichen, so genannten Kontextfaktoren abhängen (Boxen „Kontext" und „Kulturelle Rahmenbedingungen"). Dabei geht es um die schulischen und gesellschaftlichen Bedingungen, die Einfluss auf das Unterrichtsgeschehen nehmen können. Um Unterricht in hoher Qualität anbieten zu können, benötigen Lehrkräfte natürlich bestimmte Eigenschaften und Kompetenzen (Kasten „Lehrperson") – und wir hoffen, dass wir mit diesem Buch Ihre Kompetenzen ein wenig unterstützen können! Wir werden auf das Angebots-Nutzungs-Modell in diesem Buch immer wieder eingehen. Eine Anwendung auf ein praktisches Unterrichtsbeispiel findet sich in Kapitel 3.

1.3 Wie kann die Qualität von Unterricht bestimmt werden?

Woran lässt sich nun festmachen, ob ein Unterricht hohe Qualität aufweist oder nicht? Aus dem bisher Gesagten geht hervor, dass die Qualität von Unterricht daran festzumachen ist, inwieweit es Lehrkräften gelingt, den Schülerinnen und Schülern die Möglichkeit zu eröffnen, verständnisvolle Lernprozesse zu beginnen und aufrechtzuerhalten, das heißt also für angemessene Anregung und Unterstützung zu sorgen.

Diese Bewertung kann erstens normativ erfolgen, indem geprüft wird, inwieweit bestimmte im Konsens von Forschern und Praktikern als angemessen geltende Methoden und Strategien tatsächlich im Unterricht umgesetzt werden (vgl. Ditton, 2006). So könnte man zum Beispiel der Auffassung sein, dass es wichtig ist, partizipative Formen zu praktizieren, damit Schülerinnen und Schüler Eigeninitiative entwickeln. Es gibt also Wertvorstellungen darüber, wie Unterricht zu sein hat. Weist Unterricht Kriterien im Sinne dieser Wertvorstellungen auf, dann wäre er als „gut" zu bezeichnen (Berliner, 2005).

Ein zweiter Ansatz zur Bewertung der Qualität von Unterricht ist es, zu untersuchen, welche Methoden oder Strategien denn tatsächlich zu den erwünschten Effekten führen (Berliner, 2005; Ditton, 2006). Es gibt mittlerweile zahlreiche Studien, die bestimmte Methoden oder Vorgehensweisen miteinander vergleichen und beispielsweise prüfen, welche Lernerfolge mit Kooperativem Lernen oder Direkter Instruktion (siehe Kapitel 5) zu erreichen sind (z.B. Hattie, 2009; Seidel & Shavelson, 2007). Aus dieser Perspektive heraus ist Unterricht dann effektiv, wenn er nachweislich bestimmte festgelegte Ziele erreicht.

Qualitätvoller Unterricht

Der Psychologe David Berliner plädiert dafür, bei der Bewertung von Unterricht beide Perspektiven miteinander zu verknüpfen (Berliner, 2005). Qualitätvoller Unterricht , so sein Vorschlag, sollte beiden Kriterien genügen: Er sollte „gut" in dem Sinne sein, dass er Merkmale aufweist, die aus normativen Wertvorstellungen heraus sinnvoll und wünschenswert sind, aber gleichzeitig sollten diese Vorgehensweisen auch die gewünschten Erträge zeigen, also nachweislich die Entwicklung der Schülerinnen und Schüler fördern. Ein solcher Unterricht, so Berliner, lässt sich dann als „qualitätvoll" bezeichnen (siehe Abbildung 2).

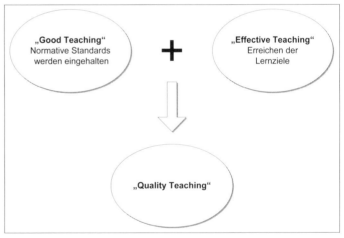

Abbildung 2 | Qualitätvoller Unterricht entspricht normativen Wertvorstellungen und erreicht seine Ziele (nach Berliner, 2005)

Die Psychologie kann sehr viel zu unserem Verständnis von qualitätvollem Unterricht beitragen. Psychologische Theorien und Erkenntnisse über Lernen und Entwicklung können Hilfestellungen sein, um normative Bewertungen über Unterricht zu begründen. Die Psychologie liefert empirisch überprüfbare Theorien über Lernen und Instruktion, die sich auf komplexe Unterrichtssituationen anwenden lassen. Die Psychologie kann aber auch auf eine umfangreiche Forschung zu Effekten von Unterricht zurückblicken. Die Zusammenstellung der Themen dieses Buches ist daher durch die aktuelle empirische Befundlage geprägt. Wir werden in diesem Buch immer wieder auf Forschungsergebnisse eingehen, die zeigen, welche Belege es für die Wirksamkeit bestimmter Unterrichtsmerkmale gibt. Wir werden aber auch zeigen, in welchen Bereichen wir bisher nur wenig gesicherte Erkenntnisse zur Wirksamkeit haben, und diskutieren, welche Alltagsmeinungen gerade nicht durch empirische Erkenntnisse gestützt werden.

1.4 Zur Gliederung des Buches

Das Buch, das Sie in den Händen halten, behandelt nicht alle Aspekte des Angebots-Nutzungs-Modells in gleicher Tiefe. Vielmehr liegt ein starker Fokus auf dem Unterrichtsangebot, der Nutzung dieses Angebots und den Wirkungen. Gleich drei Kapitel (die Kapitel 3, 4 und 5) beschreiben Aspekte des Unterrichtsangebots und diskutieren deren Wirkungen. Diese Beschreibung des Unterrichtsangebots ist der Kern dieses Buches. Aber um zu verstehen, was Unterrichtsqualität (das Angebot) ausmacht, muss verständlich werden, wann, wie und warum Schülerinnen und Schüler Lernaktivitäten zeigen und dabei mehr oder weniger Nutzen aus dem Angebot ziehen (Kapitel 2). In den Abschnitten 2.2 und 2.3 wird zunächst beschrieben, wie Schülerinnen und Schüler lernen. Anders gesagt: Wie kommt Wissen in den Kopf und bleibt dort „stecken"? Die Antwort, ganz verkürzt: Wenn wir lernen, dann bilden wir das Lernmaterial nicht eins zu eins ab, sondern verarbeiten selektiv Informationen und speichern die neuen Informationen – unter Rückgriff auf das, was wir bereits von der Welt wissen – in veränderter Form ab. Wissensaufbau lässt sich entsprechend nicht mit einer „Kopie" der Wirklichkeit vergleichen. Dies hat natürlich wichtige Konsequenzen dafür, wie guter Unterricht auszusehen hat. Im Idealfall macht Lernen Spaß und wird als wenig anstrengend erlebt. Der Normalfall sieht für viele Schülerinnen und Schüler aber anders aus. Unter welchen Bedingungen welche motivationalen Prozesse wichtig werden, wird in Abschnitt 2.4 thematisiert. Abschnitt 2.5, der Unterschiede in den Voraussetzungen von Lernenden beschreibt, rundet die Ausführungen zur Nutzung des Unterrichts ab.

Wie erwähnt beschreiben die Kapitel 3 bis 5 den Stand der Forschung zu verschiedenen Aspekten des Unterrichtsangebots. Unterricht in hoher Qualität sorgt dafür, dass das dargebotene Wissen „intelligent verarbeitet" werden kann, und hilft mit, dass die Schülerinnen und Schüler die Bereitschaft aufweisen, die dargebotenen Informationen auch wirklich aktiv zu verarbeiten. Kapitel 3 greift noch einmal das Angebots-Nutzungs-Modell auf und führt einige wichtige Begriffe ein, die hilfreich für das Verstehen von Unterricht sind. In Kapitel 4 gehen wir dann auf so genannte Tiefenstrukturen ein und beschreiben, welche Lehr-Lerninteraktionen im Unterricht wünschenswert sind und wie man diese durch die Unterrichtsgestaltung fördern kann. Kapitel 5 behandelt dann ausgewählte Unterrichtsmethoden (Sichtstrukturen) vor dem Hintergrund dieser Prozesse. Dass Unterricht bei weitem nicht jeder Lehrkraft in wünschenswerter Weise gelingt, muss nicht weiter ausgeführt werden. Aus praktischer und wissenschaftlicher Hinsicht ist es daher sehr wichtig zu prüfen, warum manche Lehrkräfte erfolgreicher sind als andere. Die entsprechenden Kompetenzen werden in Kapitel 6 kurz beschrieben. Kapitel 7 schließlich geht noch in aller Kürze auf Rahmenbedingungen schulischen Lernens ein; insbesondere die Effekte von Schulform, Klassenzusammensetzung und familiärem Hintergrund werden kurz besprochen.

2 Die Nutzung des Lernangebots und individuelle Lernvoraussetzungen

2.1 Wie lernen wir?

Es ist der Traum jedes Schülers: Ganz ohne Anstrengung zu lernen, einfach so „nebenbei". Das berühmte Buch unter dem Kopfkissen beschreibt diesen Wunsch sehr anschaulich. Wäre es nicht schön, wenn man Dinge lernen könnte, ohne es überhaupt zu merken?

Implizites Lernen   Die psychologische Forschung zeigt: Es gibt tatsächlich Formen des unbewussten (impliziten) Lernens. Menschen verarbeiten ständig Informationen aus der Umwelt. Auch solche Informationen, die nicht ins Bewusstsein dringen, können gewisse Spuren im Gedächtnis hinterlassen. Ein Beispiel: Wissenschaftler haben Versuchsteilnehmerinnen und Versuchsteilnehmer in psychologischen Experimenten über Computermonitore Zahlen gezeigt und gebeten zu sagen, welche Zahlen sie gesehen hatten. Allerdings waren diese Zahlen nur wenige Millisekunden auf den Monitoren dargeboten – so kurz, dass die Versuchsteilnehmerinnen und -teilnehmer sich sicher waren, höchstens einen Lichtblitz gesehen zu haben. Entsprechend abwegig fanden sie es auch, dass sie nun Zahlen nennen sollten, die sie doch gar nicht hatten sehen können. Nannten sie trotzdem Zahlen, so lagen sie tatsächlich statistisch signifikant über der Zufallswahrscheinlichkeit. Die Versuchsteilnehmerinnen und -teilnehmer hatten gelernt, ohne es zu merken und ganz ohne aktive, bewusste Lernbemühungen (vgl. Frensch & Rünger, 2003).

Kann man also doch an den Anstrengungen des aktiven, bewussten Lernens vorbeikommen? Die Antwort der Wissenschaft fällt leider desillusionierend aus: Das allermeiste, das wir in der Schule lernen (sollen), erfordert eine bewusste Lernaktivität, eine aktive Nutzung dessen, was an Lernstoff angeboten wird. Implizites Lernen, das unterhalb der Bewusstseinsschwelle stattfindet, ist nur für sehr wenige Lerninhalte geeignet und ausgesprochen ineffektiv – man bräuchte Jahre, um einige wenige Wissensbestände sicher zu erlernen (Stadler & Frensch, 1998). Lernen benötigt eigene Aktivität – es wird deshalb in der Regel auch als anstrengend erlebt. Nicht umsonst gibt es in der Schule Erholungspausen (die offiziellen Pausen sowie die zusätzlichen Pausen, die sich Schüler während der Unterrichtsstunden nehmen).

In diesem Kapitel stellen wir zunächst dar, wie Lernstoff aufgenommen und verarbeitet wird; dies geschieht unter dem Rückgriff auf zwei theoretische Ansätze, nämlich die Informationsverarbeitungstheorie und die soziokonstruktivistischen Lerntheorien (Abschnitte 2.2 und 2.3). Anschließend gehen wir darauf ein, unter welchen Umständen es besonders wahrscheinlich ist, dass Schülerinnen und Schüler die für das Lernen notwendigen aktiven Lernhandlungen zeigen, eben weil sie „motiviert" sind (Abschnitt 2.4). Abschnitt 2.5 stellt dann verschiedene individuelle Merkmale vor, die es wahrscheinlich machen, dass Schülerinnen und Schüler motiviert und effektiv lernen. Vielleicht kennen Sie bestimmte Lerninhalte, die in diesem Kapitel behandelt werden, bereits aus einer Lehrveranstaltung oder einem anderen Lehrbuch – dann überspringen Sie bitte einfach die entsprechenden Unterkapitel.

2.2 Lernen als aktive Informationsverarbeitung

Bitte prägen Sie sich eine Telefonnummer ein. Sie sollen sich möglichst lange an die Telefonnummer erinnern. Nehmen Sie sich also ruhig eine Minute Zeit dafür. Sie finden die Nummer, die Sie sich merken sollten, auf Seite 52 dieses Buchs.

Sie haben sich die Nummer eingeprägt? Gut! Wie sind Sie dabei vorgegangen? Bitte schreiben Sie kurz Ihre Merkstrategie auf.

_____

_____

_____

Bitte schreiben Sie nun auch noch die Telefonnummer hier auf.

_____

Wie haben Sie dieses Wissen abgespeichert? Welchen Weg „durch das Gehirn" geht Lernstoff, bevor er sicher verankert wird? Und warum klappt es nicht immer? Die Lernpsychologie hat eine Reihe von „Modellen" entwickelt, die erklären sollen, wie die Informationsverarbeitung und das Gedächtnis funktionieren. Gute Modelle bzw. Modellvorstellungen sind – siehe unsere Anmerkung zum Angebots-Nutzungs-Modell im ersten Kapitel – „nützliche Fiktionen": Sie vereinfachen die Wirklichkeit, aber diese vereinfachte Version der Wirklichkeit ist sehr hilfreich, weil sie Forschung anregt und das Verständnis von Lehr-Lern-Prozessen erhöht. Wir verwenden in dem vorliegenden Kapitel das Drei-Speicher-Modell des Gedächtnisses (vgl. Atkinson & Shiffrin, 1971) als Grundlage, die wir mit zentralen Gedanken und Erkenntnissen anderer Modelle ergänzen.

2.2.1 Das Drei-Speicher-Modell

Informations-
verarbeitung

Eine graphische Veranschaulichung des Drei-Speicher-Modells sehen Sie in Abbildung 3. Nach dem Drei-Speicher-Modell werden drei Subsysteme der Informationsverarbeitung/-speicherung unterschieden: das sensorische Gedächtnis, das Arbeitsgedächtnis sowie das Langzeitgedächtnis.

Sensorisches
Gedächtnis

Werden Sie mit neuen Informationen in Kontakt gebracht – also beispielsweise der Telefonnummer, die Sie sich merken sollten –, so gelangen diese Informationen zunächst in das sensorische Gedächtnis. Es handelt sich hierbei um ein für jede Sinnesmodalität spezifisches Gedächtnis, in dem eine große Menge von Informationen für sehr kurze Zeit festgehalten wird. Das meiste, was im sensorischen Gedächtnis ankommt (Bilder, Geräusche, Gerüche, ...), nehmen wir gar nicht bewusst wahr. Information, die nicht weiterverarbeitet wird, wird innerhalb von kurzer Zeit (es geht hier um einen Bereich von Zehntelsekunden bis zu wenigen Sekunden) überschrieben und ist dann nicht mehr zugänglich.

Arbeitsgedächtnis

Damit Informationen „weiterverarbeitet" werden, müssen sie in das Arbeitsgedächtnis gelangen, den zentralen Ort für die bewusste Verarbeitung von Informationen. In Abbildung 3 ist das Arbeitsgedächtnis in der Mitte der Abbildung zu sehen. Das Arbeitsgedächtnis wird oft auch als „Zentrale" der Informationsver-

Abbildung 3 | Das Drei-Speicher-Modell der Informationsverarbeitung und -speicherung

arbeitung beschrieben: Hier wird bewertet, welche Bedeutung ein neuer Reiz hat, wie er mit anderen Informationen zusammenhängt, und wie mit ihm umgegangen werden soll. Weil im Arbeitsgedächtnis die verschiedenen Informationen zusammen gebracht und verarbeitet werden, wird das Arbeitsgedächtnis oft auch mit dem Arbeitsspeicher im Computer verglichen. Aus dem Arbeitsspeicher können Informationen in das Langzeitgedächtnis (siehe die Box ganz rechts in Abbildung 3) transferiert werden.

Leider unterliegt das Arbeitsgedächtnis in mehrfacher Hinsicht Beschränkungen, die enorme Implikationen für das Lernen und Lehren haben:

- Die Kapazität des Arbeitsgedächtnisses ist relativ klein. Man hat das Arbeitsgedächtnis auch als „Flaschenhals" beim Lernen beschrieben. Die meisten Menschen können sich rund sieben Zahlen, Wörter bzw. Gegenstände gleichzeitig merken, meist nicht viel mehr (die *„magical number seven"*, vgl. Miller, 1956).
- Die bewusste Aufmerksamkeit von Menschen kann in der Regel auf nur eine Sache gerichtet werden. Ein Beispiel: Wir können immer nur einem Gespräch gleichzeitig konzentriert folgen – kein Wunder, dass Professorinnen und Professoren wenig glücklich sind, wenn sich Studierende in Vorlesungen mit ihren Banknachbarn unterhalten.
- Das Arbeitsgedächtnis ist „vergesslich": Die Zeit, in der Informationen im Arbeitsgedächtnis gehalten werden, umfasst nur wenige Sekunden (eine andere Bezeichnung für das Arbeitsgedächtnis ist daher „Kurzzeitgedächtnis"). Neue Informationen, die nicht fortlaufend wiederholt werden oder ins Langzeitgedächtnis transferiert werden, sind daher sehr schnell verloren. Telefonnummern, die Sie nur einmal gehört haben,

sind ein gutes Beispiel – wenn Sie sie nicht innerlich wiederholen, ist die Nummer rasch vergessen.

Langzeitgedächtnis

Um Informationen bzw. Lerninhalte nicht verloren gehen zu lassen, müssen sie also in das Langzeitgedächtnis übertragen werden. Das Langzeitgedächtnis scheint keiner Beschränkung der Informationsfülle zu unterliegen. Das manchmal bemühte Bild des Langzeitgedächtnisses als ein Schrank, der irgendwann „voll" ist und der deshalb von unwichtigen Lerninhalten verschont bleiben sollte, ist nach den Erkenntnissen der Gedächtnisforschung falsch. Eher ist das Gegenteil der Fall: Je mehr wir in einem Bereich bereits wissen, um so leichter fällt es, Neues zu lernen, da das Neue sich einfacher mit dem bestehenden Wissen vernetzen lässt (siehe den folgenden Exkurs).

Wie ist das Wissen im Langzeitgedächtnis gespeichert?

Wie muss man sich das Langzeitgedächtnis vorstellen – wie sind all die von uns aufgenommenen Informationen dort repräsentiert? Eine gängige Vorstellung in der Psychologie, die durch viele Studien belegt wird, ist die, dass das Wissen im Langzeitgedächtnis in Form von so genannten „semantischen Netzwerken" gespeichert ist (Collins & Loftus, 1975). Dies ist so zu verstehen, dass Begriffe durch ihre inhaltlichen Verbindungen miteinander in Beziehung stehen und wie Netzwerke organisiert sind. Erinnert man sich an einen bestimmten Begriff innerhalb dieses Netzwerkes, so werden auch die um ihn herumliegenden Begriffe aktiviert. Nehmen Sie beispielsweise den Begriff „Michael Jackson", wie in Abbildung 4 dargestellt. Was wissen Sie über Michael Jackson? Sie wissen vermutlich, dass er ein amerikanischer Popsänger war, der bestimmte Songs, zum Beispiel „Thriller" oder „Bad" gesungen hat. In Ihrem semantischen Netzwerk sind also diese Songtitel eng mit dem Begriff „Michael Jackson" verknüpft. Was wissen Sie noch? Sicher fällt Ihnen sofort ein, dass Michael Jackson nicht mehr lebt, was wiederum andere Assoziationen mit seinem Lebenswandel oder anderen Popmusikern, die bereits gestorben sind, erweckt. Möglicherweise haben Sie sich auch schon einmal ausführlicher mit dem Lied „Thriller" beschäftigt und festgestellt, dass es hierbei um Untote, ähnlich wie in der Twilight-Serie, geht. Somit ist der Begriff „Michael Jackson"

2.2 Lernen als aktive Informationsverarbeitung

ein Knotenpunkt in Ihrem Langzeitgedächtnis, der mit vielen anderen Wissensinhalten vernetzt ist. Wenn Sie also an Michael Jackson denken, erinnern Sie sich auch gleichzeitig an all die Begriffe, die mit diesem Begriff vernetzt sind. Das Entscheidende bei diesen semantischen Netzwerken ist, dass die Stärke der Verbindung zwischen zwei Begriffen variieren kann. Je häufiger oder intensiver beide Begriffe gemeinsam verarbeitet werden, eine umso stärkere Verbindung wird geschaffen.

Für das Lernen bedeutet das zweierlei. Erstens ist es hilfreich, Begriffe möglichst zahlreich zu vernetzen, um den Abruf an sie zu erleichtern. Ein Inhalt, der mit keinem anderen in Verbindung steht, wird kaum aktiviert und der Zugriff darauf ist somit erschwert. Beim Lernen geschieht diese Vernetzung, indem Sie Querverbindungen zu den Inhalten, die bereits im Langzeitgedächtnis vorhanden sind, herstellen. Zweitens ist es wichtig, die Verbindungen zwischen den Begriffen aktiviert zu halten, also immer wieder diese Vernetzungen herzustellen – dies geschieht durch Wiederholungen und Übungen.

Wie alle in diesem Buch dargestellten Modelle handelt es sich auch bei den semantischen Netzwerken um theoretische Vorstellungen darüber, wie unser Denken und Handeln funktioniert. Das Modell der Netzwerke wird aber durch viele empirische Studien gestützt (Anderson, 2001).

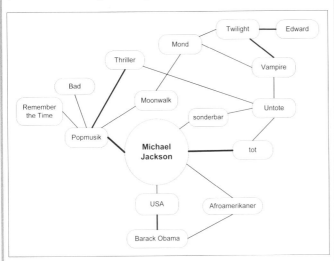

Abbildung 4 | Ein (hypothetisches) Beispiel für ein semantisches Netzwerk im Langzeitspeicher

29

2.2.2 Informationsverarbeitung: ein wissensgesteuerter Konstruktionsprozess

Viele Menschen haben ein falsches Bild davon, wie das Lernen funktioniert. Oft besitzen sie eine Fehlvorstellung, in der das Lernen mit dem Fotografieren verwechselt wird: „Lernen ist wie Fotografie: Mit der inneren Kamera wird der Lernstoff abfotografiert und danach in einem Album abgelegt". Dies ist eine gefährliche Fehlvorstellung – eine Fehlvorstellung deshalb, weil das Lernen ein aktiver Konstruktionsprozess ist, bei dem nur Teile der Außenwelt wahrgenommen werden und Informationen bearbeitet und verändert werden, gefährlich deshalb, weil Fehlvorstellungen vom Lernen ungeeigneten Unterricht zur Folge haben können.

Vorwissen

Die Lernpsychologie zeigt: Welche Informationen in unseren Arbeitsspeicher gelangen und wie wir sie verstehen und interpretieren, hängt entscheidend davon ab, was wir über die Welt bereits wissen und womit wir uns zum jeweiligen Zeitpunkt beschäftigen. Ein Beispiel: Wer viel von Architekturgeschichte versteht, „sieht" bei einem Stadtrundgang in einer historischen Altstadt unmittelbar die verschiedenen Bauetappen und „sortiert" die Häuser in verschiedene Stile, während dem Laien dies nicht oder nur mit detaillierter Anleitung gelingt. Dieser selektive Ausleseprozess ist in Abbildung 5 oben durch die Pfeile vom Langzeitgedächtnis und dem Arbeitsspeicher zum Sensorischen Speicher gezeigt: Was wir sehen, hängt davon ab, was wir bereits kennen und womit wir uns in dem jeweiligen Moment beschäftigen. Es ist unmittelbar ersichtlich, dass die unterschiedlichen kurzfristigen und überdauernden Lernvoraussetzungen enorme Konsequenzen dafür haben, ob das Unterrichtsangebot in Lernen umgemünzt wird bzw. werden kann.

2.2.3 Der langwierige Weg vom Arbeitsgedächtnis ins Langzeitgedächtnis

Können Sie sich noch an die Telefonnummer erinnern, die Sie sich merken sollten? Schreiben Sie sie doch einmal hier auf und prüfen Sie auf Seite 52, ob Sie sich richtig erinnert haben.

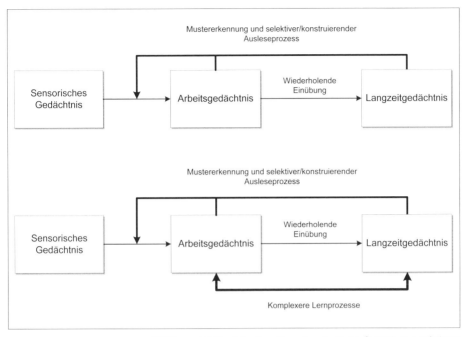

Abbildung 5 | Aktive (oben) und komplexe (unten) Informationsverarbeitung

Wenn Sie die Nummer richtig erinnert haben, so war sie nach den gedächtnispsychologischen Modellvorstellungen des Drei-Speicher-Modells im Langzeitgedächtnis gespeichert worden. Auf die genaueren neurophysiologischen Prozesse, die auch die längerfristige Konsolidierung des Wissens durch Synapsenbildung umfassen, gehen wir hier nicht ein – Sie finden diese u.a. bei Karnath & Thier (2012) gut beschrieben.

Wie haben Sie sich die Nummer eingeprägt? Eine wirksame Merkstrategie ist die „wiederholende Einübung". Wenn Sie sich die Nummer ein paar Mal (vielleicht auch einige Dutzend Mal) innerlich vorsagen, kann sie ins Langzeitgedächtnis gelangen. Viele Schülerinnen und Schüler lernen mit dieser wiederholenden Einübung auch Vokabeln und andere Lerninhalte. Man sollte es allerdings nicht unterschätzen: Es bedarf einer recht hohen Zahl von Wiederholungen, bis auf diese Art und Weise die entsprechenden Lerninhalte sicher abrufbar werden.

Eine Alternative zur wiederholenden Einübung stellen komplexere Lernprozesse dar, mit deren Hilfe das neue Wissen intensiv mit bestehendem Wissen vernetzt wird, wie am Michael-Jackson-Beispiel verdeutlicht (S. 29, siehe auch Abb. 5 unten). Hierbei findet oft eine besonders tiefe Verarbeitung statt. Die Einbahnstraße, die das wiederholende Einüben darstellt, wird überwunden, indem mithilfe bestehenden Wissens die neue Information geprüft und aufgearbeitet wird. Denken Sie erneut an das Telefonnummern-Beispiel. Wenn man häufig Freunde in Berlin anruft oder gar selbst einmal in Berlin gewohnt hat, so wird einem unmittelbar auffallen, dass es sich bei der Vorwahl 030 um eine Berliner Nummer handelt. Anstatt dreier nichtssagender Zahlen muss nur noch „Berlin" abgespeichert werden. Wie können die restlichen Zahlen eingeprägt werden? Es gibt unterschiedliche Möglichkeiten, den Zahlen einen Sinn zu geben. Eine genaue Analyse der übrigen Zahlen zeigt beispielsweise, dass hier in aufsteigender Reihenfolge die Zahlenfolge 2, 3, 4 und 5 zu finden ist, unterbrochen von 9, 7 und 9. Vielleicht haben Sie auch bereits entdeckt, dass das Ende der Zahlenfolge (945) auch das Ende der Zahlenfolge 1945 darstellt, die wiederum für das Ende des Zweiten Weltkriegs steht. Aber auch Geburtsjahre und ähnliches können in Zahlenfolgen versteckt sein und zur Erinnerung der Zahlenfolge genutzt werden. Je mehr solcher Verknüpfungen Sie gebildet haben, umso wahrscheinlicher ist es, dass Sie die Telefonnummer (auch in Zukunft) richtig erinnern.

Telefonnummern gehören natürlich nicht zu den typischen Lerninhalten der Schule. Aber die Prinzipien, die in diesem Kapitel angesprochen wurden, gelten auch für die typischeren Lerninhalte. Je stärker das Vorwissen genutzt wird, um eine Information im Arbeitsspeicher zu bearbeiten, umso wahrscheinlicher wird es, dass der Lerninhalt langfristig gespeichert wird und auch wieder abgerufen werden kann. Bei diesem Prozess wird es übrigens auch dazu kommen, dass „altes" Wissen durch die Bearbeitung im Arbeitsgedächtnis verändert und bereichert, manchmal aber auch verfälscht wird. Zu den komplexen Lernvorgängen, die mit starker Beteiligung des Vorwissens ablaufen, gehören nach Renkl (2009, S. 10) folgende Prozesse:

- Selegieren: Auswählen der wichtigsten Informationen
- Organisieren: Ordnen von Informationen in bestimmte Kategorien oder Hierarchieebenen, Bestimmen von zentralen Punkten
- Interpretieren: Deuten/Bewerten der neuen Informationen
- Elaborieren: Anreichern, Verbindung der neuen Informationen mit dem vorhandenen Vorwissen
- Generieren: Neues Wissen durch Schlussfolgerungen ermitteln
- Stärken: Wiederholungen und Übungen
- Metakognitives Planen, Überwachen und Regulieren: Steuerung und Überwachung der Denk- und Lernprozesse

Bitte überlegen Sie einen Moment, wie wichtig die genannten Prozesse in Ihrem Unterrichtsfach sind. Vielleicht ist einer der Prozesse sogar besonders wichtig? Wenn Sie Ihre Gedanken aufschreiben wollen, finden Sie hier Platz dafür.

_____

_____

_____

_____

_____

Falls Sie die Übung übersprungen haben, haben Sie vermutlich bereits ein sehr großes Vorwissen – oder eine Chance zum Elaborieren verpasst.

Im Folgenden finden Sie eine Antwort, die wir in einer Vorlesung auf eine ähnliche Frage erhalten haben:

„Aus der Perspektive der aktiven Informationsverarbeitung ist das Generieren eine wichtige und komplexe Funktion. Diese Form der Aneignung von Wissen (oder eher: individueller Erkenntnis) ist – meines Erachtens – gerade in ‚weichen' sozial- und geisteswissenschaftlichen Disziplinen von großer Bedeutung – insbesondere dann, wenn sie zum Teil noch in einer idealistisch-geisteswissenschaftlichen Tradition stehen und nicht primär empirisch arbeiten. Mit Blick auf die Konzepte der fokussierten Informationsverarbeitung würde ich sagen, dass – unabhängig von den Studienfächern – die neugeschaffenen B.A.-Studiengänge eine strukturelle Schwäche haben: Sie befördern bei den Studierenden Fehlpriorisierungen, da der permanente (Über-)Prüfungsdruck die Aufmerksamkeit und die Lernmotivation der Studierenden auf das Bestehen einer Prüfung zieht und nicht auf das Bestreben, sich eine möglichst umfangreiche, gut vernetzte Wissensstruktur aufzubauen, auf die sie souverän (und damit produktiv und kreativ) jederzeit zugreifen können."

Welche Konsequenzen haben der Aufbau und die Charakteristika des Gedächtnissystems für das Unterrichten? Der Informationsverarbeitungsansatz betont die aktive Rolle der Lernenden und weist darauf hin, dass der Prozess des Lernens verschiedene Phasen umfasst – wie die Informationsaufnahme, Verarbeitung, Speicherung und Abruf –, die alle aktiv von den Lernenden gesteuert werden können. Das Verständnis für diese Prozesse des Lernens ist unerlässlich, wenn man nachvollziehen möchte, warum die „Nutzung" von Unterrichtsangeboten so unterschiedlich gut klappt.

Lernen ist in aller Regel ein aktiver und oft ein mühsamer Prozess der Informationsaufnahme und -bearbeitung. Je stärker die Schülerinnen und Schüler den Unterrichtsstoff aktiv mit ihrem Vorwissen in Verbindung bringen, umso größer ist der Lernerfolg. In den Worten des Angebots-Nutzungs-Modells: Ein Lernangebot allein reicht nicht aus, es muss genutzt werden, und Nutzung der angebotenen Lerninhalte geht einher mit einer aktiven Beschäftigung mit dem Lerninhalt. Guter Unterricht regt demnach eine aktive Nutzung des Lernstoffs im Sinne einer tiefen Verarbeitung an. Hierfür ist es sehr wichtig, dass Schülerinnen und Schüler motiviert werden, etwas zu lernen. Wir gehen darauf in Kapitel 2.4 ein. Zuvor sollen jedoch noch drei Fragen beantwortet werden, die oft gestellt werden.

Aktives Lernen

Die erste Frage: Warum werden manche Dinge in der Schule bis zum Umfallen eingeübt, auch wenn man sie bereits „kapiert" hat und mit einiger Anstrengung rekonstruieren kann? Ein Beispiel für dieses intensive Einüben, das auch „Überlernen" oder Proceduralisieren genannt wird, ist das Einmaleins. Ein anderes Beispiel ist das Auto fahren – aus dem Wissen, dass man zum Losfahren den ersten Gang einlegt, wird ein automatisierter Vorgang, der ohne bewusste Kontrolle durch das Arbeitsgedächtnis abläuft. Aus gedächtnispsychologischer Sicht macht eine solche intensive Einübung bei vielbenötigten Wissensinhalten sehr viel Sinn: Sie entlastet das Arbeitsgedächtnis und damit eine kostbare, sehr beschränkte Ressource.

Die zweite Frage: Wie ist nun das implizite Lernen, von dem zu Beginn des Kapitels die Rede war, in das gedächtnispsychologische Modell zu integrieren? Beim impliziten Lernen gelangen Inhalte des sensorischen Speichers direkt in das Langzeitgedächtnis, ohne dass eine bewusste Wahrnehmung und Bearbeitung durch das Arbeitsgedächtnis stattfand. Offenbar ist dies tatsächlich möglich. Allerdings: Da es nicht zu einer tiefen Verarbeitung kommen kann, bei der die neuen Wissensinhalte intensiv mit bestehenden Wissensstrukturen vernetzt werden, ist es kaum verwunderlich, dass implizites Lernen keine Alternative für den typischen Lernstoff ist, der das schulische Curriculum bestimmt.

Die dritte Frage lautet: Kann man – wenn man wie wir über das Lernen in der Schule und die dabei stattfindenden Prozesse der Informationsaufnahme und -verarbeitung nachdenkt – wirklich einfach die Rolle der Mitschülerinnen und Mitschüler komplett ausblenden, so wie wir es bislang getan haben? Hat Lernen nicht immer auch einen „sozialen" Aspekt? Eine Antwort hierzu finden Sie im folgenden Abschnitt.

2.3 Lernen als sozialer Prozess: Soziokonstruktivistische Lerntheorien

Dass Lernen oft auch eine soziale Komponente hat, ist offensichtlich. Erinnern Sie sich einmal an Ihre Abiturprüfung und vergegenwärtigen Sie sich, was Sie alles für Ihr erstes Prüfungsfach gelernt hatten. Und dann überlegen Sie einmal, *wo* (also in welchen Lernsituationen) dieses Wissen entstanden ist.

Lernsituationen: _____

_____

_____

_____

Soziokonstruktivistische Lerntheorien

Wahrscheinlich haben Sie einiges für sich alleine aus Büchern gelernt, aber ein großer Teil des Wissens ist im Gespräch mit anderen entstanden – seien es die lehrergeleiteten Unterrichtsgespräche, oder Diskussionen mit Mitschülerinnen und Mitschülern oder in Lerngruppen. Diese Form des Wissensaufbaus durch die Interaktion mit anderen wird im Folgenden beschrieben.

In den letzten dreißig Jahren entstanden auf Basis umfangreicher Forschungsarbeiten Modelle des Lernens, die häufig unter dem Begriff der *soziokonstruktivistischen Lerntheorien* zusammengefasst werden und den Informationsverarbeitungsansatz auf wichtige Weise ergänzen. Das Gemeinsame dieser – durchaus heterogenen – soziokonstruktivistischen Ansätze und die grundlegende Ergänzung zur Informationsverarbeitungstheorie ist dabei die Betonung des sozialen Charakters des Lernens (Collins, Greeno & Resnick, 2001; Greeno, Collins & Resnick, 1996; Sfard, 1998; Tobias & Duffy, 2009).

2.3.1 Lernen ist ein sozialer Prozess

Soziokonstruktivistische Ansätze verstehen Lernen als einen sozialen Prozess, bei dem neues Wissen dadurch entsteht, dass in der Interaktion mit anderen Personen Begrifflichkeiten aufgebaut und präzisiert werden, neue Bedeutungen entstehen und bisheriges Wissen korrigiert wird. Lernen wird auch bei den soziokonstruktivistischen Ansätzen als eine eigenständige kognitive Aktivität, als Konstruktionsleistung, verstanden, bei der auf bereits vorhandenem Wissen aufgebaut wird. Das Besondere der *soziokonstruktivistischen Theorien* ist jedoch, dass sie betonen, dass Lernen fast immer in sozialen Kontexten stattfindet – ein Aspekt, der in der Informationsverarbeitungstheorie so gut wie nicht thematisiert wird. Soziokonstruktivistische Theorien postulieren, dass Lernprozesse vor allem dann stattfinden, wenn Menschen miteinander in Interaktion treten, miteinander kommunizieren oder sich gegenseitig beobachten. Mehr noch: Viele Vertreter soziokonstruktivistischer Theorien sehen den sozialen Aspekt als die Grundlage dafür, dass wir überhaupt etwas lernen; wir lernen, weil das Gelernte – Sprache, Wissen, Fähigkeiten – uns den Kontakt mit anderen Menschen erst richtig ermöglicht. „Alle höheren psychologischen Funktionen einschließlich Sprache und begrifflichem Denken sind sozialen Ursprungs. Sie entstehen durch den Erhalt wechselseitiger Hilfe und werden allmählich Teil des Alltagsverhaltens der Person." (Wygotski, 1934/1984)

Interaktion

Als theoretischer Ausgangspunkt für soziokonstruktivistische Theorien werden meist die Arbeiten des russischen Psychologen Lew Wygotski (1896-1934) genannt, die unter anderem wegen der Sprachbarrieren erst mit langer Verzögerung ihre Wirkung auf die internationale psychologische Theorienbildung entfalten konnten. Wygotski (es finden sich auch die Schreibweisen Vygotsky bzw. Vygotskij) hat in mehreren Beiträgen beschrieben, wie Kinder vor allem durch die Kommunikation mit anderen Menschen lernen, indem sie Verhaltensweisen und Wissen anderer Personen beobachten, Erklärungen erhalten und Konzepte zunehmend selbst verinnerlichen. Zentral für gelingende Lernprozesse ist dabei, einen gegenseitigen Austausch zwischen den Interaktionspartnern, in dem alle Interaktionspartner aktiv partizipieren, zu ermöglichen, um somit Bedeutungen von Begriffen „auf Augenhöhe" verhandeln zu können. Weiterhin ist es notwendig, dass dieser Austausch auf einem Niveau angesiedelt ist, das an die bereits vorliegende Verstehensstufe des Kindes anknüpft, aber so anregend ist, dass eine weitere Entwicklung möglich ist (Lernen in der Zone der proximalen Entwicklung, *zone of proximal deve-*

lopment). Dies bedeutet, dass Kinder zum einen sehr gut in der Interaktion mit Erwachsenen lernen können, wenn es diesen gelingt, den Austausch in der Zone der proximalen Entwicklung des Kindes stattfinden zu lassen. Zum anderen können Kinder aber auch sehr gut in Interaktionen mit Gleichaltrigen lernen, nämlich immer dann, wenn diese zu bestimmten Bereichen bereits einen gewissen Verstehensvorsprung haben oder wenn durch das Aufeinandertreffen von Ansichten neue Denkprozesse angeregt werden.

Überlegen Sie einmal: Welche wichtigen Fähigkeiten oder Kenntnisse haben Sie durch die Interaktion mit Gleichaltrigen erlangt?

_____

_____

_____

_____

Authentische Situationen

Soziokonstruktivistische Theorien betonen weiterhin, dass der aktive Austausch, der die Grundlage für jegliches Lernen und den Aufbau von Wissen ist, nur durch selbstständiges aktives Engagement seitens der Lernenden möglich ist. Damit Lernende diesen Aufwand überhaupt aufbringen, müssen verschiedene Faktoren gegeben sein. So muss die Teilhabe an den sozialen Aktivitäten der anderen Partner von den Lernenden erwünscht sein oder die zu lernenden Inhalte müssen persönlich relevant für die Lernenden sein. Gelingende Lernprozesse – so also die Annahme – werden daher vor allem in Situationen ausgelöst, in denen das Aufgabenmaterial für Lernende eine persönliche Bedeutung hat, wenn sie zum Beispiel in authentische Situationen eingebettet sind oder lebensnahe Probleme bearbeitet werden (machen Sie hierzu die Übung in Tabelle 1).

Im Englischunterricht steht die Anwendung des Passiv auf dem Plan. Nach einer Einführung sollen die Schüler(innen) ihr Wissen anwenden, vertiefen und üben.

So sieht eine *typische* Aufgabe aus:	Aufgabeninhalt	Arbeitsform
	„Mary Clark left her old hometown ten years ago. Yesterday she returned to meet Debbie, an old friend of hers. But is that still her old hometown? So many things have changed! Put the sentences into passive voice. Use present perfect passive. They have knocked down the old hospital. The old hospital_____. They have built a new town hall. A new town hall_____. The city has added a new wing to her old school. A new wing_____ to her old school." Quelle: http://www.schule-bw.de/unterricht/faecher/englisch/mat-med/grammatik/passive/ppp.htm	Individuelles Arbeiten mit Arbeitsblatt; anschließende Besprechung der Ergebnisse im Klassengespräch.
Wie könnte eine Aufgabe aussehen, die die Prinzipien der soziokonstruktivistischen Lerntheorien anwendet?		

Tabelle 1 | Wie sollten Aufgaben im Sinne der soziokonstruktivistischen Lerntheorien gestaltet sein?

2.3.2 Wissen ist mehr als Information

Soziokonstruktivistische Ansätze beziehen sich in der Regel auf Lernen im Sinne der Veränderung von mentalen Wissensstrukturen. Wissen wird hierbei nicht als eine Reihe von Fakten, Regeln oder Routinen, die alle Lernenden in gleicher Weise erwerben, verstanden – stattdessen betonen soziokonstruktivistische Ansätze die Bedeutung des konzeptuellen Verstehens als eine Form des Wissens. Mit dem Begriff der Konzepte wird dabei hervorgehoben, dass Wissen nicht in isolierten Einheiten im Gedächtnis der Lernenden vorliegt, sondern in Form verschiedener grundlegender Schemata für Verstehen und Schlussfolgern. Innerhalb dieser Schemata sind Grundideen, Regeln, Anwendungen, aber auch subjektive Erfahrungen, zu einem übergreifenden Begriff, dem Konzept, verbunden. Diese Konzepte können aufgrund der vielfältigen Lernerfahrungen, die Personen machen, hoch-individuell ausgeprägt sein und unterscheiden sich zwischen Personen.

Geteiltes Wissen

Soziokonstruktivistische Ansätze gehen somit davon aus, dass Wissen, sobald es zwischen Personen kommuniziert wird, immer „geteiltes Wissen" (Resnick, 1991) darstellt, das individuelle und gemeinsame Anteile enthält, und das sich durch Interaktion mit anderen verändert. „Wissen" stellt keine umschriebene, klar abgegrenzte Einheit dar, die jemand – zum Beispiel eine Lehrkraft – individuell besitzen und in unveränderter Form weitergeben kann und die andere – zum Beispiel Schüler – „erwerben" können, sondern ist ein Produkt gemeinsamer Interaktion (Sfard, 1998).

Als einfaches Beispiel lässt sich eine Geografiestunde vorstellen, bei der die Schüler zu Beginn einer neuen Einheit ihre Vorstellungen über Afrika diskutieren – jeder einzelne Schüler wird hierzu verschiedene Assoziationen und Vorkenntnisse haben, die sich aber durch das Aufeinandertreffen verschiedener Meinungen verändern können, so dass am Ende der Stunde das konzeptuelle Wissen der Klasse über Afrika aus den gemeinsam diskutierten Informationen besteht und somit das individuelle Wissen durch geteiltes Wissen modifiziert und erweitert wurde (siehe Abbildung 6).

Abbildung 6 | Soziokonstruktivistische Lerntheorien betonen, dass Wissen nicht einfach „erworben" werden kann, sondern immer in der Interaktion mit anderen aufgebaut wird. ▶

2.3 Lernen als sozialer Prozess

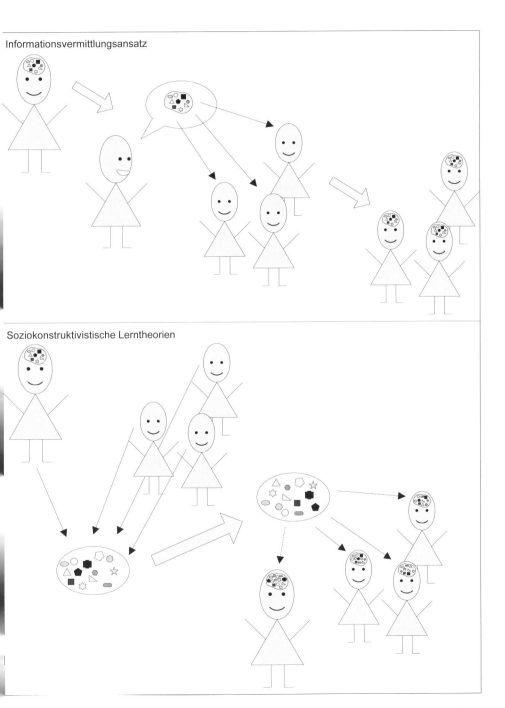

2.3.3 Implikationen für den Unterricht

Genau wie der Informationsverarbeitungsansatz betonen die soziokonstruktivistischen Lerntheorien die eigene mentale Aktivität und bewusste Auseinandersetzung mit Lernstoffen sowie die Rolle des Vorwissens im Lernprozess. Daneben gibt es wichtige Unterschiede: Im Informationsverarbeitungsansatz werden die Charakteristika der Aufgabe und ihre Anforderungen an das Gedächtnissystem hervorgehoben und die Erforschung des Gedächtnissystems erfolgt meist mit relativ isolierten, sukzessive dargebotenen Aufgaben, deren Motivationsgehalt kaum eine Rolle spielt. Dagegen lenken die soziokonstruktivistischen Lerntheorien die Aufmerksamkeit auf komplexe Probleme, die auch in der sozialen Interaktion und unter Nutzung sozialen Austausches über die Problemstellung angegangen werden. Als Wirkfaktor wird darüber hinaus das Motivierungspotenzial des Aufgabenmaterials gesehen. Soziokonstruktivistische Lernumgebungen arbeiten deshalb mit lebensnahen, ansprechenden Problemstellungen, für deren Lösungen dann die zu vermittelnden Fachinhalte und Strategien notwendig sind. Keine Frage, dass dieser veränderte Fokus auch Implikationen für die Rolle der Lehrkraft hat: Lehrende sind nicht, wie im Paradigma der Informationsverarbeitung, allein die Vermittler von Informationen, sondern Mediatoren, die Situationen herstellen, in denen Lernende sich selbstständig mit neuen Phänomenen auseinandersetzen.

Aktives Lernen

An dieser Stelle ist es wichtig zu betonen, dass die Informationsverarbeitungstheorie und soziokonstruktivistischen Lerntheorien nicht als Gegensätze aufzufassen sind, sondern dass sich beide Ansätze gegenseitig ergänzen. Beide betonen die aktive Rolle der Lernenden und zeigen, dass Lernen immer vor dem Hintergrund des bereits vorhandenen Wissens zu verstehen ist. Während jedoch die Informationsverarbeitungstheorie einen Schwerpunkt darauf legt, zu erklären, welchen Weg Informationen in unserem Gedächtnis nehmen, behandeln die soziokonstruktivistischen Lerntheorien vor allem die Prozesse, die überhaupt dazu führen, dass wir uns mit Informationen beschäftigen. Beide Theorien stellen somit einen wichtigen Hintergrund für erfolgreiche Unterrichtsgestaltung dar.

2.4 Motivationale Prozesse

Wissensaufbau fühlt sich oft anstrengend und mühsam an. Wie wir gesehen haben, erfordert das tiefe Aneignen von Wissen, dass man sich mit dem Lernstoff unter Heranziehung des Vorwissens aktiv auseinandersetzt. Das Arbeitsgedächtnis muss tatsächlich richtig „arbeiten". Warum sollte man dies tun, wenn man sich stattdessen mit seinem Banknachbarn austauschen kann oder unter der Bank die neuesten Nachrichten aus Sport oder Showbusiness herunterladen kann? Keine Frage: Es bedarf bestimmter Anreize, damit man das vorhandene Lernangebot nutzt. Man muss irgendwie *motiviert* sein.

Motivation

Im Rahmenmodell, das diesem Buch zu Grunde liegt, nimmt die Motivation eine herausragende Bedeutung ein, da sie unmittelbar bestimmt, ob eine aktive Lernhandlung vorgenommen wird. Wir verwenden den Begriff *Motivation* in diesem Buch in der Bedeutung von *Anstrengungsbereitschaft*: Wer motiviert ist, ist also bereit, Anstrengung zu investieren. Noch stärker, als dies im Originalmodell von Helmke (2009) der Fall ist, betonen wir die Rolle, die der Motivation im Lernprozess zukommt. Fehlt es an Lernmotivation, wird das Lernergebnis suboptimal sein. Die unmittelbare Konsequenz: Guter Unterricht ist ein Unterricht, der Schülerinnen und Schüler dazu motiviert, die Lernangebote zu nutzen. Dies ist alles andere als eine triviale Herausforderung.

Anstrengungsbereitschaft

Die Motivation von Schülerinnen und Schülern, sich in einer bestimmten Stunde bei einem bestimmten Thema anzustrengen, ist immer von zwei miteinander interagierenden Hauptfaktoren bestimmt: von der Unterrichtssituation und von den motivationalen Orientierungen der Schülerinnen und Schüler. Der motivationale Anreizwert der *Unterrichtssituation* wird u.a. aus folgenden Faktoren bestimmt: Wie interessant ist der Lernstoff dargeboten? Wie gut aktiviert die Lernsituation bestehendes Vorwissen der Schülerinnen und Schüler? Wie wichtig und spannend ist es, mehr über das jeweilige Thema zu erfahren? (Oft wird behauptet, dass bestimmte Unterrichtsformate wie beispielsweise Gruppenarbeit quasi automatisch die Motivation besonders effektiv fördern. In Kapitel 5 erfahren Sie, dass empirische Studien ein viel komplexeres Bild ergeben.)

Neben dem motivationalen Anreizwert der Unterrichtssituation bestimmen zum anderen die *motivationalen Orientierungen der Schülerinnen und Schüler*, wie interessant sie eine Schulstunde erleben. Es gibt Jugendliche, die finden fast jede Physikstunde spannend, und andere, die sich eher schwer damit tun. Es handelt sich hierbei um motivationale Orientierungen, die relativ stabil, aber mitnichten unveränderbar sind. Lehrkräfte wirken dann besonders effektiv auf die Lernmotivation der Schülerinnen und Schüler ein, wenn sie einerseits die Unterrichtsstunden motivierend gestalten und zudem die stabileren motivationalen Orientierungen der Schülerinnen und Schüler langfristig positiv beeinflussen. In Abschnitt 2.5 stellen wir einige zentrale Formen motivationaler Orientierungen vor.

Wann nun sind Schülerinnen und Schüler besonders motiviert? Wann erledigen sie ihre Aufgaben besonders gründlich? Vermutlich können Sie selbst eine gute Antwort auf diese Fragen geben – Sie müssen nur in sich selbst hinein hören. Wann arbeiten Sie selbst am motiviertesten? Bitte nutzen Sie die folgenden Linien für Ihre Notizen.

_____

_____

_____

_____

_____

Sie haben etwas geschrieben? Gut! Sie haben nicht alle Zeilen ausgefüllt? Dann ist es uns leider nicht ausreichend gelungen, diese Zeilen so zu formulieren, dass Sie motiviert wurden. Vielleicht fehlten im Text diejenigen Elemente, die motivationsfördernd sind (dazu gleich mehr); aber vielleicht sind Sie auch generell sehr wenig am Thema interessiert oder halten das Beantworten von Fragen in Lehrbüchern generell für unsinnig, so dass es selbst mit dem besten Text der Welt nicht gelänge, Sie zum Ausfüllen der Zeilen zu bewegen (dazu siehe Abschnitt 2.5).

Unter welchen Bedingungen arbeiten Schülerinnen und Schüler in der erwünschten Form mit? Umfassendere Einführungen in das Thema bieten beispielsweise Heckhausen & Heckhausen

(2010), mehrere Kapitel in Wild & Möller (2009) sowie Götz, Frenzel & Dresel (2011). In Anlehnung an Autoren wie Eccles & Wigfield (2002) und Pintrich (2003) nennen wir im Folgenden nur einige der wichtigsten Faktoren, die Schülerinnen und Schüler zum Lernen motivieren.

- **Kompetenzerleben:** Schülerinnen und Schüler lernen aktiver und investieren mehr Anstrengung, wenn sie beim Lernen ein Kompetenzerleben („Ich kann es!") haben. Wenn es gut läuft, bleibt man gern bei der Sache. Wenn man beginnt, sich zu fragen, ob man etwas überhaupt kann, leiden darunter die Motivation und die Aufmerksamkeit.

Motivierende Faktoren

- **Interessenerfahrung:** Der vielleicht bekannteste und am häufigsten zitierte Motivator ist das Erleben von Interesse, das heißt, einem Zustand von Neugier und Fokussierung. Das Erleben von Interesse geht meist einher mit positiven Gefühlszuständen. Die Folge: Wenn das Interesse erst einmal geweckt ist, läuft das Lernen wie geschmiert.

Interesse

- **Erleben von Bedeutsamkeit:** Erlebt man eine Tätigkeit bzw. das, was man erlernt, als persönlich bedeutsam („das ist wirklich ein wichtiges Thema!"), so ist ebenfalls eine hohe Anstrengungsbereitschaft die Folge. Das Erleben von Bedeutsamkeit ist eng verwandt mit dem Interessenerleben (wer etwas als bedeutsam erlebt, findet es häufig auch spannend), aber die persönliche Bedeutsamkeit lässt sich zumindest theoretisch von der Interessenerfahrung abgrenzen.
- **Erleben von sozialer Eingebundenheit:** Das Erleben sozialer Interaktion und Wertschätzung, das bei einer gemeinsamen Lernaktivität entstehen kann (vgl. den vorigen Abschnitt 2.3 zum Soziokonstruktivismus), kann ebenfalls die Anstrengungsbereitschaft sehr positiv beeinflussen; aus Sicht der Lehrkräfte ist leider hinzuzufügen, dass die mit sozialer Eingebundenheit einhergehenden gemeinsamen Aktivitäten beileibe nicht immer im Einklang mit den Unterrichtszielen der Lehrkraft stehen.
- **Nützlichkeitsüberzeugungen:** Selbst wenn ihnen etwas keinen Spaß und sie auch sonst nur wenig Positives bei einem bestimmten Thema erkennen können, zeigen Schülerinnen und Schüler eine große Anstrengungsbereitschaft, wenn sie erkennen, dass sich die Anstrengung für sie – kurzfristig oder langfristig – lohnt; in diesem Falle wird die Lernaktivität als nütz-

lich empfunden. Das Problem: Viele Lehrkräfte und Eltern betonen zwar die Nützlichkeit des Lernstoffs gerade in eher unbeliebten Fächern, aber dies geschieht oft so abstrakt, dass die Schülerinnen und Schüler die Argumente nicht verinnerlichen (vgl. Harackiewicz, Rozek, Hulleman & Hyde, 2012).
- **Belohnung und Bestrafung:** Viele Pädagog(inn)en vermeiden es, Belohnung und Bestrafung gemeinsam mit dem Wort Motivation zu verwenden, da sie deren motivierende Kraft eher als Manipulation empfinden. Es steht jedoch außer Frage, dass Belohnungen und Bestrafungen die Anstrengungsbereitschaft positiv beeinflussen können – zumindest kurzfristig.

Kompetenzerleben, Interesse, persönliche Bedeutsamkeit, Erleben sozialer Eingebundenheit, Nützlichkeitsüberzeugungen, Belohnung und Bestrafung – gehören diese und weitere Faktoren wirklich unter ein gemeinsames motivationales Dach? Einerseits ja: Die genannten Erfahrungen sorgen für eine günstige motivationale Ausgangslage beim Lernen, sie erhöhen die Anstrengungsbereitschaft. Sie sind damit auch allesamt als Werkzeuge (oder Motivatoren) zu betrachten, die von Lehrkräften bei entsprechender pädagogischer Schulung verwendet werden können[1]. Andererseits nein: Es handelt sich ganz offenbar um unterschiedliche motivationale Qualitäten. Ist man interessiert, macht das Lernen Spaß. Ist man dagegen durch die Androhung von Strafe oder das Versprechen einer Belohnung motiviert, so wird man sich zwar auch anstrengen, das Lernen wird aber vermutlich eher weniger positiv erlebt. Nicht jeder Motivator ist in jeder Situation gleich effektiv, und entsprechend sind die Motivatoren nicht austauschbar. Weinert (1996) argumentierte beispielsweise, dass Lehrkräfte auf Belohnung und Bestrafung verzichten sollten, sofern die Anstrengungsbereitschaft durch andere Motivatoren gewährleistet sei, und Belohnung und Bestrafung ohne schlechtes Gewissen verwenden sollten, wenn dies nicht der Fall ist.

Haben Sie sich auf Seite 44 ähnliche Dinge aufgeschrieben, wie wir sie nun nachfolgend genannt haben? Das freut uns! Haben Sie noch mehr Faktoren identifiziert? Das ist gut möglich –

---

[1] Zur Elaboration und Stärkung Ihres Wissen über Motivation könnten Sie sich noch einmal Tabelle 1 vornehmen und prüfen, ob der von Ihnen entworfene Aufgabenvorschlag einige der genannten Motivatoren anspricht.

unsere Zusammenstellung ist natürlich sehr knapp ausgefallen, weil dieses Lehrbuch eigentlich einen anderen Schwerpunkt hat. Sie haben ganz andere Faktoren genannt als die, die wir ausgeführt haben? Dann haben Sie vielleicht schon weiter gedacht und anstatt der motivationalen Zustände diejenigen Faktoren angesprochen, die zu günstigen motivationalen Zuständen führen. Gut möglich beispielsweise, dass Sie Aspekte der Unterrichtsqualität benannt haben, die die Motivation steigern – Sie wären dann im Sinne unseres Rahmenmodells auf Seite 17 beim „Unterrichtsangebot" gelandet. Dann waren Sie besonders schnell, denn wir greifen die entsprechenden Faktoren erst in den Kapiteln 4 und 5 intensiver auf.

2.5 Individuelle Voraussetzungen: Kognitives Lernpotenzial und motivationale Prädispositionen als Ursachen und Folgen des Lernens

Für Sie als Leserinnen und Leser dauerte der Schritt vom vorigen Unterkapitel 2.4 zu 2.5 nur einen kurzen Moment (falls Sie den Band nicht zwischendurch für einige Minuten, Stunden oder Tage beiseitelegten), aber in Bezug auf psychologische Teilgebiete haben Sie einen Sprung zwischen zwei Welten gemacht: von der Allgemeinpsychologie zur differenziellen Psychologie. Die Allgemeinpsychologie untersucht Mechanismen, die für alle Menschen in ähnlicher oder identischer Weise gelten: Wie funktioniert das Gedächtnis? Warum ist Aufmerksamkeit so wichtig? Wie sollen Informationen präsentiert werden, damit man sie sich gut merken kann? Welche motivationalen Zustände sind lernförderlich? Natürlich gibt es Unterschiede darin, wie gut sich eine Person an eine neue Information erinnern kann – beispielsweise spielt das Vorwissen eine große Rolle. Die Allgemeinpsychologie interessiert sich durchaus für solche Unterschiede, aber sie untersucht diese Unterschiede im Sinne allgemeiner Lernvorgänge: mehr Vorwissen sowie eine höhere Motivation – das bedeutet eine bessere Informationsaufnahme.

Allgemeinpsychologie

Woher solche Unterschiede im Vorwissen oder in der Motivation stammen und welche langfristigen Konsequenzen sie für bestimmte Personen haben, dafür interessiert sich die Allgemeinpsychologie kaum – die differenzielle Psychologie dagegen um

Differenzielle Psychologie

so mehr. Dass es leistungsrelevante Unterschiede bei den Lernvoraussetzungen betimmter Schülerinnen oder Schüler gibt, steht außer Frage. Auch in dem von uns adaptierten Rahmenmodell von Helmke (2012) nehmen solche Unterschiede eine wichtige Rolle ein, weshalb ihnen ein eigener Kasten (der Kasten „Differenzielles Lernpotenzial" in Abbildung 1 auf Seite 17) gewidmet ist. Da dieses Lehrbuch mit der Frage nach dem qualitätvollen Unterricht einen anderen zentralen Fokus hat, können wir zentrale Unterschiede bei den Lernvoraussetzungen wiederum nur selektiv und stichpunktartig nennen.

Lernpotenzial

2.5.1 Kognitives Lernpotenzial

Die vermutlich am intensivsten diskutierten interindividuellen Unterschiede bei den Lernvoraussetzungen von Schülerinnen und Schülern betreffen deren *Intelligenz*, also deren generelle Fähigkeit, Informationen zu verarbeiten und Probleme zu lösen. Intelligentere Schülerinnen und Schüler sind besonders gut in der Lage, komplexe und für sie neue Aufgaben erfolgreich zu bearbeiten. In der jüngeren Vergangenheit betonen eine Reihe von Autoren alternativ bzw. in Ergänzung zur Intelligenz auch die Rolle von Unterschieden bei der *Arbeitsgedächtniskapazität* (vgl. Baddeley, 2012). Offensichtlich lassen sich zwischen Personen recht stabile Unterschiede in der Kapazität des Arbeitsgedächtnisses beobachten – wobei es ebenfalls Hinweise darauf gibt, dass die Kapazität durch Trainingsmaßnahmen gesteigert werden kann.

Intelligenz

Vorwissen

Noch wichtiger für das Lernen scheint jedoch das *Vorwissen* zu sein: Je mehr eine Schüler bzw. ein Schüler bereits gelernt hat, umso leichter fällt es ihm oder ihr, noch mehr hinzuzulernen. Dies kann man sich gut vorstellen, wenn man an das Modell der semantischen Netzwerke im Langzeitgedächtnis denkt (Beispiel auf Seite 29): Je mehr Begriffsverbindungen ich bereits zu einem Inhalt aufgebaut habe, um so leichter wird es mir fallen, neue Informationen in dieses Netzwerk einzubauen – bei einem nur sehr wenig elaborierten Netzwerk kann es sehr mühevoll sein, einen neuen Begriff einzuordnen. Dies gilt zumindest für diejenigen Fächer bzw. Wissensbereiche, die durch einen stark kumulativen Charakter gekennzeichnet sind, wie beispielsweise Fremdsprachen oder Mathematik.

Unter die kognitiven Lernvoraussetzungen lassen sich auch die so genannten *kognitiven und metakognitiven Lernstrategien* fassen (vgl. Götz et al., 2011). Darunter versteht man Wissen darüber, wie man das eigene Lernen steuern kann: Wie merke ich mir am besten die Vokabeln? Was muss ich tun, wenn ich in Mathematik etwas nicht verstehe? Wie sollte ich meine Hausaufgabenbearbeitung am besten organisieren? Schülerinnen und Schüler, die über gute kognitive und metakognitive Lernstrategien verfügen, haben auf solche und ähnliche Fragen gute Antworten parat, die sie erfolgreich durch den Lernprozess führen. Auch hier sei betont, dass sich Lernstrategien auch im Rahmen von Trainings oder dem schulischen Unterricht fördern lassen (Dignath & Büttner, 2008).

Lernstrategien

2.5.2 Motivationale Prädispositionen

Alle Schülerinnen und Schüler lernen besser, wenn sie motiviert sind – das ist der Bereich der Allgemeinpsychologie, der im vorigen Teilkapitel 2.4 beschrieben wurde. Aber es gibt Unterschiede, wie oft Schülerinnen und Schüler ein wirkliches Interesse an einer Unterrichtsstunde entwickeln und wie einfach es für die Lehrkraft ist, sie zu motivieren – das ist das Gebiet der Differentiellen Psychologie und betrifft die individuell unterschiedlichen Lernvoraussetzungen. Die entsprechende Forschung zeigt deutlich, dass die Wahrscheinlichkeit, in einer Schulstunde motiviert mitzuarbeiten und diese beispielsweise auch als interessant zu erleben, deutlich zwischen den Schülerinnen und Schülern variiert (vgl. Krapp, 2002). Man spricht hierbei von motivationalen Prädispositionen, das heißt relativ stabilen Unterschieden in der motivationalen Ausgangslage von Personen. Von großer Bedeutung sind beispielsweise die bereichsspezifischen *Interessen* („Ich finde Deutsch spannend") und *Fähigkeitsüberzeugungen* („Für Physik bin ich einfach begabt") der Schülerinnen und Schüler. Wenn man diese halbwegs stabilen Interessen und Fähigkeitsüberzeugungen bei einzelnen Schülerinnen und Schülern in einem bestimmten Fach kennt, so kann man relativ gut vorhersagen, wie sehr diese Schülerinnen und Schüler in der Regel bereit sind, sich in diesem Fach anzustrengen. Allerdings: Man sollte nicht unterschätzen, was für einen großen Unterschied der Un-

Interesse

Fähigkeitsüberzeugungen

terricht macht. Fast alle Schülerinnen und Schüler berichten auch in Fächern, die nicht zu ihren Lieblingsfächern gehören, zumindest zeitweise ein hohes Interesse. Im folgenden Exkurs berichten wir über eine Studie, die eine unserer Doktorandinnen durchgeführt hat und deren zentrale Botschaft lautet, dass es – verkürzt ausgedrückt – keine Schülerinnen und Schüler gibt, die nie interessiert sind und keinerlei Anstrengungsbereitschaft aufweisen. Vielmehr zeigt sich, wie wichtig es für die Motivation ist, dass Schülerinnen und Schüler Unterrichtsangebote erhalten, die für ihre Bedürfnisse relevant sind.

Eine Studie zum Interesse von Schülerinnen und Schülern

Wie interessiert sind Schülerinnen und Schüler in den unterschiedlichen Fächern, wie stark wechselt ihr Interesse, und von welchen Unterrichtsfaktoren hängt das Auftreten von Interesse ab? Diesen Fragen sind wir in einer Studie mit 261 Schülerinnen und Schülern aus neun neunten Klassen nachgegangen (Tsai, Kunter, Lüdtke, Trautwein & Ryan, 2008). Um diese Studie zu verstehen, ist es wichtig, die oben dargelegte Unterscheidung von motivationalen Zuständen (z. B. interessiert sein) und motivationalen Prädispositionen (z. B. dauerhaftes Interesse an einer Sache zeigen) zu verstehen. Im ersten Fall spricht man von *situationalem Interesse*, also einem kurzfristigen Zustand von Aktiviertheit und Neugier; im zweiten Fall von *individuellem Interesse*, also einer langfristigen positiv geprägten Haltung zu einem bestimmten Thema oder Fach (Krapp, 2001). In der hier beschriebenen Studie ging es darum, zu prüfen, wie häufig Schülerinnen und Schüler situationales Interesse im Unterricht erleben (und zwar unabhängig von ihrem individuellen Interesse) und vor allem, durch welche Unterrichtsmerkmale dieses gefördert wird. In der Untersuchung bearbeiteten die Schülerinnen und Schüler drei Wochen lang am Ende jeder Mathematik-, Deutsch-, und Fremdsprachen-Stunde einen kurzen Fragebogen. Dort gaben sie an, wie interessiert sie während der Stunde waren, und gaben kurze Informationen über den gerade gehaltenen Unterricht.

Aus diesen Erhebungen ergaben sich drei zentrale Ergebnisse. Erstens zeigte es sich, dass das situationale Interesse aller Schülerinnen und Schüler im Verlauf der zwei Wochen deutlich schwankte: Fast alle Schülerinnen und Schüler erlebten Stunden, in denen sie sehr interessiert waren und Stunden, in denen sie sehr wenig interessiert waren. Zweitens erlebten diejenigen Schülerinnen und Schüler mit generell hohem individuellem Interesse an einem Fach auch mehr Stunden, die sie interessant fanden, was für die Bedeutung der motivationalen Prädispositionen spricht. Drittens – und das ist für die Unterrichtsgestaltung besonders relevant – ließen sich bestimmte Unterrichtsmerkmale identifizieren, die systematisch mit höherem situationalem Interesse einhergingen. Die Lernenden waren interessierter, wenn sie in der Stunde das Gefühl hatten, von ihren Lehrkräften in ihrer Selbständigkeit unterstützt und zum eigenständigen Denken angeregt zu werden. Dagegen war das Interesse niedriger in den Stunden, in denen die Schülerinnen und Schüler das Gefühl hatten, von der Lehrkraft kontrolliert zu werden.

Diese Studie verdeutlicht, dass Motivation immer durch Personeneigenschaften und Eigenschaften der Situation beeinflusst wird. Im Unterricht sollte es daher zum einen ein Ziel sein, Lernsituationen so zu gestalten, dass Schülerinnen und Schüler kurzfristig interessiert und bereit sind, sich anzustrengen. Zum anderen sollten Lehrkräfte ihre Schülerinnen und Schüler darin bestärken, langfristige Interessen und günstige motivationale Prädispostionen aufzubauen.

Zusammenfassung und Ausblick

Nutzung von Lernangeboten und individuelle Voraussetzungen
Wir haben uns in diesem Kapitel mit den Lern- und Motivationsprozessen beschäftigt, die notwendig sind, damit Schülerinnen und Schülerinnen Unterrichtsangebote verarbeiten und nutzen können und somit in ihrem Lernen und ihrer Entwicklung gefördert werden. Deutlich geworden ist sicherlich, dass Lernen ein konstruktiver Prozess ist, der nicht automatisch erfolgt, sondern aktive Beteiligung der Lernenden erfordert. Die Bereitschaft und Fähigkeit, sich an diesem aktive Prozess zu beteiligen, ist immer auch von den individuellen Merkmalen der Schülerinnen und Schüler beeinflusst.

Vielleicht haben Sie sich schon gewundert, dass wir in den vorangegangenen Passagen über Intelligenz, Motivation u.ä. stets als Lern-

potenzial gesprochen haben, das den Lernprozess beeinflusst. Wir haben also im Prinzip nur den Pfeil zwischen den Boxen „Differenzielles Lernpotenzial" und „Lernaktivitäten" bzw. „Differenzielles Lernpotenzial" und „Motivations/Anstrengungsbereitschaft" in unserem Rahmenmodell auf Seite 17 betrachtet. Dies ist nur die halbe Geschichte: Genauso wichtig ist der Pfeil von Box „Unterricht" zu Box „Differenzielles Lernpotenzial": Der Unterricht und seine Wirkungen haben nämlich wiederum einen sehr großen Effekt auf das Lernpotenzial. Am deutlichsten ist dies natürlich in Hinblick auf das erworbene Vorwissen. Aber auch für die Intelligenz eines Menschen gilt, dass sie keine feste, unveränderliche Größe ist: Je besser die Beschulung, desto günstiger die Intelligenzentwicklung (vgl. Ceci, 1991; Neisser et al., 1996). Und auch in Hinblick auf motivationale Prädispositionen schlägt sich qualitätvoller Unterricht nieder: Guter Unterricht kann beispielsweise Interessen und Fähigkeitsselbstkonzepte positiv beeinflussen; aber selbst dann, wenn einer Schülerin oder einem Schüler ein Fach über die Zeit fremd bleibt, können Schülerinnen und Schüler lernen, wie sie trotz Antipathie gegenüber einem Fach eine hohe Anstrengungsbereitschaft entwickeln können, indem sie aktiv Strategien zur Motivationsregulierung (sogenannte Selbstregulationstechniken) einüben.

Qualitätvoller Unterricht leistet in diesem Sinne mehreres:
(1) Er erhöht durch entsprechende motivationale Anreize die Bereitschaft der Schülerinnen und Schüler, sich anzustrengen und fördert damit die Nutzung des Unterrichtsangebots.
(2) Er bietet den Stoff kognitiv aktivierend an, so dass die Chance erhöht wird, dass er im Langzeitgedächtnis gespeichert werden kann (siehe hierzu Kapitel 4).
(3) Er sorgt auch dafür, dass das kognitive und motivationale Lernpotenzial der Schülerinnen und Schüler gefördert wird – als Nebenprodukt des normalen Unterrichts oder ganz gezielt, indem beispielsweise Lernstrategien und Strategien zur Selbstmotivierung vermittelt werden.

Die Telefonnummer lautet 030-2973945.

Ansätze zur Beschreibung und Analyse des Unterrichtsangebotes | 3

3.1 Unterricht als eine Lernsituation mit vielen Facetten

Die folgenden Kapitel erläutern, wie die in Kapitel 2 dargestellten Erkenntnisse zu Lernen und Entwicklung auf Unterrichtssituationen angewendet werden können. Wir werden in den folgenden Kapiteln zeigen, dass psychologische Theorien einen geeigneten Rahmen abgeben können, um Unterrichtssituationen trotz ihrer Komplexität präzise zu beschreiben. Weiterhin lassen sich auf Basis der dargestellten Lern- und Motivationstheorien Unterrichtsmerkmale ableiten, die entwicklungsförderlich sein können und es lässt sich auch ableiten, welche Anforderungen sich daraus für Lehrkräfte und die Schulumwelt ergeben. Schließlich liefert die Psychologie auch Methoden und Verfahren, mit deren Hilfe sich prüfen lässt, inwieweit theoretische Annahmen über „guten Unterricht" auch wirklich zu den gewünschten Effekten führen, und an welchen Stellen noch Klärungsbedarf besteht.

Schulischer Unterricht ist eine einzigartige, äußerst komplexe Situation. Um diese angemessen beschreiben und um präzise argumentieren zu können, ist es wichtig, die Merkmale zu identifizieren, die besonders relevant zur Charakterisierung der Situation sind. Was macht eigentlich die Unterrichtssituation aus psychologischer Sicht einmalig und wie kann man diese präzise beschreiben? In diesem Kapitel werden begriffliche Grundlagen gelegt, die für das weitere Verständnis der dargestellten Inhalte notwendig sind. Wir werden zunächst einen Blick auf eine kurze Unterrichtsszene werfen und anhand dieser einige wichtige theoretische Begriffe zur Ordnung von Unterrichtssituationen erläutern (Abschnitt 3.1). Anschließend gehen wir auf unterschiedliche Betrachtungsebenen des Unterrichts ein und führen die Unterscheidung von Tiefen- und Sichtstrukturen ein, die uns im Verlauf des Buches weiter begleiten wird (Abschnitt 3.2). In Abschnitt 3.3 ist kurz dargestellt, wie in der Forschung Unterricht typischerweise analysiert wird – denn die Ergebnisse der Unterrichtsforschung sind die Grundlage dieses Buches.

Unterrichtsbeispiel

Es ist Dienstag, 10.20 h, Frau Zanders Biologiestunde in der 7b. Frau Zander hat gerade die Hausaufgaben besprochen und möchte nun zum Einstieg in das Thema „Zelle" einen Film zei-

3.1 Unterricht als Lernsituation mit vielen Facetten

gen. Sie bittet Annika und Peter, ihr beim Aufbau des Projektors zu helfen. Während Peter sofort aufsteht, redet Annika weiter mit ihrer Nachbarin. Als die Lehrerin Annika gerade nochmals auffordern will, meldet sich Shilal, die fragt, ob eigentlich die Arbeitsblätter aus der letzten Stunde noch einmal besprochen würden, sie hätte da einiges noch nicht verstanden. Während Timo und Nicola daraufhin abfällige Bemerkungen über die „Streberin" machen, sagt Max „Ich habe mal gelesen, dass alle Zellen einen Kern haben, in dem alle Informationen über die Gene enthalten sind – stimmt das?". In der Zwischenzeit hat Peter den Projektor aufgebaut. Frau Zander schaut auf die Uhr. Es ist 10.25 h.

Diese kleine Szene verdeutlicht, was für eine vielschichtige Situation Unterricht ist. Innerhalb kurzer Zeit ereigneten sich verschiedene Dinge, die sich zum Teil auf die schulischen Inhalte bezogen, zum Teil jedoch nichts damit zu tun hatten. Wir haben gesehen, dass die Lehrerin mit mehreren Schülern gleichzeitig in Interaktion stand, während parallel dazu auch Schüler untereinander interagierten. Einiges lief nach Plan, anderes nicht. Können Sie beurteilen, ob es sich hier um eine „gute Unterrichtsstunde" gehandelt hat? Stellen Sie sich vor, Sie sollten den geschilderten Stundenausschnitt knapp zusammenzufassen und die zentralen Elemente benennen. Welche Aspekte der Szene erscheinen Ihnen besonders bemerkenswert?

_____

_____

_____

Um Unterricht beschreiben, analysieren und schließlich auch bewerten zu können, ist es notwendig, sich vom konkret Beobachtbaren zu lösen, und die dahinter liegenden Prinzipien zu erkennen und zu nutzen. Die Unterrichtsforschung beschäftigt sich damit, die Komplexität von Unterrichtssituationen in präzise beschreibbare Teildimensionen zu unterteilen, um deren Wirkungen zu analysieren. Auf Basis dieser Forschungserkenntnisse kann Unterricht aus verschiedenen Perspektiven heraus beschrieben und bewertet werden. Im Folgenden werden wir zunächst zusammenfassen, welche psychologischen Merkmale spezifisch für die Unterrichtssituation sind.

3.1.1 Typische Merkmale der Unterrichtssituation

Unterricht ist eine institutionalisierte und geplante Lehr-Lernsituation, die im schulischen Kontext typischerweise so gestaltet ist, dass eine Lehrperson ein Lernangebot an eine Gruppe von Schülerinnen und Schülern richtet (Ditton, 2006). Schulischer Unterricht weist somit vor allem zwei wichtige Merkmale auf:
(1) Unterricht ist eine Situation, deren primäres Ziel es ist, das **Lernen** von Schülerinnen und Schülern zu fördern. Ausgehend von den eingangs beschriebenen Lern- und Motivationstheorien kann festgehalten werden, dass diese Vermittlung von Kenntnissen und Fertigkeiten sowie die Förderung anderer Entwicklungsprozesse vor allem durch die selbstständige und aktive Auseinandersetzung mit neuem und bereits vorhandenem eigenen Wissen, geschieht. Ganz gleich, ob es sich um fachliche Inhalte, fächerübergreifendes Wissen, oder um nicht kognitive Unterrichtsziele wie z. B. die Förderung von Interessen oder Fähigkeitsüberzeugungen handelt, so ist die Aufgabe der Lehrenden doch immer eindeutig durch diesen Auftrag definiert und auch der Erfolg oder die Güte von Unterricht ist daran zu messen, ob diese Ziele erreicht werden.
(2) Unterricht ist eine komplexe **soziale Situation**, in der eine Lehrperson mit einer Gruppe von Lernenden interagiert. Diese soziale Situation zeichnet sich zum einen durch eine asymmetrische Beziehung zwischen Lehrkraft und der Lerngruppe aus, da Lebensalter, Erfahrung sowie Vorkenntnisse unterschiedlich verteilt sind. Darüber hinaus ist es Aufgabe der Lehrkraft, Schülerinnen und Schüler in ihren Lernaktivitäten zu unterstützen und dafür zu sorgen, dass sie möglichst viel Zeit mit dem Lernstoff verbringen – was möglicherweise gar nicht immer das Ziel aller Kinder und Jugendlichen ist. Zum anderen zeichnet sich die Unterrichtssituation durch die vielfältigen Interaktionsmöglichkeiten innerhalb der Gruppe der Lernenden aus. In jeder Klasse existieren Freundschaften, Gruppierungen und Animositäten. Die Beziehungen der Schülerinnen und Schüler untereinander und ihr Umgang miteinander sind nicht immer auf die schulischen Lernziele ausgerichtet und können sogar im Konflikt damit stehen (Wentzel, 1999).

Für Lehrkräfte stellt sich somit die Aufgabe, beide Arten sozialer Interaktion – die Lehrer-Schüler-Interaktion und die Schüler-Schüler-Interaktion – auf produktive und angemessene Weise zu gestalten. Der Unterrichtsforscher Walter Doyle (2006) hat die Herausforderungen, auf die Lehrende im Unterricht dabei treffen, anhand der folgenden Punkte beschrieben (siehe Abbildung 7).

Herausforderungen im Unterricht

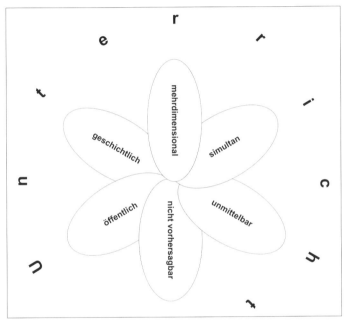

Abbildung 7 | Unterricht als vielschichtige und herausfordernde Situation (nach Doyle, 2006).

Mehrdimensionalität: Viele Personen, die unterschiedliche Ziele verfolgen, interagieren miteinander und jede Aktion und jedes Ereignis hat wiederum Wirkungen auf viele Beteiligte. In der oben skizzierten Unterrichtssequenz wurde nur ein Bruchteil dessen, was währenddessen in der Klasse passierte, geschildert, und dennoch wurde deutlich, dass viele unterschiedliche Dinge auf verschiedenen Ebenen geschehen. Lehrende stehen vor der Herausforderung, diese vielfältigen Ereignisse für sich und in ihren Wechselwirkungen zueinander zu beachten und darauf zu reagieren.

Simultanität: Viele Ereignisse laufen gleichzeitig ab und müssen von der Lehrkraft koordiniert werden. Während Frau Zander den Aufbau des Projektors im Auge behalten musste, hatte sie gleichzeitig auf mehrere Schülerfragen zu antworten, die sich sowohl auf organisatorische als auch fachliche Inhalte bezogen. Darüber hinaus galt es, auf die abwertenden Bemerkungen, die sich gegen die Schülerin Shilal richteten, zu reagieren. Die große Herausforderung an die Lehrenden im Unterricht ist es, die Übersicht zu behalten und zentrale von weniger zentralen Ereignissen unterscheiden zu können.

Unmittelbarkeit: Unterricht ist im ständigen Fluss, die Handlungen von Schülern erfolgen schnell und können die Unterrichtssituation rasch verändern. Im Unterrichtsbeispiel reagierten auf die Frage der Schülerin Shilal einige Mitschüler prompt mit abfälligen Kommentaren, die nichts mit den fachlichen Inhalten zu tun hatten, noch bevor Frau Zander Gelegenheit hatte, auf Shilals Frage zu antworten. Für die Lehrkraft erfordert diese Unmittelbarkeit hohe Aufmerksamkeit und schnelle Reaktionen – ohne dabei die ursprünglichen Unterrichtsziele zu verlieren.

Nichtvorhersagbarkeit: Durch das Aufeinandertreffen vieler Personen und die schnelle Handlungsabfolge können Handlungen nur begrenzt geplant werden, Situationen ändern sich sehr schnell und Lösungsmöglichkeiten können auch kaum von einer Unterrichtssituation auf eine andere übertragen werden. In unserem Beispiel ist leicht vorstellbar, dass die „Streber"-Bemerkungen und Shilals möglicherweise darauf folgende Reaktionen zu einem sozialen Konflikt zwischen der Schülerin und ihren Mitschülern hätte führen können. Die dann erforderliche Schlichtung dieses Konflikts hätte viel Unterrichtszeit verbraucht, die Frau Zander eigentlich für andere Inhalte vorgesehen hatte. Eine andere Art der Nichtvorhersagbarkeit ergibt sich aus der Frage von Max, die zentrale Inhalte dessen, was Frau Zander vermutlich im Laufe der Stunde oder der Lehreinheit vermitteln wollte, bereits vorwegnimmt. Wie soll Frau Zander auf diese Frage reagieren? Sie wirft vermutlich ihre ganze Unterrichtplanung durcheinander. Möglicherweise hatte sie vorgehabt, die Schüler schrittweise an den Aufbau einer Zelle heranzuführen. Die Nichtvorhersagbarkeit von Unterricht führt dazu, dass Lehrende diese Unsicherheiten in ihrer Planung berücksichtigen und über ein großes Handlungsrepertoire verfügen müssen, um auf unvorhersehbare Ereignisse flexibel reagieren zu können.

Öffentlichkeit: Das Handeln der Lehrkraft erfolgt immer vor den Augen aller ihrer Schüler – jede Handlung wird von der Klasse registriert und beurteilt. Alle Handlungen von Frau Zander finden vor der versammelten Klasse statt – und Fehler oder Unsicherheiten werden vermutlich sofort erkannt.

Geschichtlichkeit: Lehrkräfte und Schüler teilen eine gemeinsame Geschichte und in jeder Unterrichtssituation wirken vergangene Ereignisse mit ein, die Interpretation und Handlungsspielräume beeinflussen. Stellen Sie sich vor, der Schüler Peter, der den Projektor aufgebaut hat, sei einer von Frau Zanders Lieblingsschülern, weil er immer dem Unterricht folgt und stets kooperativ mitarbeitet. Die Tatsache, dass er den Projektor sofort und selbstständig aufgebaut hat, ist nun nicht weiter überraschend. Stellen Sie sich aber nun vor, Peter sei in der Vergangenheit schon mehrfach mit Frau Zander in Konflikt geraten, weil er sich im Unterricht unkooperativ und aggressiv verhalten hat. Sein Verhalten in der geschilderten Szene wäre nun völlig anders zu bewerten und würde ein äußerst bemerkenswertes Ereignis darstellen. Für Lehrkräfte ergibt sich aus dieser Geschichtlichkeit die Aufgabe, ihr eigenes Verhalten und das von Schülerinnen und Schülern immer im übergeordneten Kontext zu bewerten und zu interpretieren.

Die Vielschichtigkeit und damit verbundene geringe Planungssicherheit im Unterricht ist erfahrenen Lehrpersonen wohlbekannt und wurde auch in vielen Forschungsarbeiten bereits beschrieben (Floden & Buchmann, 1993; Oser & Baeriswyl, 2001; Tenorth, 2006; van den Berg, 2002). Eine wichtige Erkenntnis aus dieser Sichtweise auf Unterricht ist es, dass sich Lehrkräfte dieser Unsicherheit gewahr sein und verstehen sollten, dass es kaum situationsübergreifende „Patent-Rezepte" oder Techniken gibt, die in allen möglichen Situationen anwendbar sind und zum Erfolg führen. Vielmehr sollten Lehrkräfte in der Lage sein, flexibel und rasch auf sich ändernde Situationen reagieren. Dies heißt allerdings nicht, dass Unterricht überhaupt nicht plan- oder steuerbar ist. Es braucht aber eine umsichtige Planung, die die genannten Unsicherheitsfaktoren bereits im Vorfeld berücksichtigt. Voraussetzung dafür ist, dass Lehrkräfte in der Lage sind, Situationen schnell und sicher zu analysieren, um dann aus einem großen Repertoire an Handlungsstrategien die jeweils situativ angemessene auswählen zu können.

3.1.2 Unterricht als eine Lern-*Gelegenheit*

Die im vorangegangenen Kapitel dargestellten Lern- und Motivationstheorien haben verdeutlicht, dass Lernen kein passiver und automatischer Vorgang ist. Wir wissen heute, dass Lernen – speziell, wenn es um das Verstehen komplexer Sachverhalte geht – ein aktiver Prozess ist, der kognitive Mühen und eigenständiges Engagement seitens der Lernenden erfordert. Wir haben zu Beginn des Buches das Angebots-Nutzungs-Modell von Helmke vorgestellt, das konzeptuell zwischen dem Unterrichtsangebot – also der Gestaltung der Unterrichtssituation durch die Lehrkraft – und der individuellen Nutzung dieses Angebots durch die Schüler trennt. Unterricht ist also ein Angebot an die Schülerinnen und Schüler, sich mit dem Lernstoff auseinander zu setzen. Dieses Angebot kann von mehr oder weniger guter Qualität sein – je nachdem, wie gut die Prinzipien des erfolgreichen Lernens, wie wir sie im vorangegangen Kapitel kennengelernt haben, in der Unterrichtsgestaltung berücksichtigt sind. Denken Sie nochmals an das eingangs geschilderte Beispiel – was glauben Sie? Wäre der Film, den Frau Zander zeigen möchte, ein gutes Unterrichtsangebot oder nicht? (Dazu müssten wir natürlich mehr über den vorgesehenen Film wissen, ob er etwa authentische, lebensnahe Beispiele beinhaltet, die das Interesse der Schülerinnen und Schüler wecken und somit die Bereitschaft, sich mit den neuen Inhalten intensiver auseinanderzusetzen oder ob er eine angemessene Menge an Informationen vermittelt, die sich von den Schülerinnen und Schülern in ihrem Arbeitsgedächtnis leicht verarbeiten lassen.)

Angebots-Nutzungs-Modell

Auch ein gut gemachter, ansprechender Film kann keine Lernerfolge garantieren. Niemand kann einen anderen Menschen dazu zwingen, bestimmte Denkprozesse zu vollziehen. Ob Schülerinnen und Schüler tatsächlich selbstständige Lernprozesse initiieren und aufrechterhalten, entzieht sich letztendlich der Kontrolle durch die Lehrkraft. Selbst der beste Unterricht kann einzelne Schüler nicht zum Lernen nötigen, da die aktive Nutzung von Lernsituationen letztlich nur durch die Schüler selbst bestimmt wird. Die individuelle Nutzung kann zwischen Schülerinnen und Schülern variieren. So kann ein Schüler mehr oder weniger aufmerksam einen Film verfolgen, sich aktiv an bereits gelerntes Wissen erinnern oder einfach abschalten und sich mental mit ganz anderen Dingen beschäftigen (vgl. Abbildung 8). Ob und wie intensiv ein Schüler ein Lernangebot nutzt, hat häufig mit seinen **individuellen Lernvoraussetzungen** zu tun, beispielsweise mit dem bereits vorhandenen Vorwissen, mit der Lern- und Leistungsmotivation, aber auch der individuellen Lerngeschichte oder seinen allgemeinen kognitiven Voraussetzungen (dies haben wir in Kapitel 2 ausführlich besprochen, vgl. Abbildung 8). In unserem Beispiel wurde sehr schnell die soziale und kognitive Unterschiedlichkeit der Schülerinnen und Schüler deutlich – es ist durchaus davon auszugehen, dass nicht alle Klassenmitglieder gleichermaßen von Frau Zanders Lehrangebot profitieren werden. Das Angebots-Nutzungs-Modell betont schließlich, dass Unterrichtsangebote, die Nutzung dieser Angebote und die Unterrichtserfolge auch immer von **kontextuellen Faktoren** abhängig sind. Ob eine Lehrkraft überhaupt ein bestimmtes Angebot macht, beispielsweise einen Film zeigt, kann durch bestimmte Schulfaktoren gesteuert werden, beispielsweise, welche mediale Ausstattung überhaupt in der Schule vorhanden ist, welche Bedingungen der Lehrplan stellt, welche Absprachen mit den Lehrkräften anderer Fächer getroffen wurden und so weiter. Auf einen Teil dieser Kontextangebote werden wir in Kapitel 7 genauer eingehen.

    Die Sichtweise auf Unterricht vor dem Hintergrund des Angebots-Nutzungs-Modells verdeutlicht den Spielraum – aber auch die Grenzen –, die sich Lehrkräften bei der Gestaltung von Unterricht bieten. Unterricht ist dann qualitätvoll, wenn es Lehrkräften gelingt, die Lehr-Lern-Situation so zu gestalten, dass möglichst viele Schüler das Angebotene annehmen und wenn Verstehensprozesse ausgelöst werden.

(Marginalien: Lernpotenzial; Kontextfaktoren)

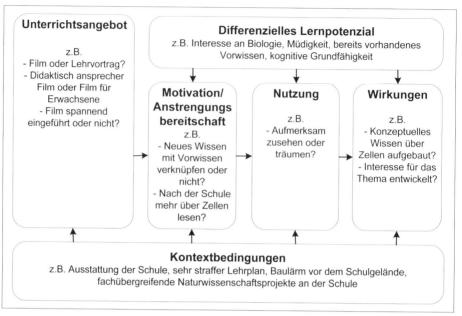

Abbildung 8 | Unterricht als eine Lerngelegenheit – verschiedene Faktoren bestimmen den Unterrichtserfolg

3.2 Unterricht beschreiben und analysieren

Wir haben bisher gesehen, dass Unterricht eine vielschichtige Situation ist und dass der Erfolg von Unterricht von verschiedenen Faktoren abhängt. Dass die angemessene und systematische Beschreibung dieses vielschichtigen Unterrichtsgeschehens sehr schwierig ist, liegt auf der Hand. Um den komplexen Anforderungen des Unterrichts gerecht zu werden, bedienen sich Lehrkräfte einer Vielzahl an Methoden, Formen und Prinzipien. Erfolgreicher Unterricht gelingt selten durch ein bestimmtes Vorgehen, sondern vielmehr durch die angemessene Kombination verschiedener Gestaltungselemente, also der „Orchestrierung" diverser didaktischer Strategien und methodischer Grundformen (Einsiedler, 1997b; Helmke, 2003; Weinert, Schrader, & Helmke, 1989). In der pädagogisch-psychologischen Unterrichtsforschung und der Didaktik wurden daher verschiedene Ordnungssysteme vorgelegt, die nützlich sind, um Lehrerhandeln und die Unterrichtsgestaltung unter verschiedenen Fragestellungen betrachten zu können.

3.2 Unterricht beschreiben und analysieren

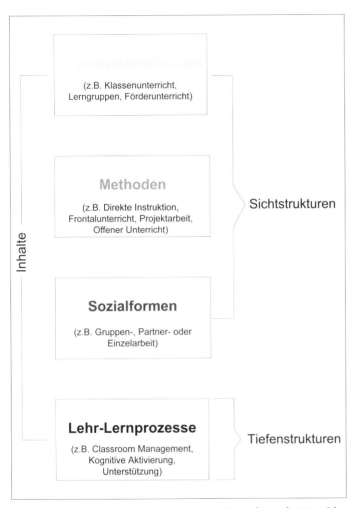

Abbildung 9 | Eine Systematisierung von Betrachtungsebenen des Unterrichts

Gemeinsam ist diesen Klassifikationsansätzen, dass sie versuchen, sowohl übergreifende Organisations- und Strukturierungsformen von Unterricht als auch Mikroprozesse des Lehrens und Lernens darzustellen (z.B. Ditton, 2006; Meyer, 2004; Wiechmann, 2010b).

3.2.1 Sicht- und Tiefenstrukturen

Unterricht lässt sich auf verschiedenen Ebenen durch bestimmte Merkmale beschreiben. Wie in Abbildung 9 dargestellt ist, lassen sich die folgenden Betrachtungsebenen voneinander trennen.

- Auf einer ersten Ebene lassen sich generelle **Organisationsformen** und strukturelle Rahmenbedingungen des Unterrichts beschreiben. Auf dieser Ebene kann Unterricht z. B. danach unterschieden werden, ob er im Klassenverband oder in leistungsdifferenzierten Kursen abgehalten wird, oder ob es sich um Regelunterricht, Förderunterricht oder Ähnliches handelt.
- Auf einer zweiten Ebene lassen sich **Methoden des Unterrichts** darstellen, gelegentlich auch als „methodische Großformen" (Meyer, 1987) oder Instruktionsmodelle (Arnold, Sandfuchs, & Wiechmann, 2006) bezeichnet. Hier handelt es sich um Formen der Unterrichtsplanung und -organisation, die oft mehrere Stunden überdauern und nach bestimmten Prinzipien gestaltet sind (Wiechmann, 2010b). Beispiele sind etwa Methoden der direkten Instruktion und des darstellenden Unterrichtens, Projektarbeit oder offener Unterricht (siehe hierzu Kapitel 5).
- Innerhalb dieser Großformen sind verschiedene **Sozialformen** (auch „Unterrichtselemente", Wiechmann, 2010b) möglich, die als dritte Beschreibungsebene konzipierbar sind. Betrachtet wird hier primär die formale Gestaltung der sozialen Interaktion innerhalb der Unterrichtseinheiten, also z. B., ob im Gesamtklassenverband, in Kleingruppen, in Partner-, oder in Einzelarbeit gearbeitet wird. Die Sozialformen sind oft elementarer Teil der Methoden.
- Eine weitere Ebene der Betrachtung ist die der unmittelbaren **Lehr-Lernprozesse**, also der inhaltsbezogenen Interaktionsprozesse zwischen Lehrenden und Lernenden sowie der Lernenden untereinander und die Art der Auseinandersetzung der Lernenden mit den Inhalten: Welche Inhalte werden wie präsentiert? Auf welche Weise werden Lernsituationen vorstrukturiert? Welche Arten von Rückmeldungen werden gegeben? Auf welche Art und Weise werden Schülerinnen und

3.2 Unterricht beschreiben und analysieren

Schüler in der Aufgabenbearbeitung unterstützt? Diese Faktoren können unabhängig von den Methoden oder Sozialformen variieren. Sie stellen aber zentrale Unterrichtsmerkmale dar, da sie bestimmen, welche Lern- und Entwicklungsprozesse bei den Schülerinnen und Schülern tatsächlich ausgelöst werden (Brophy & Good, 1986; Helmke, 2003; Meyer, 2004; Shuell, 1996).

Die genannten vier Ebenen können auch in Sicht- oder Tiefenstrukturen unterschieden werden (siehe Aebli, 1961; Klieme, 2006; Oser & Baeriswyl, 2001; Seidel, 2003). **Sichtstrukturen** beziehen sich dabei auf alle Unterrichtsmerkmale, die auch Außenstehenden in relativ kurzer Zeit durch Beobachtung leicht zugänglich sind. Sie beziehen sich auf Organisationsmerkmale des Unterrichts, auf Unterrichtsmethoden und die Sozialformen. Sichtstrukturen liefern den Rahmen für alle Unterrichtsprozesse. Doch innerhalb der gleichen Methode oder Sozialform können sehr unterschiedliche Lehr-Lernprozesse stattfinden. Betrachtet man diese Lehr-Lernprozesse genauer, also die Qualität der Auseinandersetzung der Lernenden mit den Lerninhalten oder die Art der Interaktionen zwischen den handelnden Personen, so beschäftigt man sich mit den **Tiefenstrukturen** von Unterricht. Wichtige Tiefenstrukturen sind unter anderem der Umgang mit Lernzeit und Störungen (das so genannte „Classroom Management"), der Grad der kognitiven Anregung, die im Unterricht gegeben wird (kognitive Aktivierung) und die individuelle Förderung, die Lehrkräfte ihren Schülerinnen und Schülern bieten (Unterstützung). Wir werden in Kapitel 4 auf diese Tiefenstrukturen genauer eingehen.

Sichtstrukturen

Tiefenstrukturen

Die Unterscheidung von Sicht- und Tiefenstrukturen hat sich bewährt, vor allem, da die Forschung zur Effektivität von Unterricht zeigt, dass das Vorliegen bestimmter Sichtstrukturen und die Qualität der Tiefenstrukturen weitgehend unabhängig voneinander variieren, dass also innerhalb der gleichen Sichtstruktur Aufgabenstellungen oder die Interaktion zwischen Lehrenden und Lernenden völlig unterschiedlich gestaltet sein können (z.B. Knoll, 2003; Lipowsky, 2002; Veenman, Kenter, & Post, 2000, siehe als Exkurs die empirische Studie auf S. 66-67).

Die empirische Unterrichtsforschung zeigt weiterhin sehr deutlich, dass Sichtstrukturen zwar den Rahmen der Unterrichtsgestaltung vorgeben, dass aber die größere Erklärungsmacht, was Lernerfolge von Schülern betrifft, den Tiefenstrukturen zukommt (Hattie, 2009; Seidel & Shavelson, 2007; Wang, Haertel, & Walberg, 1993). Daher werden die Merkmale der Tiefenstruktur oft auch als „Dimensionen der Unterrichtsqualität" bezeichnet (Clausen, 2002; Ditton, 2006; Einsiedler, 1997a; Helmke, 2012; Klieme, 2006; Klieme & Rakoczy, 2008).

Empirische Studie zum Unterschied von Tiefen- und Sichtstrukturen

Die Ergebnisse einer niederländischen Studie von Veenman et al. (2000) verdeutlicht sehr augenfällig den Unterschied zwischen Sicht- und Tiefenstrukturen und zeigt, dass beide Bereiche unabhängig voneinander variieren können. Veenman und Kollegen untersuchten die Verbreitung von kooperativen Lernformen (siehe Abschnitt 5.3) im niederländischen Schulunterricht. Kooperatives Lernen ist ein Sammelbegriff für Unterrichtsmethoden, in denen Schülerinnen und Schüler in Kleingruppen gemeinsam Inhalte erarbeiten. In unserer Terminologie ist „Gruppenarbeit" also die **Sichtstruktur** des Unterrichts. Das Besondere an den kooperativen Lernformen ist aber, dass es sich hierbei um spezielle Strukturierungen der Gruppenarbeit handelt, bei denen die Gruppenarbeit nach bestimmten Prinzipien organisiert ist. Diese Prinzipien sorgen dafür, dass typische Schwachstellen der Gruppenarbeit vermieden werden, indem unter anderem gewährleistet wird, dass jedes Gruppenmitglied einen individuellen Beitrag liefern muss und dass nur kooperativ lösbare und nicht einfach arbeitsteilig lösbare Gruppenaufgaben verwendet werden. Beide Aspekte – man spricht hier auch von positiver Interdependenz – führen dazu, dass Gruppenmitglieder wenig Möglichkeiten haben, sich aus den Gruppenprozessen zu entziehen und ermöglichen somit Lernprozesse in hoher Qualität (mehr dazu im Abschnitt 5.3). Diese Unterrichtsmerkmale können innerhalb der gleichen Sozialform (=Gruppenarbeit) durchaus variieren und werden nicht durch organisatorische Strukturen festgelegt, sondern werden durch den Umgang mit dem Stoff und durch die Art der Interaktion zwischen den Lernenden bestimmt. Es handelt sich also um Merkmale der **Tiefenstruktur**.

An der Studie nahmen 69 niederländische Lehrkräfte und ihre Klassen (Stufen 1-8) mit 363 Schülerinnen und Schülern teil. Sowohl Lehrkräfte als auch Schüler wurden per Fragebogen zu dem Auftreten und der Gestaltung kooperativer Lernformen in ihrem Unterricht befragt. Zusätzlich wurden in einem Teil der Klassen Unterrichtbeobachtungen durchgeführt.

Die Studie brachte folgende Ergebnisse: Die Schülerinnen und Schüler berichteten, durchaus öfter kooperative Lernformen zu erleben und waren durchweg zufrieden mit der Methode. Die Lehrkräfte gaben an, recht häufig, nämlich im Mittel etwa vier Mal pro Woche, kooperative Lernformen einzusetzen. Sie berichteten weiterhin von positiven Effekten, äußerten aber gleichzeitig eine gewisse Unzufriedenheit mit der Methode. Spannend wird die Studie nun, wenn man die Ergebnisse der Unterrichtsbeobachtungen betrachtet: Hier zeigte sich, dass zwar tatsächlich relativ häufig Gruppenarbeitsmethoden eingesetzt wurden, dass aber die in den Klassen tatsächlich implementierten Methoden in den seltensten Fällen die Bedingungen erfüllten, die als maßgeblich für produktives kooperatives Lernen gelten. Speziell die individuelle Verantwortlichkeit und die gemeinsame Gruppenaufgabe wurden sehr häufig vernachlässigt, was dazu führte, dass die in den Gruppen beobachtete Kooperation geringe Qualität aufwies, was sich zum Beispiel in unvorteilhafter Arbeitsteilung, geringer Rate an Zuhören, negativem Klima und suboptimalen Entscheidungsprozessen äußerte.

Die Studie ist somit ein schönes Beispiel dafür, dass Sichtstrukturen nicht automatisch bestimmte Tiefenstrukturen mit sich bringen – und dass es auf die Tiefenstrukturen ankommt, ob im Unterricht hochwertige Lernprozesse angeregt werden oder nicht.

3.2.2 Zur fachlichen Einbettung von Unterricht

Bisher wurden verschiedene Betrachtungsebenen des Unterrichts unabhängig von der jeweiligen fachlichen Einbettung beschrieben. Schulischer Unterricht findet jedoch so gut wie immer innerhalb eines Faches statt. Insbesondere dann, wenn Unter-

Fachspezifische
Aspekte

richt im Hinblick auf sein Potenzial zur fachlichen Wissensvermittlung analysiert werden soll, ist es oft nötig, einen fachspezifischen Zugang zu wählen, der die Auseinandersetzung mit jeweils spezifischen Gegenständen und Lerninhalten analysiert (Mayer, 2004b). Die fachliche Einbettung kann prinzipiell alle Betrachtungsebenen des Unterrichts betreffen. So wurden zum Beispiel für Mathematik übergreifende Unterrichtsmodelle, wie zum Beispiel das Modell der *Realistic Mathematics Education* nach Freudenthal (1991) entwickelt, die fachspezifische Methoden-Konzepte darstellen. Vor allem wenn die im Fachunterricht stattfindenden Lehr-Lernprozesse betrachtet werden sollen, ist ein fachspezifischer Zugang unverzichtbar. Möchte man zum Beispiel Mathematikunterricht auf sein Potenzial zur kognitiven Aktivierung hin beschreiben, so lässt sich dies unter anderem in der Art der gestellten Aufgaben und der anschließenden Aufgabenimplementation erkennen: Kognitiv aktivierende Elemente können zum Beispiel Aufgaben sein, die an das Vorwissen der Lernenden anknüpfen und bereits bestehende Konzepte hinterfragen, oder ein Unterrichtsgespräch, in dem die Lernenden angeregt werden, selbstständig die Gültigkeit ihrer eigenen Lösungsvorschläge zu überprüfen.

Im Rahmen dieses Buches ist es nicht möglich, auf die fachspezifischen Zugänge genauer einzugehen. Die in diesem Buch dargestellten Inhalte basieren auf Studien, die in unterschiedlichen Domänen durchgeführt wurden – und es ist davon auszugehen, dass sich ein Großteil der hier berichteten Erkenntnisse auf jeweils andere Fächer übertragen lässt. Die genaue Erforschung und Entwicklung fachspezifischer Methoden und Aufgabenstellungen ist jedoch Aufgabe der jeweiligen Fachdidaktiken.

3.2.3 Unterrichtsforschung

Forschungszugänge

Ein besonderes wichtiger Beitrag der Psychologie liegt aus unserer Sicht darin, dass die Psychologie empirische Methoden bereit stellt, die geeignet sind, um die Effektivität von Unterricht auch unter den eingangs geschilderten komplexen Bedingungen empirisch zu überprüfen.

Die empirischen Zugänge zur Erforschung von Unterricht sind vielseitig. Sie reichen von Schülerbefragungen über Beobachtungsstudien bis hin zur Auswertung von großen Leistungsstudien. Daten aus den großen Leistungsstudien wie PISA sind beispielsweise deshalb für die Unterrichtsforschung interessant, weil sie es ermöglichen, sehr viele Klassen und deren Unterricht miteinander zu vergleichen und vor allem diese Unterrichtsunterschiede in Verbindung mit den in den Studien gemessenen Leistungsunterschieden zu setzen. Doch häufig wünscht man sich detailliertere Informationen, die nicht im Rahmen solcher Studien zu gewinnen sind. Hier sind Beobachtungen oder Videoanalysen von Vorteil. Zur Einstimmung in die Thematik ist im folgenden Exkurs die Analyse von Unterrichtsvideos etwas genauer dargestellt.

Ein Klassiker der Unterrichtsforschung: Die TIMSS-Videostudien

Eine der bekanntesten Studien zur Erforschung der Unterrichtsqualität ist die so genannte TIMSS-Video-Studie. Diese Studie wurde in den Jahren 1994-1996 von James W. Stigler (University of California, Los Angeles) in Kooperation mit Toshio Sawada (National Institute for Educational Research, Tokyo) und Jürgen Baumert (Max-Planck-Institut für Bildungsforschung) durchgeführt (Stigler, Gonzales, Kawanaka, Knoll, & Serrano, 1999; Stigler & Hiebert, 1999). Sie wurde als Ergänzung zur Studie *Third International Mathematics and Science Study* (TIMSS, jetzt *Trends in Mathematics and Science Study*) konzipiert, einer der wichtigsten internationalen Vergleichsstudien zur Erfassung der mathematischen und naturwissenschaftlichen Kompetenzen von Schülerinnen und Schülern in einem internationalen Vergleich (siehe http://timssandpirls.bc.edu/). Die TIMSS-Videostudie fand in den USA, Deutschland und Japan statt. Ziel der Studie war es, die typischen Unterrichtskulturen in diesen Ländern zu beschreiben, um Anhaltspunkte dafür zu finden, inwieweit die in der TIMSS-Hauptstudie gefundenen systematischen Länderunterschiede in den Leistungen von Schülern durch Unterschiede in der Unterrichtsgestaltung zu erklären seien. An der Studie nahmen insgesamt 231 Schulklassen und deren Lehrkräfte teil; pro Klasse wurde jeweils eine Unterrichtsstunde in Mathematik videografiert und anhand eines Kategorienschemas, das im internationalen Austausch entworfen wurde, ausgewertet. Die Studie ergab typische Unterrichtsprofile für jedes der drei Länder. So folgten japanische Stunden einem typischen Ablauf, bei dem die Stunde mit Einzel- oder Gruppenarbeiten begann, die dann in einem lehrergeleiteten Unterrichtsgespräch ausgewertet wurden, während deutsche und amerikanische Stunden so gut wie immer mit einem lehrergeleiteten Gespräch begannen, dessen Inhalte dann in Einzel- oder Gruppenarbeit vertieft wurden. Deutscher und amerikanischer Unterricht unterschied sich unter anderem in der Art der Aufgabenstellungen, die in den deutschen Stunden ein etwas höheres Anforderungsniveau hatten, allerdings wiesen japanischen Aufgaben ein noch deutlich höheres Komplexitätsniveau auf. Besonders frappierend war hier die hohe Nutzung von Aufgaben mit mehreren Lösungswegen – ein methodischer Ansatz, der in den beiden anderen Ländern so gut wie nie zu beobachten war.

Da der japanische Mathematikunterricht aus lernpsychologischer und didaktischer Sicht viele Vorteile aufwies und japanische Schüler in der TIMSS-Hauptstudie ausgesprochen gute mathematische Leistungen aufwiesen, galt der problemlösende japanische Unterricht seitdem längere Zeit als *der* Musterunterricht für Mathematik und wurde als solcher unter anderem auch in der Lehramtsausbildung thematisiert (Blum, 2001). Im Hinblick auf die weiter oben geschilderten Möglichkeiten zur Bewertung von Unterricht („gut" + „effektiv") schien eine einfache Formel gefunden zu sein: Wenn wir unseren Mathematikunterricht nach japanischem Vorbild ausrichten, sind Lernerfolge gewiss.

Diese Erkenntnis wurde jedoch in einer Nachfolgestudie, der so genannten *TIMSS 1999 Video-Studie* in Frage gestellt (Hiebert et al., 2003). In dieser Studie – die wiederum an die internationale Leistungserhebung TIMSS gekoppelt war – wurden bewusst die Länder ausgesucht, in denen die Schülerinnen und Schüler in der TIMSS-Erhebung besonders gute Leistungen aufwiesen, nämlich Australien, Hongkong, Japan, Niederlande, Schweiz und Tschechien (sowie zusätzlich die USA als Vergleichsgruppe). Die theoretische Hoffnung war, über diese in mathematischer Sicht sehr erfolgreichen Länder hinweg Unterrichtsmerkmale zu identifizieren, die maßgeblich für die hervorragende mathematische Leistungsentwicklung der Schülerinnen und Schülern sind, und somit ein kulturübergreifendes Bild des effektiven Mathematikunterrichts zeichnen zu können. Das Ergebnis der Studie war verblüffend: *Das* einheitliche Bild des guten Mathematikunterrichts ließ sich nicht finden! Zwar gab es gemeinsame methodische Grundelemente in allen Unterrichtsstunden (z. B. Lehrergespräch, Einzel- und Gruppenarbeit), doch die Anordnung und Reihenfolge dieser Grundelemente sowie die inhaltlichen Arbeitsweisen und Aufgabenstellungen variierten von Land zu Land und es zeigte sich auch, dass längst nicht alle dieser erfolgreichen Länder Elemente des vermeintlich didaktisch hochwertigen japanischen Unterrichts umsetzten. So zeichnete sich zwar zum Beispiel der niederländische Mathematikunterricht durch einen besonders hohen Anteil an Phasen des selbstständigen Schülerarbeitens (mehr als 55%) aus, dagegen nahm aber etwa in Hongkong der lehrergeleitete Unterricht drei Viertel der Unterrichtszeit ein. Didaktisch unerwartet zeigte beispielsweise auch der australische Unterricht einen äußerst hohen Anteil an wenig komplexen Aufgabenstellungen (77%), während in tschechischen Stunden der Anteil an Wiederholungsaufgaben besonders groß war (58%). Diese Studie zeigte sehr deutlich, dass normative Setzungen darüber, wie „guter Unterricht" auszusehen hat, kaum möglich sind, sondern dass stattdessen unterschiedliche Wege zu guten Schülerergebnissen führen können. Die Studie verdeutlichte vor allem aber auch, dass eine reine Analyse der Unterrichtsmethoden vermutlich wenig Erkenntnisse darüber verspricht, welche Lernprozesse bei den Schülerinnen und Schülern ausgelöst werden und dass es einer differenzierteren Sichtweise bedarf, die stärker die Tiefenstrukturen des Unterrichts in den Blick nimmt (siehe hierzu Kapitel 4).

Die Grundidee der TIMSS-Videostudien war es, den Unterricht von Ländern mit bestimmten Leistungen in Mathematik zu untersuchen, um daraus Hinweise zu erhalten, welche Unterrichtsmerkmale Leistung mehr oder weniger fördern. Problematisch an diesen Studien war allerdings, dass sie als reine Zusatzstudien zu den großen Leistungserhebungen konzipiert waren, es aber nicht möglich war, die Ergebnisse einzelner Schüler direkt mit

Daten über den Unterricht in Verbindung zu bringen – d.h. es waren nicht die gleichen Schüler und Klassen, die sowohl videografiert wurden als auch an der Leistungserhebung teilnahmen. Aus methodischer Sicht ist das natürlich problematisch, da zahlreiche andere so genannte Drittvariablen einen Zusammenhang zwischen Unterrichtsmerkmalen und Schülerleistungen herstellen können. Dies sei an einem hypothetischen Beispiel verdeutlicht. Findet man beispielsweise, dass in den Ländern, in denen Schülerinnen und Schüler besonders gute Leistungen aufweisen, Lehrkräfte vermehrt neue Medien einsetzen, kann daraus nicht geschlossen werden, der Einsatz neuer Medien fördere die Leistung. Vielmehr könnte eine andere Erklärung sein, dass das Vorhandensein neuer Medien ein Zeichen für eine generell gute materielle Ausstattung der Schulen in diesen Ländern ist. Was sich vermutlich unter anderem auch darin äußert, dass Lehrkräfte zu zahlreichen Fortbildungen ermuntert werden, aktuelle Lehrbücher verwendet werden und kaum Unterricht ausfällt – was die eigentliche Erklärungsvariable sein könnte.

Um wirklich Wirkungen von Unterricht ermitteln zu können, benötigt man also Studien, in denen direkt bestimmte Unterrichtsmerkmale auf die Leistungen der Kinder bezogen werden können. Die erste TIMSS-Videostudie hatte diesen Ansatz in Deutschland umgesetzt und diejenigen Klassen, die an der TIMSS-Studie teilnahmen, bereits ein Jahr vorher schon einmal untersucht, um die Entwicklung dieser Schülerinnen und Schüler nachzeichnen zu können. So war es möglich zu prüfen, welche Unterrichtsmerkmale mit besonders guten (oder schlechten) Leistungsentwicklungen einhergingen. Eine weitere Studie, die das genannte methodische Problem sehr elegant löst, ist die so genannte *Pythagoras-Studie*, bei der es sich um ein deutsch-schweizerisches Videoprojekt handelt (Klieme, Pauli & Reusser, 2009). An der Studie nahmen je 20 Klassen und ihre Lehrkräfte in Deutschland und der Schweiz teil, es wurden Unterrichtsstunden videografiert und die Schülerinnen und Schüler bearbeiteten Fragebögen und Tests. Das Besondere an diesem Design war, dass der Unterrichtsstoff für die Videoanalysen und die Leistungstests festgelegt war, die ganze Erhebung nämlich im Rahmen einer Unterrichtseinheit (Pythagoras) stattfand und die Leistungstests vor und nach der Unterrichtseinheit stattfanden. Somit lässt sich relativ klar bestimmen, inwieweit bestimmte

Unterrichtsmerkmale verbessertes Lernen oder höhere Motivation der Schülerinnen und Schüler in dem tatsächlich beobachteten Inhaltsbereich bewirkten oder nicht. Einige Befunde aus der Pythagoras-Studie werden in Kapitel 4 dargestellt. Videostudien dieser Art sind wichtige Forschungswege, um Merkmale der Unterrichtsqualität in einem empirischen Zugang zu bestimmen (siehe hierzu Helmke, 2012). Weitere bekannte Videostudien im deutschen Sprachraum außerhalb der Mathematik sind unter anderem die Studie *Deutsch Englisch Schülerleistungen International* (DESI), die die sprachlichen Leistungen von Schülerinnen und Schülern sowie Unterrichts- und andere schulische Merkmale in den Fächern Deutsch und Englisch untersuchte und auch eine Videokomponente für den Englischunterricht enthielt, bei der 105 Klassen untersucht wurden (Beck & Klieme, 2007; DESI-Konsortium, 2008) und die Videostudie *Lehr-Lern-Prozesse im Physikunterricht*, bei der rund 60 Schulklassen und ihre Lehrkräfte im Physikunterricht beobachtet wurden. Eine anschauliche Darstellung von Videostudien und ihren zentralen Befunden findet sich bei Helmke (2012). Die Forschung zeigt, dass sich über Studien hinweg durchaus zentrale Dimensionen der Unterrichtsqualität identifizieren lassen, die mit besseren Schülerleistungen einhergehen. Die Ergebnisse dieser Studien fließen unter anderem in die Darstellungen in Kapitel 4 ein.

Videoanalysen sind vor allem dann hilfreich, wenn man beschreiben möchte, wie Unterricht in der Wirklichkeit abläuft. Möchten Forscher jedoch das Potenzial von neuen oder besonderen Unterrichtsmethoden oder -strategien prüfen, müssen sie diese innovativen Zugänge zunächst einmal einführen und die Wirkung dann unter kontrollierten Bedingungen empirisch prüfen. Ein solches Unterrichtsexperiment ist beispielsweise die Studie von Hardy und Kollegen auf S. 136-138 und auch die auf Seite 113-114 beschriebene Doktor-Fox-Studie folgt dieser Forschungslogik.

Zusammenfassung

Beschreibung und Analyse von Unterricht
Anliegen dieses Kapitel war es, Ihnen eine Orientierungshilfe zu geben, um die im Folgenden ausführlicher dargestellten Befunde zum Unterrichtsangebot einordnen zu können. Da Unterricht ein komple-

xes Unternehmen ist, bei dem viele Prozesse gleichzeitig geschehen, hilft es, auf jeweils ausgewählte Aspekte zu fokussieren. Im folgenden Kapitel 4 wenden wir uns zunächst dem Kern jeglichen Unterrichtsgeschehen zu, nämlich den Tiefenstrukturen, d.h. also der Beschreibung der Interaktionen zwischen Lehrenden und Lernenden. Anschließend gehen wir in Kapitel 5 auf die Sichtstrukturen, also die Methoden und Sozialformen ein, die vor dem Hintergrund der besprochenen Tiefenstrukturen diskutiert werden.

Die Darstellung der Inhalte in den folgenden Kapiteln orientiert sich an der in Kapitel 1 vorgenommenen Definition von „qualitätvollem" Unterricht, versucht also, diejenigen Prozesse und Methoden herauszuarbeiten, die sowohl „gut" (normativ erwünscht) als auch „effektiv" (erwiesener Weise wirksam) sind. Als Nachweis über die Effektivität dienen uns die Ergebnisse der vielen Studien aus dem Bereich der Unterrichtsforschung. Wie oben erläutert, liegen mittlerweile viele empirische Studien mit verschiedenen methodischen Zugängen vor, die unser Verständnis, was Qualität im Unterricht ausmacht, prägen. Die Aussagen in diesem Buch orientieren sich an diesen Befunden und wir werden immer wieder auch einzelne Studien etwas genauer diskutieren.

LEHR-LERNPROZESSE IM UNTERRICHT | 4

4.1 Ein Blick auf die Tiefenstrukturen

Dieses Kapitel beschäftigt sich mit den Tiefenstrukturen des Unterrichts, d.h. mit den eigentlichen Lehr-Lernprozessen, die im Unterricht stattfinden. Es geht um den Austausch (die Interaktionen) zwischen Lernenden und Lehrenden und um die Beschäftigung der Lernenden mit dem Lerninhalt. Wie wir in Kapitel 3 dargestellt haben, werden diese Lehr-Lernprozesse auch Tiefenstrukturen genannt, weil sie Außenstehenden nicht auf den ersten Blick zugänglich sind. Es sind aber genau diese Tiefenstrukturen, anhand derer man die Qualität von Unterricht feststellen kann. Lehrende können die Lernenden mehr oder weniger gut anleiten, fördern oder unterstützen, Lernende können sich entweder oberflächlich und eher passiv mit einer Aufgabe beschäftigen oder eine Aufgabe kann eine(n) Lernende(n) fesseln und zum Nachdenken anregen. Es ist empirisch vielfach belegt, dass die Tiefenstrukturen des Unterrichts das Lernen und die Entwicklung von Schülerinnen und Schülern deutlich stärker beeinflussen als die Sichtstrukturen, also die Organisationsformen oder Methoden, die wir im folgenden Kapitel behandeln werden (Hattie, 2009; Seidel & Shavelson, 2007).

Tiefenstrukturen

Was aber sind die Tiefenstrukturen, die den Lernerfolg und die Entwicklung der Schülerinnen und Schüler am besten unterstützen? In der Forschungsliteratur wurden bereits zahlreiche Merkmale identifiziert, die in Zusammenhang mit günstigen Schülerergebnissen stehen (Hattie, 2009; Helmke, 2012; Seidel & Shavelson, 2007). Häufig werden diese Merkmale in Form von Listen publiziert, um die wichtigsten Merkmale hervorzuheben, die „guten Unterricht" ausmachen, wobei der Umfang der Liste je nach Autor variiert (z.B. Brophy & Good, 1986; Helmke, 2012; Lipowsky, 2009; Meyer, 2004).

Wir haben in diesem Buch einen anderen Zugang gewählt und die Tiefenstrukturen thematisch geordnet. Dabei stützen wir uns auf Befunde der empirischen Unterrichtsforschung, die zeigen, dass es möglich ist, bestimmte Dimensionen des Unterrichts relativ klar voneinander abzugrenzen und innerhalb dieser Bereiche wiederum einzelne Verhaltensweisen von Lehrkräften abzuleiten (Klieme, 2006; Klieme & Rakoczy, 2008; Klieme, Schümer, & Knoll, 2001). Diese Dimensionen umfassen (1) den Bereich der Klassenführung, (2) den Bereich der kognitiven Aktivierung und (3) den Bereich der konstruktiven Unterstützung[2] (siehe Tabelle 2). In vielen empirischen Studien hat sich herausgestellt, dass Lehrkräfte sich deutlich darin unterscheiden, wie gut sie diese Dimensionen umsetzen, und dass alle drei Dimensionen wichtig sind, um Schülerinnen und Schüler in ihrer kognitiven und motivationalen Entwicklung zu unterstützen (Klieme, 2006; Klieme, Lipowsky, Rakoczy, & Ratzka, 2006; Klieme & Rakoczy, 2003; Kunter & Voss, 2011; Lipowsky et al., 2009; Pianta & Hamre, 2009; Rakoczy et al., 2007). In den nächsten Abschnitten werden die drei Dimensionen weiter erläutert, nämlich Klassenführung in Abschnitt 4.2, Kognitive Aktivierung in Abschnitt 4.3 und Konstruktive Unterstützung in Abschnitt 4.4.

Dimension	Erklärung	Beispiele
Klassenführung (Classroom Management)	Wie gut gelingt es, den Unterricht so zu steuern, dass möglichst wenige Störungen auftreten, alle Schüler beim Lernen beteiligt sind und Unterrichtszeit somit effektiv genutzt werden kann?	• Frühe Einführung von Regeln und Routinen • Konsequenter Umgang mit Störungen • Gut geplante Bereitstellung von Unterrichtsmaterial (weiteres siehe Abschnitt 4.2)
Potenzial zur kognitiven Aktivierung	Zu welchem Grad werden die Lernenden angeregt, sich aktiv mit dem Lernstoff auseinanderzusetzen und sich dabei vertieft mit den Inhalten zu beschäftigen?	• Aufgaben, die an das Vorwissen anknüpfen • Diskurs, der Meinungen der Schüler aufgreift • Inhalte, die kognitive Konflikte bei den Lernenden auslösen (weiteres siehe Abschnitt 4.3)
Konstruktive Unterstützung	Auf welche Weise hilft die Lehrkraft den Lernenden, wenn Verständnisprobleme auftreten und wie sehr ist die Interaktion zwischen Lehrkräften und Lernenden durch Wertschätzung und Respekt geprägt?	• Konstruktiver Umgang mit Fehlern • Geduld und ein angemessenes Tempo • Freundliche, respektvolle Beziehungen (weiteres siehe Abschnitt 4.4)

Tabelle 2 | Dimensionen von Tiefenstrukturen (orientiert nach Klieme, 2006; Klieme & Rakoczy, 2008; Klieme, Schümer & Knoll, 2001)

[2] In den Arbeiten von Klieme und Kollegen, die diese „Dreiteilung" der Tiefendimensionen zuerst vorgelegt haben, wird anstatt von Klassenführung auch von „Strukturierung" und anstatt von konstruktiver Unterstützung von „unterstützendem Unterrichtsklima" gesprochen. Die Grundidee der Dimensionen entspricht dabei den hier dargestellten Begriffen. Wir haben die vorliegenden Bezeichnungen gewählt, um Forschungsergebnisse aus verschiedenen theoretischen Ansätzen integrieren zu können (siehe auch S. 102 f. zum Begriff des „Klimas").

4.2 Classroom Management

Stellen Sie sich vor, Sie haben gerade in einer Fortbildung eine schöne neue Methode der Gruppenarbeit kennengelernt und wollen sie in Ihrer nächsten Stunde in der 7b ausprobieren. Sie haben alle Materialien bereit und wollen gerade mit der Einführung beginnen – doch: ein Teil der Schüler hört Ihnen nicht zu, zwei Schüler kramen in ihren Taschen, im hinteren Teil werden noch Sammelkarten ausgetauscht, und ständig geht die Tür auf, weil jemand zu spät kommt. Was ist das Problem? Was hier nicht funktioniert, ist das Classroom Management.

Klassenführung

Unter Classroom Management, auch Klassenführung genannt, versteht man alle Handlungen und Strategien, die dazu dienen, Ordnungsstrukturen im Klassenzimmer herzustellen und aufrechtzuerhalten (Helmke, 2012; Seidel, 2009). Effektive Klassenführung ist ein ganz entscheidender Aspekt von Unterrichtsqualität. Durch viele Studien ist belegt, dass die *time on task*, also die Zeit, die den Lernenden wirklich für die Beschäftigung mit den Lernstoffen zur Verfügung steht, einer der wichtigsten Faktoren ist, die die Lernerfolge von Schülerinnen und Schülern beeinflussen (Marzano & Marzano, 2003; Seidel & Shavelson, 2007; Wang et al., 1993). Doch wer einmal vor einer Klasse gestanden hat, weiß, wie viel Zeit im Unterricht oft für Dinge verwendet wird, die nichts mit dem Lernstoff zu tun haben. Dies ist kein Wunder, denn in einer Schulklasse treffen verschiedene Personen mit oft unterschiedlichen Zielen aufeinander (vgl. Abbildung 7 in Kapitel 3) – und nicht immer steht das konzentrierte Lernen ganz oben auf der Schüleragenda. Es ist eine der wichtigsten Aufgaben von Lehrkräften, die Gruppe der Lernenden so zu steuern, dass Lernen für alle möglich wird. Damit möglichst alle Schülerinnen und Schüler dem Unterricht aktiv folgen und die zur Verfügung stehende Zeit im Unterricht optimal genutzt wird, ist es notwendig, Regelsysteme zu etablieren und einen konsequenten Umgang mit Störungen zu pflegen – und dies geschieht durch Strategien der Klassenführung.

Beschleicht Sie vielleicht beim Lesen dieser Sätze ein leichtes Unbehagen? Dann sind Sie in guter Gesellschaft. Viele Lehrkräfte haben ambivalente Haltungen zum Thema Klassenführung (Brophy & McCaslin, 1992; Woolfolk Hoy & Weinstein, 2006). Einerseits ist den meisten Lehrkräften klar, dass es notwendig ist, eine gewisse Ordnung im Klassenzimmer zu etablieren, um gemeinsames Arbeiten überhaupt möglich zu machen. Andererseits widerstrebt es vielen Lehrkräften, als autoritäre Ordnungshüter aufzutreten und Kinder und Jugendliche durch Reglementierungen zu sehr einzuschränken; sie ziehen es vor, Schülerinnen und Schüler in ihrer autonomen Entwicklung zu unterstützen und dabei möglichst wenig auf Maßregelungen und Strafen zu setzen. Gerade in Deutschland ist der Begriff der „Führung" sehr negativ besetzt, was dazu geführt hat, dass das Thema „Klassenführung" oft randständig behandelt wird (Helmke, 2012). Im Folgenden werden wir Ihnen zeigen, dass effektives Classroom Management nicht zwangsläufig im Widerspruch zu einem Erziehungsziel wie Selbständigkeitsförderung steht und eine Reihe an Strategien umfasst, die im seltensten Fall etwas mit Bestrafungen und unnahbarer Autorität zu tun haben.

Autoritär?

4.2.1 Wie man die Klasse führen kann – die Studien von Kounin

Der Begriff des Classroom Managements wurde in den 1970er Jahren vor allem durch die heute als Klassiker geltenden Studien des Psychologen Jacob S. Kounin geprägt (Kounin, 1976). Angeregt durch seine eigenen Lehrerfahrungen mit Studierenden stellt sich Kounin die Frage: Wie kann es gelingen, eine Gruppe von Lernenden so zu führen, dass alle Personen produktiv mitarbeiten? In einer auch aus heutiger Sicht noch sehr beeindruckenden Serie an Studien ging er dieser Frage anhand von Fragebogenstudien, Interviews und Videoaufnahmen nach und untersuchte dabei unterschiedliche Lerngruppen, von der Grundschule bis zur Universität. Dabei konnte er feststellen, dass die Lernenden immer dann viel aktive Mitarbeit und nur wenig störendes (d.h. von den Lerninhalten ablenkendes) Verhalten zeigten, wenn die Lehrkräfte sich auf bestimmte Art verhielten (siehe Tabelle 3). Erstens zeigten Lehrkräfte in diesen Klassen eine bestimmte Art, auf Störungen der Schülerinnen und Schüler zu reagieren, nämlich, indem sie die störenden Schüler zwar zurecht wiesen, aber diese Disziplinierungsmaßnahmen immer auf eine klare und faire Weise umsetzten. Zweitens wiesen diese Lehrkräfte die Fähigkeit zur so genannten „Allgegenwärtigkeit" (*withitness*) auf, hatten also die sprichwörtlichen „Augen im Hinterkopf" und behielten stets den Überblick darüber, was gerade überall im Klassenzimmer geschah. Diese Allgegenwärtigkeit war häufig gekoppelt mit der Fähigkeit, sich um mehrere Bereiche im Unterricht gleichzeitig kümmern zu können. Man nennt das auch Überlappung. Drittens gelang es den Lehrkräften in den Klassen mit guter Mitarbeit, ihren Unterricht reibungs- und unterbrechungslos zu organisieren; der Unterricht folgte einem Fluss bzw. Schwung (*momentum*) und wies nur wenige Unterbrechungen, thematische Sprünge oder Ablenkungen auf. Viertens fiel bei den guten Classroom Managern auf, dass es ihnen gelang, die ganze Lerngruppe im Fokus zu behalten: Alle Klassenmitglieder wurden ständig aktiviert und zur Rechenschaft gezogen, sodass nur selten Schülerinnen oder Schüler in der Masse „abtauchen" konnten. Als fünftes Hauptmerkmal gelang es diesen Lehrkräften, die Schüler immer wieder intellektuell herauszufordern und den Unterricht so abwechselnd zu gestalten, dass die Lernenden interessiert und lernbereit blieben.

Übrigens: Eine historische Aufnahme aus Kounins Studien finden Sie unter
http://www.geschichte-erforschen.de/unterricht/kounin/index.htm.

	Merkmal	Erläuterung
1.	Disziplin	• Bei Störungen in klarer und fairer Weise reagieren
2.	Allgegenwärtigkeit und Überlappung	• Den Blick für die Klasse behalten und dies den Schülern auch vermitteln • „Augen auch im Hinterkopf haben": sich um mehrere Bereiche gleichzeitig kümmern können
3.	Schwung und Reibungslosigkeit	• Den Unterricht ohne Unterbrechungen steuern • Thematische Sprünge und Ablenkungen vermeiden
4.	Gruppenfokus	• Alle Schülerinnen und Schüler in der Klasse gleichzeitig mobilisieren • Alle Klassenmitglieder erhalten Aufmerksamkeit
5.	Abwechslung und intellektuelle Herausforderung	• Lernaktivitäten anregend gestalten, um Überdruss zu vermeiden • Bedeutsamkeit von Inhalten vermitteln • Kognitive Herausforderungen wählen

Tabelle 3 | Merkmale der Klassenführung nach Kounin (1976)

Diese Merkmalsbereiche haben sich in vielen Studien – auch nach Kounin – als Kennzeichen von effektiver Klassenführung erwiesen. Eine besonders wichtige Erkenntnis dieser Arbeiten ist, dass sie den Fokus auf die *proaktive* Steuerung durch die Lehrkraft und nicht auf die Disziplinarmaßnahmen nach Auftreten von Fehlverhalten legen. Wenn es um Unterrichtsstörungen geht, denken die meisten an die Frage, wie man darauf *reagiert*. Kounin macht aber klar, dass die Prävention der entscheidende Schritt ist. Er konnte empirisch nachweisen, dass effektive Lehrkräfte sich nicht in den Strategien unterschieden, mit denen sie auf Störungen des Unterrichtsflusses *reagierten* (Punkt 1 in der Tabelle), sondern dass sie sich in den *präventiven* Strategien zur Vermeidung von Störungen unterschieden (also Punkte 2–5 in der Tabelle). Seitdem hat sich die Lehr-Lernforschung vertieft damit beschäftigt, mehr darüber zu erfahren, welche Techniken und Strategien Schülerinnen und Schüler darin unterstützen, sich so zu verhalten, wie es dem Klassenkontext zuträglich ist. Viele dieser Strategien konnten bereits erfolgreich in die Praxis umgesetzt werden, wie im folgenden Abschnitt dargestellt wird.

Präventive Strategien

4.2.2 Wie kann effektive Klassenführung im Unterricht umgesetzt werden?

Aufbauend auf den Arbeiten von Kounin konnten verschiedene praktische Prinzipien identifiziert werden, die hilfreich sind, um Ordnung und Struktur im Klassenzimmer – im Sinne der oben erwähnten Prävention – herzustellen. Es existieren mittlerweile zahlreiche Handbücher und praktische Anleitungen zur Unterstützung des Classroom Managements, die in großen Teilen auf empirisch bewährten Techniken basieren. Viele dieser Handreichungen stammen aus dem US-amerikanischen Raum, wo Techniken der Klassenführung ein zentrales Thema der Lehrerbildung sind (Emmer, Evertson & Worsham, 2006; Evertson, Emmer & Worsham, 2006; Marzano, Gaddy & Foseid, 2005), doch in den letzten Jahren hat dieses wichtige Thema auch vermehrt Aufmerksamkeit in deutschsprachigen Publikationen gefunden (Bohl, 2010; Eichhorn, 2011; Kliebisch & Meloefski, 2009; Toman, 2007). Wir können an dieser Stelle nicht ausführlich auf diese praktischen Anleitungen eingehen, wollen aber die Lektüre dieser hilfreichen Handreichungen ausdrücklich empfehlen. Ein Beispiel dafür, wie Strategien der Klassenführung erfolgreich im Rahmen von Lehrerfortbildungen vermittelt werden können, ist im Exkurs auf S. 84 f. dargestellt.

Die folgenden Empfehlungen für effektives Classroom Management orientieren sich an einem Leitfaden von Marzano und Kollegen (2005). Er stellt grundlegende Prinzipien dar, die helfen können, um in Klassen ein gut funktionierendes Classroom Management-System einzurichten. Diese sind:
(1) Etablieren von Regeln und Routinen
(2) Angemessene disziplinäre Maßnahmen
(3) Eine konstruktive Schüler-Lehrerbeziehung
(4) Die eigene Geisteshaltung
(5) Der richtige Anfang

Etablieren von Regeln und Routinen: Dieser Punkt bezieht sich auf die eingangs erwähnte Prävention von Störungen. Je klarer den Schülerinnen und Schülern vermittelt wird, welche Verhaltensweisen angemessen und erwünscht sind und welche nicht, desto mehr haben diese auch die Möglichkeit, sich danach zu verhalten. Es wird empfohlen, für den Umgang in der Klasse klare Regeln, das heißt Vorschriften für Verhaltensweisen, festzulegen (z. B. „Wir akzeptieren das Eigentum anderer.") und diese Regeln mit den Schülern zu besprechen und für alle sichtbar zu machen (z. B. durch Poster). Routinen beziehen sich auf das Einüben bestimmter Verhaltensweisen in spezifischen Situationen, z. B. zum Stundenbeginn, bei Beginn von Gruppenarbeit und ähnlichem. Auch hier wird empfohlen, diese Prozeduren explizit mit den Kindern oder Jugendlichen durchzusprechen und sie immer wieder zu betonen.

Regeln und Routinen

Angemessene disziplinäre Maßnahmen: Verstoßen Schülerinnen oder Schüler gegen die Regeln und Routinen, ist es notwendig, darauf zu reagieren. Grundsätzlich ist zu beachten, dass unerwünschte Verhaltensweisen reduziert werden können, indem negative Konsequenzen, also Bestrafungen, gesetzt oder Privilegien entzogen werden. Gleichzeitig ist es sinnvoll, erwünschte Verhaltensweisen durch positive Konsequenzen aufzubauen. Disziplinäre Maßnahmen, die sich in der Praxis als wirkungsvoll erwiesen haben, sind:
- unmittelbare verbale Reaktionen der Lehrkraft (z. B. Lob oder Tadel)

Konsequenzen

- Tokenpläne (d.h. Systeme, in denen die Schülerinnen und Schüler Punkte o. ä. sammeln können, die ihnen zuerkannt oder abgezogen werden, und die später in echte Belohnungen oder Privilegien umgetauscht werden können)
- direkte negative Konsequenzen (z. B. durch Umsetzen der Schüler, Ausschluss aus dem Unterricht, Zusatzaufgaben)
- Gruppenbezogene Konsequenzen (z. B. Privilegien für Arbeitsgruppen in Aussicht stellen oder diese Privilegien entziehen; Noten auf Gruppenbasis vergeben)
- Einbeziehung der Familie (z. B. Eltern informieren, mit den Eltern einen Plan zur Verbesserung des Verhaltens abstimmen)

Eine konstruktive Schüler-Lehrerbeziehung: Gutes Classroom Management funktioniert nur, wenn Lehrer und Schüler respektvoll miteinander umgehen. Gleichzeitig ist jedoch zu beachten, dass die Interaktion zwischen Lernenden und Lehrenden naturgemäß immer eine gewisse Asymmetrie beinhaltet: Die Lehrkraft hat die besondere Aufgabe, ihre Schülerinnen und Schüler anzuleiten und ist letztendlich für die Lernerfolge und das Wohlergehen der Schülerinnen und Schüler verantwortlich. Um diese Autorität in der Interaktion zu vermitteln, empfiehlt es sich, die Beziehung zu den Schülerinnen und Schüler nach zwei Prinzipien zu gestalten, nämlich Dominanz und Kooperation. Dominanz bedeutet die Verkörperung der Führungsposition, indem die Lehrkraft zum Beispiel ihre Erwartungen an die Schülerinnen und Schüler klar formuliert und sie auch einfordert, Durchsetzungsvermögen zeigt und Selbstbewusstsein auch durch Körpersprache und Stimme vermittelt. Gleichzeitig sollte eine Lehrkraft auch Kooperationsbereitschaft vermitteln, indem sie sich flexibel auf die Klassensituation einstellt, Interesse an den Schülerinnen und Schüler zeigt, positive Verhaltensweisen anerkennt und auch gelegentlich bei kleinen „Vergehen" eine Auge zudrückt (wenn ansonsten konsequent auf Störungen reagiert wird).

Durchsetzung

Kooperation

Die eigene Geisteshaltung: Classroom Management ist nicht nur eine Frage bestimmter Techniken, sondern hat sehr viel damit zu tun, wie Lehrkräfte ihre eigene Rolle interpretieren. Die Praxis zeigt, dass eine offene und aufmerksame Haltung ein entscheidender Schlüssel für erfolgreiche Klassenführung ist. Dies bedeutet, dass Lehrkräfte im Unterricht konzentriert und geistesgegenwärtig sind und schnell auf Vorkommnisse reagieren – also das, was Kounin als Allgegenwärtigkeit bezeichnet. Zusätzlich ist es hilfreich, emotionale Objektivität zu entwickeln. Diese ist nicht so zu verstehen, dass Lehrkräfte keine Gefühle in ihrem Unterricht zeigen sollten. Vielmehr geht es darum, ein Bewusstsein für emotionale Höhen und Tiefen zu entwickeln und aktiv die eigenen Gefühle zu regulieren, anstatt unmittelbar emotional zu reagieren.

Der richtige Anfang: Classroom Management fängt in der ersten Minute mit einer neuen Klasse – nein, eigentlich schon davor an! Gute Classroom-Manager sind gut vorbereitet und haben, schon bevor sie auf die Schülerinnen und Schüler treffen, das Klassenzimmer und die Materialien so vorbereitet, dass effektiver Unterricht direkt möglich ist. Weiterhin sind die ersten Tage, nachdem eine Lehrkraft eine neue Klasse übernimmt, entscheidend dafür, wie die Zusammenarbeit zukünftig verlaufen wird. Hilfreich ist es, gleich zu Beginn Regeln und Prozeduren mit den Schülerinnen und Schüler durchzusprechen, sich zu versichern, dass sie verstanden worden sind, und diese dann speziell am Anfang mit großer Konsequenz zu verfolgen.

Das Classroom Organization Management Program (COMP) von Evertson

> Ein im US-amerikanischen Raum sehr bekanntes Programm zur Förderung der Classroom-Management-Fähigkeiten von Lehrkräften ist das *Classroom Organization Management Program* (COMP), das zunehmend auch in anderen Ländern implementiert wird. Das Programm wurde von der Psychologin Carolyn M. Evertson und ihrem Team an der Vanderbilt University entwickelt und baut auf den Erkenntnissen vieler empirischer Studien auf.
>
> In Form von Workshops werden Lehrkräfte zunächst theoretisch in das Thema Classroom Management eingeführt, erhalten Informationen über wichtige Classroom Management-Techniken und bearbeiten dann Übungen, zum Beispiel Fallbeispiele. Ein wichtiges Element ist die Selbstreflexion, bei der die Lehrkräfte angehalten werden, ihr eigenes Klassenführungsverhalten zu beobachten und Stärken und Schwächen herauszuarbeiten. Das Programm umfasst sieben Kernthemen:

(1) Organisation des Klassenzimmers (Sitzordnungen, Arrangement von Möbeln und Material)
(2) Regeln und Prozeduren entwerfen und umsetzen
(3) Bewertungssysteme für die Schülerinnen und Schüler entwickeln
(4) Schülerverhalten durch Setzen von Konsequenzen, Lob und Tadel sowie Interventionen steuern
(5) Planung des Unterrichts
(6) Strategien, die helfen, das Interesse und Engagement der Schüler zu halten
(7) Den Anfang des Schuljahrs planen und bewältigen

Das Programm wurde bislang in vielen Workshops mit Lehrkräften umgesetzt und auch in Schulentwicklungsprogramme integriert. Evaluationen dieser Umsetzungen zeigen, dass Lehrkräfte sich nach Teilnahme am Programm deutlich sicherer in der Klassenführung fühlen und effektive Strategien des Classroom Managements auch vermehrt im Unterricht einsetzen. Dies schlägt sich auch bei den unterrichteten Schülerinnen und Schüler nieder: Klassen, deren Lehrkräfte am Programm teilnahmen, zeigten nach der Intervention deutlich mehr Motivation, weniger Verhaltensprobleme und stärkere Leistungszuwächse.

Mehr Informationen über COMP finden Sie unter www.comp.org oder in den Büchern von Evertson und Emmer (Emmer, Evertson & Worsham, 2006; Evertson, Emmer & Worsham, 2006).

4.3 Potenzial zur kognitiven Aktivierung

Stellen Sie sich vor, Sie wollen immer noch Ihre schöne neue Methode der Gruppenarbeit in der 7b ausprobieren. Da Sie bereits zu Beginn des Schuljahrs Regeln für den Stundenanfang und die Verteilung in Gruppen etabliert und die Schüler diese gut verstanden haben, gelingt es Ihnen schnell, mit der Aufgabe zu beginnen und die Schüler arbeiten fleißig an den Übungsaufgaben, die sie sich mit wechselnden Rollen stellen und auch korrigieren. Als Sie nach Abschluss der Unterrichtseinheit einen Test durchführen und diesen korrigieren, sind sie überrascht: Die Schülerinnen und Schüler weisen erhebliche Wissenslücken auf, können die Inhalte kaum in eigenen Worten wiedergeben und als Sie fragen, wer von den Schülerinnen und Schülern vielleicht ein passendes Alltagsbeispiel liefern kann, herrscht großes Schweigen. Was ist passiert? Wahrscheinlich ist es Ihnen nicht gelungen, die Schülerinnen und Schüler in ausreichendem Maße kognitiv zu aktivieren.

Kognitive Aktivierung Die Dimension der kognitiven Aktivierung bezeichnet den intellektuellen Anforderungsgehalt im Unterricht. Wir haben in Kapitel 2 Lernen als einen aktiven Prozess kennengelernt, bei dem die Lernenden ihre Aufmerksamkeit auf das Lernmaterial richten, neue Informationen mit bereits vorhandenem Wissen abgleichen, aktiv Probleme lösen, und somit ihre Wissensstrukturen ausbauen und erweitern. Eine solche Art zu lernen erfordert eine aktive Auseinandersetzung mit den Lerninhalten. In der Lehr-Lernforschung ist man sich einig, dass ein solches *higher order thinking* der zentrale Schlüssel ist, um langfristig eine gut vernetzte und transferfähige Wissensstruktur aufzubauen: Je *Aktives Lernen* stärker Lernende sich mental aktiv mit dem Lerngegenstand auseinandersetzen, umso besser werden Konzepte verstanden und umso nachhaltiger wird das Lernen (Greeno et al., 1996; Renkl, 2009). Qualitätsvoller Unterricht, so die Schlussfolgerung, sollte genau diese mentalen Aktivitäten auslösen können. Dies ist mit dem Potenzial für kognitive Aktivierung gemeint (Klieme & Rakoczy, 2008; Kunter & Voss, 2011; Lipowsky, 2009). Es ist wichtig, an dieser Stelle zu betonen, dass es um die aktiven (anstelle der rezeptiven) *Denk*prozesse geht und nicht um motorische Aktivitäten, wenn wir von der kognitiven Aktivierung sprechen (Mayer, 2004a).

Doch leider zeigt die empirische Unterrichtsforschung, dass das kognitive Anregungsniveau des Unterrichts in vielen Fällen nicht sehr hoch angesetzt wird. Bekannt geworden sind die Befunde aus der TIMSS-Videostudie in den 1990er Jahren, die zeigten, dass zum Beispiel der deutsche Mathematikunterricht sehr stark durch das Üben von Aufgaben und das Durchführen von Rechenprozeduren geprägt war, und den Schülerinnen und Schüler nur selten Gelegenheit gegeben wurde, eigenständige Problemlösungen zu entwickeln oder sich mit multiplen Lösungswegen auseinander zu setzen (Klieme, et al., 2001; Knoll, 2003; Kunter, 2005; siehe hierzu die Studienbeschreibung auf S. 69 ff.). Diese Tendenz zu einem geringen kognitiven Aktivierungspotenzial findet sich sowohl in anderen Studien als auch in anderen Fächern und in anderen Ländern (Bohl, Kleinknecht, Batzel & Richey, 2012; Hugener, 2008; Seidel et al., 2007).

Wie wir in Kapitel 2 und 3 dargestellt haben, ist erfolgreiches Lernen ein aktiver Prozess, der letztendlich nur von der lernenden Person selbst gesteuert werden kann. Lehrkräfte können somit Schülerinnen und Schüler nicht dazu zwingen, ein bestimmtes Ausmaß an Anstrengung, Interesse oder Aufmerksamkeit einem Lerngegenstand zuzuwenden. Sie können jedoch mehr oder weniger anspruchsvolle Lernangebote machen und auch mit den Schülerinnen und Schülern während des Unterrichts auf mehr oder weniger anregende Art interagieren. Kognitive Aktivierung kann durch die Wahl bestimmter Aufgaben aber auch durch die Art der Implementation dieser Aufgaben erreicht werden, wie wir im Folgenden darstellen.

4.3.1 Wie kann kognitive Aktivierung im Unterricht erreicht werden?

Lernen findet immer durch die Auseinandersetzung mit einem Input statt; im Unterricht sind diese Reize die Aufgabenstellungen. Aufgaben können stark in ihrem kognitiven Anregungsgehalt variieren. Eine Aufgabe, die durch Anwendung eines bereits vorhandenen Routineschemas erfolgreich bearbeitet werden kann, erfordert weniger mentale Auseinandersetzung, als eine Aufgabe, bei der neue Lösungswege gefunden werden müssen. Wenig kognitiv aktivierende Aufgaben sind zum Beispiel das Auswendiglernen von Fakten, Übungsaufgaben, die nach dem immer gleichen Schema gelöst werden können, oder Aufgabenstellungen, die man durch bereits bekanntes Wissen einfach beantworten kann. **Aufgabenstellungen** mit hohem Potenzial zur kognitiven Aktivierung können sein (vgl. Lipowsky, 2009):

- Komplexe Aufgaben (Aufgaben, die aus mehreren Komponenten bestehen)
- Aufgaben, die nicht einfach durch abrufbares Wissen beantwortet werden können, sondern Problemlöseprozesse erfordern
- Aufgaben, die es erfordern, bekannte Sachverhalte neu miteinander zu verknüpfen oder auf neue Situationen anzuwenden

Komplexe Lernvorgänge

Kognitiv aktivierende Aufgaben

- Aufgaben, die einen kognitiven Konflikt auslösen, weil neue Informationen im Widerspruch zu bereits Bekanntem stehen
- Aufgaben, bei denen mehrere Lösungen richtig sein können
- Aufgaben, bei denen die Lernenden ein mentales Bild aufbauen und einzelne Elemente dieses Bildes ergänzen müssen
- Aufgaben, die an eigene Erfahrungen anknüpfen
- Aufgaben, zu deren Lösung bereits vorhandene Konzepte nicht ausreichen und erweitert werden müssen
- Aufgaben, zu deren Lösung nicht alle Informationen vorliegen, sondern von den Lernenden selbst gefunden werden müssen

Wie man sieht, gibt es also Aufgabenstellungen, die per se mehr oder weniger anspruchsvoll sind. Doch die Wahl einer kognitiv potenziell aktivierenden Aufgabe muss noch nicht automatisch dazu führen, dass wirklich mental hochwertige Prozesse bei den Lernenden initiiert werden. Die Analysen aus der TIMSS-Video-Studie konnten zum Beispiel zeigen, dass im deutschen Mathematikunterricht durchaus auch komplexe, herausfordernde Aufgaben gestellt wurden. Allerdings ließen viele Lehrkräfte die Schülerinnen und Schüler diese Aufgaben nicht selbstständig lösen. Stattdessen unterteilten die Lehrkräfte die Aufgabe in kleinere Teilaufgaben, durch die sie die Schülerinnen und Schüler dann kleinschrittig führten, sodass die Lösung der jeweiligen Teilschritte relativ trivial wurde (Klieme, et al., 2001; Knoll, 2003). Es kommt also nicht nur auf die Aufgabenstellung, sondern auch darauf an, wie die Lernenden dann bei der Bearbeitung der Aufgabe begleitet werden, also auf die so genannte Aufgabenimplementation.

Auch bei der kognitiv aktivierenden **Aufgabenimplementation** geht es darum, die Lernenden dazu anzuregen, sich engagiert und aktiv mit dem Lernstoff auseinanderzusetzen. In Kapitel 2 haben wir im Abschnitt zu den soziokonstruktivistischen Lerntheorien gelernt, dass die Interaktion mit Anderen großes Potenzial birgt, tiefere Verarbeitungsprozesse auszulösen, da bisher etabliertes Wissen hinterfragt und diskutiert werden kann. Nehmen wir einmal an, in der eingangs geschilderten Szene mit der 7b bestand der Auftrag an die Schülerinnen und Schüler darin, sich gegenseitig Grammatikübungen aus dem Buch zu stellen und diese anhand eines Lösungsschlüssels aus dem Buch zu korrigieren. Dies hat vermutlich nur wenig kognitive Aktivität erfordert, und die Inhalte sind somit nicht besonders fest im Gedächtnis verankert und wurden vor allem nur wenig elaboriert. Nehmen wir aber alternativ an, die Schülerinnen und Schüler hätten keinen Lösungsschlüssel zur Verfügung gehabt und mussten jeweils selbst entscheiden, ob eine Lösung richtig ist oder nicht. Möglicherweise standen unterschiedliche Meinungen einander gegenüber und die Schülerinnen und Schüler mussten sich gegenseitig erklären, warum sie eine Lösung für richtig oder falsch hielten. Auf diese Art können tiefer gehende Lernprozesse ausgelöst werden.

Bei der Aufgabenimplementation geht es also darum, tiefere Verarbeitungsprozesse durch den Diskurs zwischen den Lernenden oder den Lernenden und der Lehrperson auszulösen. Dies gelingt dann, wenn auch die motivationalen Ressourcen der Schülerinnen und Schüler angeregt werden, also dann, wenn Interesse entsteht, und sich Schülerinnen und Schüler als kompetent erleben (wie in Kapitel 2 dargelegt). Kognitive Aktivierung durch die Aufgabenimplementation kann gelingen durch:

- Anregende und spannende Fragen, bei denen die Schülerinnen und Schüler sich herausgefordert fühlen
- Unterrichtsgespräche, in denen die Lernenden angeregt werden, selbstständig die Gültigkeit ihrer Lösungsvorschläge zu überprüfen
- Diskussionen zwischen Lernenden, bei denen es darum geht, möglichst viele unterschiedliche Lösungswege oder Antworten zu finden
- Diskussionen zwischen Lernenden, bei denen bewusst unterschiedliche Meinungen gegenübergestellt werden
- Die Aufforderung an die Schülerinnen und Schüler, ihre eigenen Lösungen oder Ansichten zu begründen
- Die Aufforderung an die Schülerinnen und Schüler, den eigenen Lernprozess zu erklären
- Den Hinweis auf Widersprüche und Konflikte
- Gegenseitiges Erklären und Fragen stellen lassen
- Rückmeldungen, die nicht einfach ein „Richtig" oder „Falsch" sind, sondern bestimmte Aspekte besonders hervorheben oder die Schülerinnen und Schüler zur Reflexion anregen

Kognitiv aktivierende Gespräche

Deutlich wird, dass kognitive Aktivierung sehr stark an die Lerninhalte gebunden ist. Es erfordert tiefes fachliches und fachdidaktisches Wissen, um zu erkennen, ob eine Aufgabe motivierend und anspruchsvoll oder banal für eine bestimmte Schülergruppe ist. So müssen Lehrkräfte zum Beispiel recht genau den Vorwissensstand ihrer Schülerinnen und Schüler kennen und auch wissen, welche Fehler oder Missverständnisse typischerweise bei einem bestimmten Sachverhalt auftreten. Fordert man Schülerinnen und Schüler auf, eigene Lösungswege zu produzieren, muss eine Lehrkraft auch in der Lage sein, diese Lösungswege nachvollziehen und bewerten zu können. Und natürlich kann kognitive Aktivierung je nach Fach sehr unterschiedlich aussehen. Im Mathematikunterricht ist die Aufgabenauswahl durch die Lehrkraft sehr entscheidend dafür, wie gut die kognitive Aktivierung bei der Bearbeitung der Aufgaben gelingt; warum die Lehrkraft (oder das Schulbuch) bestimmte Aufgaben präsentiert, wird dagegen selten diskutiert. Ganz anders im Geschichtsunterricht: Kognitiv aktivierender Geschichtsunterricht setzt häufig gerade an den historischen Dokumenten an. Kognitive Aktivierung könnte zum Beispiel entstehen durch die Diskussion von Fragen wie: Hat man es mit einer historischen Quelle oder einer Darstellung zu tun, wie „entsteht" Geschichte und wie kommt es, dass unterschiedliche Zeitzeugen ganz unterschiedliche „Geschichten" erzählen?

Es lassen sich somit kaum allgemeine, fachunabhängige „Rezepte" für die kognitive Aktivierung formulieren, und jede Lehrkraft muss – auf der Basis des Stands der Wissenschaft – für ihr Fach und ihre Klasse selbst entscheiden, welches Lehrangebot sie den Schülerinnen und Schüler machen wird. Die oben genannten Punkte können eine Richtlinie sein, die dann je nach Inhalt in konkrete Unterrichtsgestaltungen münden können.

Kognitive Aktivierung konkret

Kognitive Aktivierung bedeutet, die Bereitschaft der Lernenden zu wecken, sich aktiv mit dem Lerngegenstand auseinander zu setzen, selbstständig Verbindungen zu bereits bekanntem Wissen herzustellen und gedankliche Umstrukturierungen vorzunehmen. Je nach Thema kann dies durch ganz unterschiedliche Vorgehensweisen erreicht werden. Überlegen Sie doch einmal für die im Folgenden skizzierten Situationen, wie Sie diese möglichst kognitiv aktivierend gestalten könnten. Überlegen Sie es ruhig auch einmal für die Situationen, die für Sie aufgrund Ihrer Ausbildung nicht so vertraut sind: Dies ist eine gute Übung, die nämlich auch für Sie kognitiv aktivierend sein sollte.

Situation A	Situation B	Situation C
Sie sollen in der 6. Klasse in einer Hauptschule das Thema „Brüche" einführen.	Sie unterrichten in der Grundschule. Thema in der nächsten Deutschstunde sind Gegenstandsbeschreibungen. Die Schülerinnen und Schüler sollen lernen, solche Texte selbständig zu verfassen und dabei verständlich und sachgerecht zu schreiben.	Im Grundkurs Biologie (12. Klasse) ist das Thema Energiehaushalt und Sie wollen sich mit der Regulation der Körpertemperatur beschäftigen.
	Wie sähe jeweils eine Unterrichtsstunde aus, die ein hohes Potenzial für kognitive Aktivierung aufweist?	

Tabelle 4 | Übung Kognitive Aktivierung

4.3.2 Kognitive Aktivierung beschreibt Lernprozesse, nicht die Schwierigkeit von Lerninhalten

Ein wichtiger Punkt, der zur kognitiven Aktivierung festzuhalten ist, ist dieser: Kognitive Aktivierung beschreibt, welche Art der Lernprozesse durch den Unterricht ausgelöst werden, nicht aber die Schwierigkeit des zu lernenden Inhalts. Das heißt zum einen, dass oft nicht per se zu entscheiden ist, ob eine Aufgabe kognitiv aktivierend ist, weil dies von den Voraussetzungen der Lernenden abhängt. In dem oben genannten Beispiel in der Tabelle wird das deutlich: Während für die Grundschüler das Schreiben einer Gegenstandsbeschreibung etwas Neues ist und relativ viel mentale Anstrengung erfordern wird, haben die Oberschüler dieses Wissen schon längst automatisiert und die Bearbeitung der Aufgabe wird nur wenig tiefer gehende Verarbeitungsprozesse bei ihnen erfordern. Zum anderen bedeutet der Blick auf die durch den Unterricht angeregten Lernprozesse aber auch, dass kognitive Aktivierung bei allen Schülerinnen und Schülern möglich ist, auch bei solchen mit geringen Vorkenntnissen. Dies wird wiederum in den Beispielen in der Tabelle deutlich: Auch für die Hauptschulklasse haben Sie vermutlich einen Weg gefunden, wie man das Thema Brüche so einführen könnte, dass an bereits vorhandene Konzepte angeknüpft und die Fragestellung mental anregend gestaltet wird und aktive Lernprozesse ausgelöst werden. Schauen Sie sich einmal die Mathematikaufgaben in Tabelle 5 an.

Aktivierungsgrad vs. Stoffniveau

Sie finden dort Aufgaben, die vom Stoff her eher im Grundschulniveau zu verorten sind (zum Beispiel Multiplikation) und solche, die fortgeschrittene Stoffe der Sekundarstufe 1 behandeln (zum Beispiel Auflösen von Gleichungen). Auf beiden Stoffniveaus ist es möglich, kognitiv mehr oder weniger anregende Aufgaben zu stellen (zweite Zeile).

		Stoffniveau	
		Grundkenntnisse (Grundschulniveau)	Anspruchsvolleres Wissen (Niveau Sekundarstufe 2)
	kognitiv wenig aktivierend	Berechne: 18:2 = ...	Bestimme die Lösungen mit Hilfe einer Formel: $x2 - 8x +7 = 0$
Zur Lösung erforderliche mentale Prozesse	kognitiv stärker aktivierend	Wie kannst du einen Geldbetrag von genau 31 Cent hinlegen, wenn du nur 10-Cent-, 5-Cent- und 2-Cent-Münzen zur Verfügung hast? Gib alle Möglichkeiten an und erläutere dein Vorgehen.	Löse die folgende Aufgabe auf möglichst verschiedene Arten und beschreibe deine Lösungswege sorgfältig: Wie ändert sich der Flächeninhalt eines Kreises, wenn man seinen Radius verdoppelt? Begründe deine Antwort.

Tabelle 5 | Stoffniveau und Potenzial zur kognitiven Aktivierung sind unabhängig voneinander (Beispielaufgaben aus Neubrand, Jordan, Krauss, Blum & Löwen, 2011)

Leider hat sich die Erkenntnis, dass kognitiv aktive Lernprozesse ein zentraler Schlüssel für den Lernerfolg bei allen Schülerinnen und Schülern sind, noch nicht bei allen Lehrkräften durchgesetzt. Gerade Lehrkräfte im Hauptschulbereich haben häufig Bedenken, ihre Schülerinnen und Schüler durch zu „schwierige" Aufgaben zu überfordern und tendieren dazu, in ihrem Unterricht nur sehr geringes Potenzial für kognitive Aktivierung umzusetzen (Bohl et al., 2012; Kunter, 2005; Kunter et al., 2005; Neubrand, Jordan, Krauss, Blum & Löwen, 2011). So zeigt beispielsweise eine aktuelle Studie (Bohl et al., 2012), in der Unterrichtsvideos und Interviews ausgewertet wurden, dass Lehrkräfte an Hauptschulen zwar häufig das Ziel haben, ihren Unterricht schülerorientiert zu gestalten, jedoch bezieht sich diese Schülerorientierung stark auf praktisches Handeln der Schüler, wenn zum Beispiel Schülerinnen und Schüler in Stationen- oder Werkstattunterrichtsstunden unterrichtet werden. Das kognitive Aktivierungspotenzial der dort bearbeiteten Aufgaben ist aber oft gering, weil es sich um wenig komplexe Aufgaben handelt, die häufig durch Routinen zu lösen sind (Bohl, et al., 2012). In diesem Fall *verhalten* sich die Lernenden zwar relativ aktiv, doch die mentale Aktivität dürfte eher gering sein (siehe auch Abschnitt 5.4.3 in Kapitel 5). Insgesamt ist somit festzuhalten, dass die kognitive Aktivierung natürlich auch von den individuellen Voraussetzungen der Lernenden – sei es das Vorwissen, die kognitiven Grundfähigkeiten, das Interesse oder das Selbstkonzept – bestimmt ist. Es ist jedoch nicht der Fall, dass nur ab einem bestimmten Kenntnis- oder Fähigkeitsstand oder einer bestimmten Menge an Interesse tiefergehende und elaborierte Lernprozesse möglich sind. Vielmehr ist es eine wichtige Aufgabe der Lehrenden, Aufgaben und Vorgehensweisen zu finden, die genau zu den vorhandenen Voraussetzungen der Schülerinnen und Schüler passen und eben für dieses Leistung- oder Motivationsniveau die richtige Herausforderung oder Anregung zu finden.

4.3.3 Aktivieren und Üben: Der Schlüssel zu einem soliden Wissensaufbau

Bei aller Betonung der Wichtigkeit kognitiv aktivierender Elemente im Unterricht darf nicht vergessen werden, dass Schülerinnen und Schüler auch die Gelegenheit haben müssen, neu gelernte Inhalte zu verfestigen und zu üben. Stellen Sie sich vor, Sie wollen mit einer Gruppe von Zehntklässlern im Geografie-Unterricht über die Notwendigkeit von Entwicklungshilfe diskutieren und haben hierzu eine Materialsammlung vorbereitet. Wenn die Schülerinnen und Schüler mit den Tabellen nur mühsam arbeiten können, und sie sich wichtige Grundbegriffe erst wieder in Erinnerung rufen müssen, wird eine kognitiv anregende Diskussion, bei der die Klasse ein eigenes Meinungsbild entwickelt, kaum möglich sein. Aus kognitionspsychologischer Sicht ist es unbestritten, dass anspruchsvolle Denkprozesse wie Analysieren oder Problemlösungen umso leichter fallen, je mehr bereichsspezifisches Vorwissen bereits verfügbar ist. Je stärker die entsprechenden Kompetenzen bereits prozeduralisiert sind, beziehungsweise je leichter das benötigte Vorwissen abrufbar ist, desto stärker wird das Arbeitsgedächtnis entlastet (siehe Kapitel 2) und desto mehr Kapazität steht für die Bearbeitung einer komplexen Aufgabe zur Verfügung.

Arbeitsgedächtnis

Es geht also beim qualitätvollen Unterrichten auch darum, dafür zu sorgen, dass Wissenselemente dauerhaft im Langzeitgedächtnis gespeichert werden und gut abrufbar sind. Das kognitive System der Lernenden kann somit durch Übungs- und Verfestigungsaufgaben entlastet werden und im Unterricht sollte diese Form des Lernens natürlich auch ihren Platz behalten (Aebli, 1983; Lipowsky, 2009). Dabei hat die psychologische Forschung gezeigt, dass „intelligentes Üben" (Meyer, 2004) darin besteht, auch bei Übungsaufgaben für Variationen und Herausforderungen zu sorgen. Weiterhin ist verteiltes Üben (also wenige Übungsaufgaben über einen längeren Zeitraum) effektiver als massiertes Üben (viele Aufgaben innerhalb kurzer Zeit) (Cepeda, Pashler, Vul, Wixted & Rohrer, 2006; Hattie, 2009). Gerade bei komplexen Aufgaben sollte ausreichend Zeit zwischen Übungsaufgaben eingeplant werden (Donovan & Radosevich, 1999).

Langzeitgedächtnis

Es kommt also beim kognitiven Anregungsniveau auf das richtige Maß an: Ein Unterricht, in dem die Schüler ausschließlich Übungsaufgaben bearbeiten, ist genauso ungünstig wie ein Unterricht, in dem ausschließlich Problemlösungen diskutiert werden (die ohne Vorwissen auch kaum anspruchsvoll gelingen werden).

4.4 Konstruktive Unterstützung

Stellen Sie sich vor, Sie haben in Ihrer 7b eine gute Ordnungsstruktur etabliert, den Schülerinnen und Schülern eine mental anregende Aufgabe gegeben, und diese fangen auch direkt an, in Gruppen zu arbeiten. Aber nach einer Weile merken Sie, dass einige Schüler keine Lust mehr haben oder teilweise die Aufgabe nicht zu Ende bringen können. Was ist das Problem? Möglicherweise benötigen Ihre Schülerinnen und Schüler mehr konstruktive Unterstützung.

Konstruktive Unterstützung beschreibt, allgemein definiert, das Ausmaß, in dem die Lehrenden Schülerinnen und Schüler bei (Verständnis-)Schwierigkeiten helfen und die Lernprozesse begleiten. Konstruktive Unterstützung bezieht sich also darauf, inwieweit im Unterricht Hilfestellungen gegeben werden, wenn sie nötig werden. Während die Dimension der kognitiven Aktivierung vor allem die Interaktion zwischen den Lernenden und dem Lernstoff beschreibt, geht es bei der konstruktiven Unterstützung um die Art der Interaktionen, die zwischen Lernenden und Lehrenden bestehen.

Interaktion

4.4.1 Aspekte konstruktiver Unterstützung

Die Hilfestellungen, die Lehrkräfte ihren Schülerinnen und Schülern geben können, sind vielfältig. Wir benutzen bewusst den Ausdruck der *konstruktiven* Unterstützung, um zu verdeutlichen, dass damit solche Formen der Hilfe gemeint sind, die letzten Endes dazu führen, die Lernenden als selbständige Personen zu stärken und eigenständiges Lernen zu fördern. Konstruktive Unterstützung kann dabei verschiedene Aspekte des Unterrichts beziehungsweise der Interaktion zwischen Lehrenden und Lernenden betreffen, wie in Tabelle 6 dargestellt (Cornelius-White, 2007; Davis, 2003; Kunter & Voss, 2011; Pianta & Hamre, 2009; Wubbels, Brekelmans & Hooymayers, 1991).

Aspekt	Mögliche Verhaltensweisen
Sensitivität für die Lernenden	• Aufmerksam für individuelle Schwierigkeiten sein • Ansprechbarkeit zeigen • Angemessenes Tempo wählen • Aufgaben bei Schwierigkeiten verändern und anpassen
Wertschätzung der Perspektive der Lernenden	• Empathie zeigen • Geduld zeigen • Konstruktiver Umgang mit Fehlern
Positive Beziehungsqualität	• Freundlichen, wertschätzenden Umgang pflegen • Ansprechbarkeit auch bei nicht lernbezogenen Problemen • Vermeiden von Sarkasmus und Kränkung

Tabelle 6 | Aspekte konstruktiver Unterstützung (nach Cornelius-White, 2007; Kunter & Voss, 2011; Pianta & Hamre, 2009).

Ein erster wichtiger Aspekt der Unterstützung ist die Sensitivität für die Bedürfnisse und aktuelle Situation der Schülerinnen und Schüler. Um den Lernenden helfen zu können, müssen Lehrkräfte aufmerksam für möglicherweise entstehende Verständnisschwierigkeiten sein und in der Lage sein, adäquat darauf zu reagieren, sei es durch eine Verringerung des Tempos, zusätzliche Erklärungen oder Veränderungen der Aufgabenstellungen. Ein zweiter Aspekt konstruktiver Unterstützung ist die Wertschätzung der Perspektive der Schülerinnen und Schüler. Dies bedeutet, dass Lehrkräfte ihre Schülerinnen und Schüler als autonome Personen schützen und achten, indem sie zum Beispiel Geduld und Respekt zeigen und einen konstruktiven Umgang mit Fehlern pflegen. Drittens ist es Teil der Unterstützung, die Beziehungen zwischen Lernenden und Lehrenden auf eine angenehme, freundliche und vertrauensvolle Art zu gestalten. Dies kann auch bedeuten, dass Lehrkräfte für ihre Schülerinnen und Schüler ansprechbar sind, wenn diese mit Problemen zu ihnen kommen, möglicherweise auch mit solchen Problemen, die über den Unterrichtskontext hinausgehen.

Es liegt auf der Hand, dass sich Schülerinnen und Schüler in Unterrichtskontexten, in denen diese Form der Unterstützung hoch ausgeprägt ist, wohl fühlen und stärker motiviert sind (Skinner & Belmont, 1993; Wentzel, Battle, Russell & Looney, 2010). Doch konstruktive Unterstützung kann auch das Lernen erleichtern. Anhand psychologischer Theorien können wir spezifizieren durch welche psychologischen Prozesse sich konstruktive Unterstützung positiv auf die Schülerinnen und Schüler auswirkt (vgl. Davis, 2003). So ist beispielsweise an den in Kapitel 2 dargestellten Zusammenhang zu denken, der zeigt, dass Personen, die sich kompetent und sozial eingebunden fühlen, Interesse entwickeln und bereit sind, sich anzustrengen und in tiefer gehende Lernprozesse einzusteigen. Weiterhin postulieren die ebenfalls in Kapitel 2 dargestellten sozokonstruktivistischen Lerntheorien, dass ein individualisierter Umgang mit den Lernenden, der deren Erfahrungen und Vorkenntnisse berücksichtigt, angemessene Hilfestellungen gibt und sozialen Austausch anregt, die Entwicklung von Schülerinnen und Schülern nachhaltig unterstützt.

Diese vermuteten Wirkungen lassen sich auch empirisch bestätigen. So zeigt eine Meta-Analyse von Cornelius-White (2007), bei der die Ergebnisse von mehr als 100 Studien zusammengefasst wurden, dass konstruktive Unterstützung im Unterricht in Zusammenhang mit vielen wünschenswerten Ergebnissen steht, zum Beispiel guten Lernleistungen (sowohl in Bezug auf Noten und standardisierten Tests als auch in Bezug auf Problemlöse- und Analysefähigkeiten), höherer Motivation und Mitarbeit der Schülerinnen und Schüler und geringeren Verhaltensproblemen (siehe auch Davis, 2003).

4.4.2 Wie kann konstruktive Unterstützung im Unterricht umgesetzt werden?

Ähnlich wie für den Bereich der kognitiven Aktivierung ist es nicht möglich, Techniken oder Strategien zu nennen, die eine optimale Unterstützung in allen Situationen ermöglichen. Es hilft Ihnen vermutlich nur wenig, wenn man Ihnen sagen würde: „Sei einfach empathisch/geduldig/aufmerksam für die Schülerinnen und Schüler!". Dennoch lassen sich auf Basis von empirischen Befunden und Praxiserfahrungen einige Punkte festhalten, die hilfreiche Anregungen liefern können, wie konstruktive Unterstützung im Unterricht konkret umgesetzt werden kann. Im Folgenden diskutieren wir daher die Punkte
- Feedback
- Fehlerkultur
- Tempo
- Eigene Geisteshaltung.

Feedback: Rückmeldungen an die Schülerinnen und Schüler sind ein entscheidender Bestandteil jeglichen Unterrichtsgeschehens. Lehrkräfte geben ihrer Klasse immer wieder Feedback, entweder der ganzen Gruppe oder einzelnen Schülern. Die psychologische Forschung hat mittlerweile eine Menge an Erkenntnissen darüber sammeln können, welche Formen von Feedback konstruktiv wirken. So ist zunächst festzuhalten, dass Feedback per se einer der wichtigen Faktoren ist, der die Lernerfolge von Schülern unterstützt (Hattie, 2009; Hattie & Timperley, 2007). Lernende brauchen Rückmeldungen darüber, ob sie etwas korrekt verstanden haben oder ob ihre Lösungsansätze richtig sind. Allerdings ist zwischen verschiedenen Formen des Feedbacks zu unterscheiden. So gibt es einfache Formen des Feedbacks, bei dem Lehrkräfte lediglich mitteilen, ob eine Antwort richtig oder falsch ist,

Feedback

oder elaborierte Formen des Feedbacks, in denen zusätzlich Hilfestellungen gegeben werden, zum Beispiel in Form von Lösungsstrategien oder zusätzlichen Informationen. Die Forschung zeigt, dass in vielen Fällen das elaborierte Feedback dem einfachen Feedback überlegen ist (s. Lipowsky, 2009). Vor dem Hintergrund der konstruktiven Unterstützung ist zu fragen, welche Art von Feedback selbstständige Lern- und Entwicklungsprozesse unterstützt. Eine sehr nützliche Systematik wurde von den Psychologen John Hattie und Helen Timperley vorgelegt (siehe Abbildung 10).

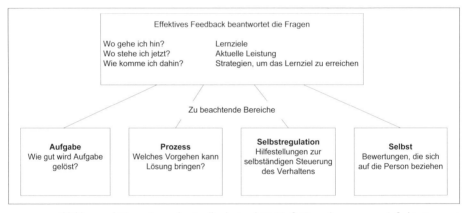

Abbildung 10 | Dimensionen des Feedbacks (nach Hattie & Timperley, 2007; vereinfachte Fassung)

In der Zusammenschau von mehr als hundert Studien konnten Hattie und Timperley zeigen, dass Feedback dann hilfreich für die Lernenden ist, wenn es drei Aspekte beantwortet, nämlich erstens die Frage nach den Zielen einer Lernsituation („Wo gehe ich hin?"), zweitens die Frage nach dem aktuellen Zustand und möglichen Diskrepanzen zur Zielvorstellung („Wo stehe ich jetzt?") und drittens Hilfestellungen zum Erreichen des Lernziels („Wie komme ich dahin?"). Gleichzeitig betonen Hattie und Timperley, dass Feedback sich auf verschiedene Bereiche beziehen kann und dass diese Bereiche mehr oder weniger hilfreiche Informationen beinhalten können. Häufig bezieht sich Feedback direkt auf das Ergebnis einer *Aufgabe*, indem also den Schülern mitgeteilt wird, ob eine Antwort richtig oder falsch ist. Seltener beziehen Lehrende den *Prozess* der Aufgabenlösung mit ein, indem sie also beispielsweise erläutern, wie mögliche Lösungswege aussehen könnten. Ebenfalls relativ selten kommt es vor, dass Lehrkräfte den Lernenden Hilfestellungen dazu geben, wie die Lernenden zukünftig selbstständig lernen und Aufgaben lösen können (*Selbstregulation*). Sehr häufig dagegen beziehen sich Rückmeldungen darauf, wie ein Schüler oder eine Schülerin von den Lehrenden als Person erlebt wird (*Selbst*). Antworten wie „gut gemacht", „da hast du dich aber angestrengt" oder „du bist ja ein richtiges Mathe-Genie" fallen in diese Kategorie. Allerdings zeigt die Forschung, dass diese Form des Feedbacks oft zwiespältig ist. Sie kann die Aufmerksamkeit von der eigentlichen Aufgabe ablenken und sie kann kränken, wenn negative Bewertungen über die Person gegeben werden. Es ist empfehlenswert, sich beim Feedback stärker auf die anderen drei Bereiche (Aufgabe, Prozess und Selbstregulation) zu konzentrieren und zu versuchen, möglichst informationshaltige Rückmeldungen zu geben. Feedback über die Person selbst sollte man, wenn überhaupt, konstruktiv formulieren, das heißt, es sollten eher positive als negative und vor allem veränderbare Aspekte angesprochen werden.

Fehlerkultur: In jeder Unterrichtsstunde kommt es sehr häufig vor, dass ein Schüler oder eine Schülerin einen Fehler macht oder eine falsche Antwort gibt. Für den Schüler oder die Schülerin kann dies eine unangenehme Situation sein, denn es wird vor allen anderen Mitschülern deutlich, dass er oder sie den Lernstoff noch nicht richtig verstanden hat. Eine Lehrkraft kann auf unterschiedliche Art auf Fehler ihrer Schüler reagieren. Der Erziehungswissenschaftler Fritz Oser hat den Umgang mit Fehlern im Unterricht empirisch untersucht (Oser & Spychiger, 2005). In diversen Studien zeigte das Forscherteam, dass sich Lehrkräfte zum Teil sehr deutlich darin unterscheiden, wie sie mit Schülerfehlern umgehen. Dabei kam relativ häufig ein „fehlerfeindliches" Vorgehen vor, das dadurch geprägt war, dass Fehler als Defizite und etwas Negatives aufgefasst wurden. Dies war zum Beispiel dadurch erkennbar, dass Lehrkräfte ihren Unterricht so anlegten, dass für die Schüler wenig Risiko bestand, überhaupt Fehler zu machen, dass sie, wenn Fehler auftraten, den Fehler ignorierten oder direkt korrigierten oder Schülerinnen und Schüler, die Fehler machten, übergingen. In einem „fehlerfreundlichen" Vorgehen

Fehlerfreundlicher Unterricht

dagegen wurden Fehler nicht als Probleme, sondern als willkommene Lerngelegenheiten verstanden. Die Lehrkräfte nutzten Fehler, um sich in die Denkprozesse der Lernenden hineinzuversetzen, knüpften an das Gesagte an, um neue Erklärungen zu geben und ermunterten die Schüler, in den Diskurs einzusteigen. Eine solche „positive Fehlerkultur" kann ein wichtiger Bestandteil konstruktiver Unterstützung sein. Wichtig ist dabei, Fehler konstruktiv zu nutzen und auch den Lernenden deutlich zu machen, dass Fehler nicht zu vermeiden, sondern sogar erwünscht sind.

Tempo: Ein wichtiger Aspekt der konstruktiven Unterstützung ist das Tempo des Unterrichts. Ein angemessenes Tempo kann den Lernerfolg und vor allem die Motivation und das Wohlbefinden von Schülerinnen und Schülern positiv beeinflussen (Helmke & Schrader, 1990). Doch was ist ein „angemessenes" Tempo? Natürlich benötigen Lernende unterschiedlich viel Zeit für ihre Lernprozesse, doch generell lässt sich sagen, dass Unterricht häufig eher zu schnell als zu langsam vorgeht. Dabei ist es hilfreich, Durchnahme- und Interaktionstempo voneinander zu trennen. Mit dem Durchnahmetempo ist die Geschwindigkeit gemeint, mit der eine Lehrkraft generell im Stoff voranschreitet, das heißt also, wie viel Zeit sie für einzelne Themen oder Aufgaben zu Verfügung stellt. Einen formalen Rahmen für diese Zeit stellt der Lehrplan dar, der festlegt, wie viel Stoff in einem bestimmten Schul(halb-)jahr zu bewältigen ist. Aber innerhalb dieses Rahmens besteht für jeden Lehrer und jede Lehrerin die Möglichkeit, eigene Akzente zu setzen. Von besonderer Bedeutung ist darüber hinaus das Interaktionstempo, das heißt also, die Schnelligkeit, mit der eine Lehrkraft den Austausch mit den Schülerinnen und Schülern, zum Beispiel beim Klassengespräch, gestaltet. Relativ

Wartezeit ausführlich wurden hier die Effekte unterschiedlicher Wartezeiten untersucht, also wie viel Zeit Lehrkräfte verstreichen lassen, nachdem sie eine Frage an einen Schüler gestellt haben, bis sie einen anderen Schüler aufrufen oder selbst weiter reden (Borich, 2007; Cazden, 2001; Hasselhorn & Gold, 2013; Lipowsky, 2009). Studien zeigen, dass die typische Wartezeit im Unterricht meistens weniger als drei Sekunden beträgt (Cazden, 2001). Das ist nicht viel – probieren Sie es selbst aus! Nehmen Sie eine Uhr mit Sekundenanzeige und stellen Sie sich eine Unterrichtssituation vor, in der Sie die Lehrkraft sind. Dann stellen Sie Ihrer vorgestellten Klasse eine Inhaltsfrage und warten Sie maximal drei Sekun-

4.4 Konstruktive Unterstützung

den. * * * Wie Sie sehen können, lassen drei Sekunden den Lernenden kaum Zeit zum Überlegen. Dagegen lässt sich jedoch nachweisen, dass längere Wartezeiten den Unterricht auf sehr positive Art verändern können. Beobachtungsstudien zeigten, dass bei Wartezeiten von 3-5 Sekunden Schülerinnen und Schüler von sich aus längere und ausführlichere Antworten gaben, mehr spekulierten oder Hypothesen aufstellten (im Sinne der weiter oben erwähnten Fehler-Freundlichkeit), dass sich insgesamt mehr Kinder beteiligten und dass sie sich stärker untereinander austauschten (Cazden, 2001). Ein angemessenes Unterrichtstempo kann also in vielen Fällen vor allem darin bestehen, langsamer zu werden und Schülerinnen und Schülern mehr Raum zu geben – ein Aspekt, der auch „Langsamkeitstoleranz" genannt wird (Helmke & Schrader, 1990). Allerdings sei eingeräumt, dass es gerade in heterogenen Lerngruppen nicht einfach ist, ein Tempo zu finden, das für alle angemessen ist. Gerade wenn große Unterschiede zwischen Schülerinnen und Schülern bestehen, wird eine Erhöhung der Lern- oder Wartezeit oft nicht genügen, beziehungsweise für einen Teil der Lernenden nicht zielführend sein. Hier ist es wichtig, diese Heterogenität zu akzeptieren und auch binnendifferenzierende Maßnahmen einzusetzen und unterschiedliche Zielvorgaben zu machen.

Die eigene Geisteshaltung: Angemessenes Feedback, Langsamkeit tolerieren, Respekt und Geduld zeigen – vielleicht denken Sie jetzt, dass sich dies theoretisch alles sehr schön anhört, aber Sie fragen sich, wie man das eigentlich umsetzen soll in einer Klasse mit 30 verschiedenen Kindern in der knappen Unterrichtszeit und mit einem vollen Lehrplan? Sie haben Recht damit, dass es im Unterrichtsalltag mit seinen zahlreichen simultan auftretenden Ereignissen schwierig sein kann, eine ruhige und geduldige Unterrichtsgestaltung, die auf die Bedürfnisse der Lernenden eingeht, umzusetzen. Studien zeigen, dass sich Lehrkräfte sehr stark darin unterscheiden, wie gut es ihnen gelingt, ihren Schülern konstruktive Unterstützung zu bieten – und diese Unterschiede lassen sich zum Teil damit erklären, wie gestresst sich die Lehrkräfte selbst fühlen (Jennings & Greenberg, 2009; Klusmann, Kunter, Trautwein & Baumert, 2006). Konstruktive Unterstützung ist also nicht allein eine Frage bestimmter Techniken, sondern wird auch durch die innere Einstellung der Lehrenden mitbestimmt. Um offen für die Bedürfnisse der Schülerinnen und Schüler zu sein und auf sie eingehen zu können, bedarf es bestimmter sozialer und emotionaler Kompetenzen, wie die Fähigkeit mit den eigenen Emotionen angemessen umzugehen, sich auch von der Arbeit distanzieren und Situationen mit Humor nehmen zu können (Jennings & Greenberg, 2009). Diese Fähigkeiten können erlernt werden, wie Trainingsstudien mit Lehrkräften zeigen (Jennings & Greenberg, 2009). Wir werden auf diesen Aspekt in Kapitel 6 noch weiter eingehen.

4.4.3 Sozialklima – Wie gehen die Lernenden miteinander um?

Die Begriffe Sozialklima, Klassenklima oder Unterrichtsklima sind eng verwandt mit dem Terminus der konstruktiven Unterstützung. Wir haben sie allerdings bewusst nicht verwendet, weil es sich hierbei um sehr unscharfe (d.h. schlecht definierte) Begriffe handelt, die zum Teil in sehr unterschiedlicher Bedeutung verwendet werden. So wird der Begriff des Sozialklimas unter anderem zur Beschreibung der „emotionale Grundtönung der Lehrer-Schüler-Beziehung" (Lipowsky, 2009, S. 94), der Einstellungen und Werthaltungen *aller* am Schulleben beteiligten Personen (Lipowsky, 2009) oder auf der Art der Beziehungen der Schüler untereinander (Eder, 2001; Saldern, Littig & Ingenkamp, 1986) verwendet. Relevante Punkte, die unter dem Thema „Sozialklima" beschrieben werden, umfassen zum Beispiel die Fürsorglichkeit der Lehrkraft, das Gerechtigkeitsempfinden der Schüler, den Grad an Hilfsbereitschaft und Konkurrenz untereinander, das Vorherrschen bestimmter Gefühle bei den Schülern oder die allgemeine Zufriedenheit der Schüler mit der Schulsituation – wie Sie sehen, sind dies sehr unterschiedliche Aspekte des Schul- und Unterrichtslebens.

Aus unserer Sicht wird diese begriffliche Ungenauigkeit vor allem dann problematisch, wenn nicht unterschieden wird, ob die Interaktionen zwischen Lehrkraft und Schülern oder die Interaktionen zwischen den Schüler gemeint sind. Während die empirische Forschung nämlich zeigt, dass die Schüler-Lehrer-Interaktion ein sehr wichtiger Faktor ist, der die Leistungs- und motivational-affektive Entwicklung von Lernenden gravierend beeinflussen kann, sind die empirischen Befunde für die Bedeutsamkeit der Schüler-Schüler-Interaktion nicht so eindeutig (Cornelius-White, 2007; Roorda, Koomen, Spilt & Oort, 2011).

Natürlich ist es aber per se normativ wünschenswert, dass in einer Klasse positive Beziehungen zwischen den Lernenden herrschen, die geprägt sind von gegenseitiger Wertschätzung, Respekt und Hilfsbereitschaft. Lehrkräfte können die sozialen und emotionalen Beziehungen zwischen ihren Schülern durch ihr eigenes Verhalten durchaus beeinflussen. Die in diesem Unterkapitel dargestellten Aspekte konstruktiver Unterstützung sind nämlich nicht nur geeignet, um den Lernerfolg und die Entwicklung *individueller* Kompetenzen der Schülerinnen und Schüler zu fördern, sondern zeigen oft auch positive Effekte auf die Beziehungen zwischen den Schülerinnen und Schülern *untereinander*.

Darüber hinaus können solche Beziehungen durch bestimmte Unterrichtsmethoden ganz gezielt verbessert werden. Methoden des kooperativen Lernens, die im nächsten Kapitel dargestellt wurden, sind besonders gut dazu geeignet positive Interaktionen zwischen Schülerinnen und Schülern zu fördern. Darüber hinaus gibt es weitere Techniken und Strategien, die im Unterricht eingesetzt werden können, um die Fähigkeiten zur sozialen Interaktion und die Gemeinsamkeit in einer Klasse zu fördern. Praktische Tipps finden Sie unter anderem in Hatto (2003) und Klippert (2005).

4.5 Zusammenspiel zwischen Classroom Management, kognitiver Aktivierung und Unterstützung

Das Zusammenspiel der drei Dimensionen Classroom Management, kognitive Aktivierung und Unterstützung lässt sich auch empirisch nachweisen. In einer Studie mit 194 Mathematikklassen und ihren Lehrkräften, die an die deutsche PISA-Studie 2003 angekoppelt war, wurde der Einfluss der drei Tiefendimensionen Klassenführung, kognitive Aktivierung und konstruktive Unterstützung auf die mathematische Kompetenz und das Interesse an Mathematik untersucht (Kunter & Voss, 2011). Da es sich um eine Längsschnittstudie handelte, bei der die Schülerinnen und Schüler sowohl in der neunten als auch der zehnten Klasse untersucht wurden, war es möglich, unterschiedliche Eingangsbedingungen zu kontrollieren, um somit die Effekte des Unterrichts auf die Entwicklung der Schülerinnen und Schüler ermitteln zu können. In der Studie wurden die Tiefenstrukturen anhand von Schülerbefragungen, Lehrerbefragungen und durch die Analyse der im Unterricht eingesetzten Aufgaben erfasst. Das Ergebnis ist (in vereinfachter Form) in Abbildung 10 dargestellt. Es zeigte sich, dass Klassen, die effektiv und störungspräventiv geführt wurden (erfasst durch die Häufigkeit an Störungen und die damit verbundenen Lernzeitverluste), am Ende der 10. Klasse nicht nur bessere Mathematikleistungen, sondern auch höheres Interesse an Mathematik aufwiesen. Hohe kognitive Aktivierung (erfasst durch eine Analyse der im Unterricht eingesetzten Aufgaben) führte ebenfalls zu besseren Leistungen und die konstruktive Unterstützung (erfasst durch die Einschätzungen der Schüler) führte zu mehr Interesse an Mathematik. Diese Befunde verdeutlichen, dass die geschilderten Tiefenstrukturen nicht nur wichtig sind, um Lernen zu unterstützen, sondern auch die Entwicklung von Lernfreude und Lernmotivation fördern können.

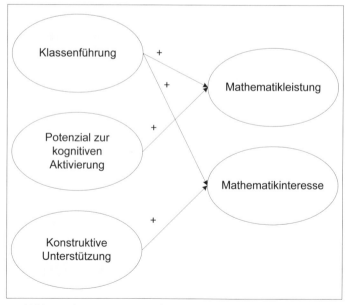

Abbildung 11 | Das Zusammenspiel von Klassenführung, kognitiver Aktivierung und konstruktiver Unterstützung (Befunde nach Kunter & Voss, 2011; Kunter et al., in Druck)

Zusammenfassung

Guter Unterricht entsteht in den Tiefenstrukturen
Wir haben uns in diesem Kapitel damit beschäftigt, wie Unterricht gestaltet werden kann, damit Schülerinnen und Schüler möglichst gut in ihrer kognitiven und motivational-emotionalen Entwicklung unterstützt werden. Dabei haben wir zunächst die Tiefenstrukturen des Unterrichts – also vor allem die Interaktion zwischen den Lehrenden und den Lernenden oder zwischen den Lernenden und dem Lernstoff – behandelt, da die Forschung zeigt, dass es genau diese Tiefenstrukturen sind, die Lern- und Entwicklungsprozesse der Schülerinnen und Schüler am stärksten beeinflussen (Hattie, 2009; Seidel & Shavelson, 2007). Eine der derzeit bekanntesten Studien in der Unterrichtsforschung ist eine Analyse des Psychologen John Hattie (2009), in der er die Ergebnisse von insgesamt mehr als 800 Studien statistisch zusammenfasst, um zu ermitteln, welche Faktoren das Lernen von Schülern am meisten beeinflussen. In dieser Analyse wurden auch mehrere der Merkmale, die wir in diesem Kapitel besprochen haben, untersucht – auch wenn Hattie eine andere Art der Kategorisierung der Einflussfaktoren vornimmt. Es zeigte sich, dass Merkmale der Tiefenstrukturen, wie die Qualität der Lehrer-Schüler-Interaktion oder das Feedback, deutlich größeren Einfluss auf das Lernen von Schülern nehmen als die Merkmale der Sichtstrukturen, wie zum Beispiel die Klassengröße, der Einsatz einer konkreten Lehrmethode oder die Verwendung bestimmter Lehrpläne. Zur Strukturierung der vielen Gesichtspunkte, die man bezüglich der Prozesse im Klassenzimmer beschreiben kann, haben wir eine Systematik gewählt, die drei grundlegende Dimensionen an Tiefenstrukturen beschreibt und die sich aus theoretischer und empirischer Sicht gut bewährt hat. Demnach können Aspekte der Klassenführung, der kognitiven Aktivierung und der konstruktiven Unterstützung unterschieden werden. Die erfolgreiche Umsetzung dieser drei Prinzipien kann dazu führen, dass Unterricht zu einer hochwertigen Lerngelegenheit wird, in der Schülerinnen und Schüler sich motiviert mit dem Lernstoff auseinandersetzen, möglichst selbstständige Lernprozesse einleiten und nachhaltig in ihrer Entwicklung unterstützt werden können. Wichtig an dieser Stelle ist zu erwähnen, dass solche Prinzipien in ganz unterschiedlichen Lehrmethoden umgesetzt werden können. Wie wir in den jeweils eingangs geschilderten kleinen Situationen deutlich gemacht haben und wie in Abschnitt 4.5 ersichtlich, kommt

es auf das erfolgreiche Zusammenspiel aller drei Dimensionen an, ob Unterricht in diesem Sinne gelingt oder nicht.

Wir haben in diesem Kapitel einige Hinweise zur praktischen Umsetzung der Tiefenstrukturen gegeben. Wichtig ist jedoch zu betonen, dass solche effizient strukturierten, kognitiv aktivierenden und konstruktiv unterstützenden Lernumgebungen letztlich nur ein Angebot an die Lernenden darstellen. Zwar ein „notwendiges" Angebot – hinreichend ist dieses Angebot aber nicht! Wie in dem in Kapitel 1 und 3 beschriebenen Angebots-Nutzungs-Modell dargestellt, können Lehrkräfte Lernerfolge bei Schülerinnen und Schülern prinzipiell nicht „produzieren". Zentrale Aufgabe der Lehrkräfte ist es, Lerngelegenheiten so auszugestalten, dass die Voraussetzung für aktive verständnisvolle Lernprozesse von Schülerinnen und Schülern geschaffen sind und die Nutzung der Unterrichtsangebote durch die Lernenden gefördert wird. Wir haben in diesem Kapitel bewusst die externen Gegebenheiten wie die Schul- und Klassenstruktur oder die im Unterricht verwendeten Lehrmethoden ausgeklammert, um zunächst einen Blick auf die eigentlichen Interaktionsprozesse zu werfen. Die Sichtstrukturen des Unterrichts stellen aber natürlich den Rahmen dar, in dem die Interaktionen und die Beschäftigung mit den Inhalten stattfinden und Möglichkeiten für bestimmte Tiefenstrukturen bieten (oder verhindern). Das nächste Kapitel behandelt daher einige Unterrichtsmethoden, die das Potenzial besitzen qualitätvolle Tiefenstrukturen zu schaffen.

Unterrichtsmethoden | 5

5.1 Sichtstrukturen des Unterrichts

Dieses Kapitel beschäftigt sich mit den Unterrichtsmethoden, die das deutlichste Beispiel für die Sichtstruktur von Unterricht darstellen. Unter Unterrichtsmethoden verstehen wir übergeordnete Muster, die sich auf die Gestaltung längerer in sich geschlossener Unterrichtssequenzen (also mindestens einer Unterrichtsstunde) beziehen (Wiechmann, 2010a). Unterrichtsmethoden umfassen bestimmte Handlungsmuster von Lehrkräften (Meyer, 2002) und verwenden oft unterschiedliche Sozialformen (zum Beispiel Einzelarbeit, Partnerarbeit oder Gruppenarbeit).

Übung

Im Folgenden finden Sie die Darstellung dreier unterschiedlicher Unterrichtsmethoden. Können Sie diese benennen? Welche dieser Methoden sagt Ihnen spontan am meisten zu? Welche der Methoden wird Ihrer Ansicht nach a) zum größten Lernzuwachs bei den Schülern führen und b) am meisten Interesse am Thema wecken?

Frau Pelter beginnt die Stunde mit einem Problem: „Wie kann es sein, dass ein großes Eisenschiff schwimmt, während ein kleiner Eisennagel im Wasser untergeht?" Im Klassenzimmer der 3b sind an verschiedenen Stellen Arbeitsplätze mit Aufgabenzetteln und Materialien aufgebaut, an denen die Schülerinnen und Schüler nun in der Stunde experimentieren können. Die Kinder können sich frei auswählen, wann sie sich wie lange an jedem Platz aufhalten.	Herr Tuchel hat seine achte Klasse in kleine Gruppen eingeteilt. Jede Gruppe hat die Aufgabe, einen Text und ein Arbeitsblatt zum Thema „Das Leben in der mittelalterlichen Stadt" zu bearbeiten und sich auf ein nachfolgendes Wissensquiz vorzubereiten. In der darauf folgenden Stunde bearbeiten alle Schülerinnen und Schüler individuell das Quiz. Bei der Auswertung ermittelt Herr Tuchel für jede Gruppe einen Durchschnittswert, und die Gruppe mit dem besten Ergebnis erhält einen Preis.	Frau Damme erklärt den Schülern das passé composé im Französischen. Nach einer Erläuterung, die sie selbst im Lehrervortrag der Klasse gibt, folgt eine gemeinsame Übungsphase, in der Frau Damme rasch hintereinander alle Schülerinnen und Schüler aufruft und deren Antworten direkt korrigiert. Es schließt sich eine individuelle Arbeitsphase an, bei der die Schüler ein Aufgabenblatt mit grammatikalischen Übungen zum Thema bearbeiten.
Name der Methode:	Name der Methode:	Name der Methode:

Es gibt eine Vielzahl an Methoden, die Lehrkräfte in ihrem Unterricht einsetzen können. Diese Methoden unterscheiden sich zum Beispiel in dem Grad ihrer Handlungsorientierung oder im Ausmaß der Lehrerlenkung (Meyer, 2002; Wiechmann, 2010a). Wir haben die Unterrichtsmethoden im Folgenden danach gruppiert, welche theoretischen Annahmen über die Lern- und Entwicklungsprozesse der Schülerinnen und Schüler bei den jeweiligen Methoden getroffen werden: Wer oder was ist eigentlich die treibende Kraft – geht die Steuerung von der Lehrkraft, den Lernenden selbst oder von dem Lernmaterial aus?

Die verschiedenen Unterrichtsmethoden wurden oft auf Basis bestimmter pädagogischer und psychologischer Theorien entwickelt. Als Folge ließ sich lange Zeit unter Pädagogen eine Art „Methodenstreit" beobachten, in dem jeweils eine Seite (z. B. Vertreter der direkten Instruktion) eine andere Seite (z. B. Vertreter des offenen Unterrichts) von der Überlegenheit „ihrer" Methode überzeugen wollte. Seit mehreren Jahren hat sich aber aufgrund von Forschungsergebnissen – und als Folge bewährter unterrichtlicher Praxis – die Erkenntnis durchgesetzt, dass keine Methode per se den anderen überlegen ist, sondern dass „guter Unterricht" durch eine angemessene Methodenvielfalt gekennzeichnet ist. Das bedeutet, dass Lehrkräfte über ein breites Repertoire an verschiedenen Methoden verfügen sollten, die sie kompetent und flexibel anwenden – je nach aktueller Zielsetzung und gegenwärtigen Bedingungen in der Klasse. Die in diesem Kapitel vorgenommene Diskussion diverser Unterrichtsmethoden soll Ihnen die vielfältigen Möglichkeiten eröffnen, die sich Ihnen bei der Gestaltung der Sichtstrukturen Ihres Unterrichts bieten. Sie sollen auch angeregt werden, sich Gedanken über die Vor- und Nachteile bestimmter Methoden zu machen.

Methodenvielfalt

An dieser Stelle sei der Hinweis gegeben, was das vorliegende Buch nicht leisten kann: Eine praktische Einführung in Unterrichtsmethodik zu geben. Dies ist kein Didaktik-Lehrbuch, sondern es ist unser Anliegen, verschiedene Unterrichtsmethoden aus psychologischer Sicht hinsichtlich ihrer Wirksamkeit zu bewerten. Viele der im Folgenden dargestellten Methoden wurden aufgrund psychologischer Lerntheorien entworfen oder sind Thema psychologischer Forschung zur Effektivität von Unterricht. Wir haben eine Auswahl getroffen, die aber nicht erschöpfend ist. Wer sich in der praktischen Anwendung der Unterrichtsmethoden weiterbilden möchte, dem seien die stärker praxisorientierten Werke, zum Beispiel von Mattes (2011), Meyer (2004) oder Wiechmann (2010b), empfohlen.

Im Folgenden führen wir zunächst in Methoden ein, die vor allem durch die Lehrkraft gesteuert werden („Frontalunterricht"). Wir gehen sowohl auf klassische Formate wie den Vortrag oder das Unterrichtsgespräch als auch auf speziell entwickelte Formen wie die direkte Instruktion ein (Abschnitt 5.2). Anschließend diskutieren wir Methoden des gemeinsamen Lernens und gehen nach einer allgemeinen Einführung in Gruppenarbeit genauer auf die kooperativen Lernformen ein (Abschnitt 5.3). Der dritte große Block dieses Kapitels umfasst Unterrichtsformen, bei denen die Aufgabe selbst im Mittelpunkt steht, so genannte „problemorientierte Methoden", zu denen auch verschiedene Formen des offenen Unterrichts gehören (Abschnitt 5.4).

5.2 Von der Lehrkraft angeleitetes Lernen: Lehrergesteuerte Unterrichtsmethoden

Was für ein Bild haben Sie vor Augen, wenn Sie an „Unterricht" denken? Vermutlich sehen Sie eine Szene vor sich, bei der ein Lehrer oder eine Lehrerin vor einer Gruppe von Schülerinnen und Schülern steht und etwas erklärt, wahrscheinlich ist im Hintergrund eine Tafel zu sehen. Für die meisten Menschen bedeutet Unterricht genau dies: Eine Lehrkraft erklärt der Klasse neue Sachverhalte und versucht dabei, die Schülerinnen und Schüler zum Lernen zu motivieren. Die Rollen in dieser Form sind recht klar verteilt: Die Lehrkraft übernimmt den aktiven Part: Sie steuert die Lernprozesse, regt die Lernenden an und kontrolliert diese auch. Die Rolle der Lernenden dagegen ist eher reaktiv definiert: Die Schülerinnen und Schüler greifen die Lernangebote auf (oder auch nicht) und folgen den Anweisungen der Lehrkraft (mehr oder weniger). In Diskussionen über die Verbesserung unseres Bildungswesens werden solche Formen des „lehrerzentrierten" Unterrichts häufig als nicht mehr zeitgemäß kritisiert – im Sinne der Definition nach Berliner (siehe Kapitel 1) gilt lehrerzentrierter Unterricht bei vielen Laien und Pädagogen als nicht „gut", d.h. als normativ wenig erwünscht. Im Folgenden wollen wir diskutieren, dass es viele unterschiedliche Formen des lehrergesteuerten Unterrichts gibt – und dass es aus psychologischer Sicht wenig Sinn macht, diese Methoden pauschal als nicht „gut" oder gar als unwirksam (also wenig „effektiv") zu verurteilen. Wie Sie in den nächsten Abschnitten sehen werden, können auch Methoden, bei denen die Steuerung stark durch die Lehrkraft geschieht, dazu beitragen, die Qualität von Unterricht zu verbessern.

5.2.1 Frontalunterricht – ein Relikt aus früheren Zeiten, das abgeschafft werden sollte?

Der lehrergesteuerte Unterricht, oft auch als „Frontalunterricht" bezeichnet, hat einen schlechten Ruf. Er steht im Verdacht, autoritäre Strukturen zu verkörpern, Schülerinnen und Schüler zur Passivität zu verführen und keinen Raum für Individualität oder Kreativität zu lassen (Grell, 2011; Helmke, 1999; Wiechmann, 2010b). Gleichzeitig handelt es sich hierbei um eine bewährte Form des Unterrichtens, wie sie seit Jahrhunderten in den meisten Schulsystemen umgesetzt wird. Auch in Deutschland ist es noch heute die am häufigsten angewendete Unterrichtsmethode – und zwar über Fächer und Schularten hinweg –, wie Lehrerbefragungen oder Videostudien zeigen. Ein Grund für die weite Verbreitung dieser Methode liegt in tradierten bildungs- und lerntheoretischen Vorstellungen, die die Rolle der Lehrenden als Anleiter, Experten und Informationsvermittler betonen. Ein weiterer Grund jedoch liegt in der wahrgenommenen Effektivität der Methode – kaum eine andere Unterrichtsmethode scheint besser geeignet, um ohne zu viel Aufwand große Schülergruppen zu erreichen und dabei sicherzustellen, dass die vorgesehenen Lernziele erreicht werden, während andere, stärker schüler- oder aufgabenorientierte Unterrichtsmethoden weitaus aufwändiger vorzubereiten und umzusetzen sind. Tatsächlich kann die Forschung diese vermutete Effektivität zum Teil auch bestätigen (Grünke, 2006; Hattie, 2009). Lehrerzentrierter Unterricht *kann* in der Tat eine höchst effektive Methode sein, mit der Schülerinnen und Schüler erfolgreich lernen, und dabei auch Interesse und Freude am Lernen entwickeln. Wie in dem vorangegangen Kapitel dargestellt, kommt es jedoch vor allem darauf an, *wie* lehrerzentrierter Unterricht gestaltet ist, und auf welche Weise die Lehrkraft die

Klassische Unterrichtsmethode

Interaktion mit den Lernenden gestaltet. Im Folgenden zeigen wir, dass es unterschiedliche Formen des lehrerzentrierten Unterrichts gibt, die sich deutlich darin unterscheiden, inwieweit sie geeignet sind, kognitiv anspruchsvolle Lernprozesse bei den Schülerinnen und Schülern auszulösen.

5.2.2 Formen des lehrerzentrierten Unterrichts

Der Lehrervortrag

Der Vortrag ist die typische Form eines darbietenden Unterrichts. Die Lehrkraft (oder ein Referent, dies kann auch ein Schüler oder eine Schülerin sein) stellt der Klasse einen Sachverhalt in Form einer vorbereiteten mündlichen Präsentation dar. Häufig wird das durch visuelles Anschauungsmaterial ergänzt. Vorträge bieten die Gelegenheit, klar umschriebene Inhalte allen Lernenden zur gleichen Zeit mitzuteilen, und sie ermöglichen es, komplexe Sachverhalte in didaktisch ansprechender Form aufzubereiten. Die in Kapitel 2 dargestellten Lern- und Motivationstheorien liefern wichtige Hinweise darüber, wie Vorträge gestaltet sein sollten, um tiefe Lernprozesse bei den Lernenden auszulösen.

- Wie wir aus der Informationsverarbeitungstheorie gelernt haben, können Inhalte nur dann verarbeitet und später erinnert werden, wenn wir unsere Aufmerksamkeit darauf richten. Gute Vorträge lenken also die Aufmerksamkeit der Lernenden auf zentrale Informationen und sorgen dafür, dass sich die Zuhörer nicht mit Nebensächlichkeiten beschäftigen. Dies kann zum Beispiel durch so genannte „Advance Organizer" (Ausubel, 1960) geschehen, die zu Beginn der Darbietung eine Struktur der zu besprechenden Inhalte liefern. Auch im Verlauf des Vortrags gilt es, die Aufmerksamkeit der Zuhörer immer wieder auf die wichtigen Informationen zu lenken. Hier können auch non-verbale Hinweise (durch Gestik und Mimik) hilfreich sein (siehe hierzu die Studie auf S. 113 f.).

Arbeitsgedächtnis
- Das Arbeitsgedächtnis hat nur eine begrenzte Kapazität. Vortragende haben deshalb zu bedenken, dass zu viele Informationen, die zu schnell hintereinander dargeboten werden, von den Zuhörern nicht verarbeitet werden können. Deshalb muss überlegt werden, wie es gelingen kann, die Menge an Infor-

mationen, die es zu verarbeiten gilt, zu reduzieren bzw. sie so zu strukturieren, dass den Zuhörer(inne)n die Verarbeitung leichter fällt.
- Entscheidend für den Lernerfolg ist die Art der Verarbeitung der Informationen: Solche Informationen, die wir mit bereits gespeicherten Inhalten im Langzeitgedächtnis verknüpfen können, werden langfristig besonders gut erinnert. Vortragende sollten daher darauf achten, den Zuhörer(inne)n genügend Möglichkeiten zu geben, Elaborationen vorzunehmen – dies kann z. B. durch Visualisierungen geschehen, indem explizit auf die Verknüpfung zu bereits Bekanntem hingewiesen oder den Zuhörer(inne)n Zeit eingeräumt wird, eigene Verknüpfungen zu bilden.

Während Sie die Methode des Vortrags aus der Universität vor allem aus Vorlesungen gut kennen, ist im Schulalltag kaum vorstellbar, dass eine Unterrichtsstunde ausschließlich durch die Vortragsmethode gestaltet wird. Dies liegt vor allem darin begründet, dass es schwierig erscheint, die Aufmerksamkeit von Kindern und Jugendlichen für so einen langen Zeitraum auf den Vortragenden allein zu binden. Kürzere Vorträge können aber durchaus abwechslungsreiche Methoden darstellen, so lange die oben genannten Punkte beachtet werden.

**Der Doktor-Fox-Effekt:
Forschung zur Expressivität von Lehrenden**

Die Wissenschaftler, die sich im Zuge ihrer Weiterbildung an der University of Southern California für einen Vortrag zum Thema „Die Anwendung der mathematischen Spieltheorie in der Ausbildung von Ärzten" zusammengefunden hatten, waren begeistert: Der Redner, Dr. Myron Fox, hatte hochinteressante Thesen aufgestellt, die er brillant vertreten hatte. Ein hervorragender, höchst kompetenter Wissenschaftler, der sie zum Denken angeregt und einen gut geordneten und interessanten Vortrag gehalten hatte, so das einhellige Urteil im nachfolgenden Evaluationsfragebogen.
  Was die Zuhörerinnen und Zuhörer nicht wussten, war, dass sie unwissentlich Teilnehmer einer psychologischen Studie geworden waren – und dass Dr. Fox in Wirklichkeit ein

Schauspieler war, dessen Vortragsinhalte keinerlei wissenschaftliche Substanz aufwiesen. 1973 führten Naftulin, Ware und Donneli diese Studie durch, die als „Doktor-Fox-Studie" berühmt wurde und wichtige Erkenntnisse über die Bedeutung non-verbalen Verhaltens von Lehrenden erbrachte (Naftulin et al., 1973). Die Studie zeigte, dass ein charismatisches, expressives Auftreten einen großen Einfluss auf die Beurteilung von Lehrenden hat und dass eine ausdrucksstarke Vortragsweise von fachlichen Defiziten ablenken kann. Die Studienergebnisse wiesen auf die große Bedeutung non-verbalen Verhaltens bei Vorträgen hin und haben zur der Vermutung geführt, dass beliebte Lehrkräfte nicht unbedingt diejenigen mit der größten fachlichen Kompetenz sind, sondern diejenigen, die ihre Schülerinnen und Schülern durch eine lebhafte und ausdrucksstarke Vortragsweise motivieren.

Sollten Lehrkräfte also vor allem darauf achten, lebhaft und ausdrucksstark vorzutragen und vielleicht sogar gezielt in non-verbalem Verhalten trainiert werden? Tatsächlich ist die Sachlage nicht so eindeutig, wie es die Doktor-Fox-Studie suggeriert. In der Folge der Studie wurden zahlreiche Studien und Experimente durchgeführt, die systematisch untersuchten, welchen Anteil das non-verbale Verhalten der Lehrenden auf die Lernenden und ihre Lernerfolge hat (Babad, 2007; Brigham, Scruggs & Mastropieri, 1992; Patrick, Hisley & Kempler, 2000). Zusammenfassend ergeben diese Studien, dass hoch expressives Verhalten zwar die Aufmerksamkeit der Zuhörer verstärken kann und meist dazu führt, dass Lehrende als sympathisch und kompetent eingeschätzt werden. Es lassen sich aber keine eindeutigen Belege dafür finden, dass Lernende sich bei expressiven Lehrkräften stärker anstrengen, tiefere Verarbeitungsstrategien wählen oder letztendlich mehr lernen.

Das fragend-entwickelnde Unterrichtsgespräch

Wir alle kennen diese Form des lehrerzentrierten Unterrichts aus unserer eigenen Schulzeit. Im fragend-entwickelnden Unterrichtsgespräch stellt die Lehrkraft der Klasse ein Problem oder eine Aufgabe vor und versucht, gemeinsam im Gespräch mit den Schülerinnen und Schülern den dahinter stehenden Sachverhalt zu erarbeiten. Dabei übernimmt die Lehrkraft die Moderatorfunk-

Lehrkraft als Moderator

tion, ruft einzelne Schülerinnen oder Schüler auf und steuert das Gespräch so, dass nach und nach die zu vermittelnden Lerninhalte im Gespräch thematisiert und Lösungen für das eingangs geschilderte Problem entwickelt werden. Nach der Erarbeitung der Lösung schließt sich in der Regel eine Übungsphase an, die häufig in Einzel- oder Partnerarbeit umgesetzt wird. Diese Form der Instruktion wird in Anlehnung an die Erkenntnismethoden der vorchristlichen griechischen Philosophen oft auch „sokratischer Dialog" genannt – Grundidee dabei ist, dass durch geschickte Fragen Erkenntnisprozesse bei den Schülerinnen und Schülern in Gang gesetzt werden, die dann zu einem eigenständigen Verständnis der Lerninhalte führen. Systematische Darstellungen von Formen dieser Unterrichtsmethode wurden unter anderem bereits von den Pädagogen Johann Friedrich von Herbart (1776-1841) und Martin Wagenschein (1968) vorgelegt.

Das fragend-entwickelnde Unterrichtsgespräch ist die Unterrichtsmethode schlechthin – ganz besonders in den mathematisch-naturwissenschaftlichen Fächern. Lehrkräfte schätzen diese Form des Unterrichts, weil sie ihnen – anders als etwa der Vortrag – die Möglichkeit gibt, die Schülerinnen und Schülern in einen Dialog zu führen, der sie anregen soll, eigenständig über Sachverhalte nachzudenken und gemeinsam Lösungen zu entwickeln. Gleichzeitig erscheint diese Methode wenig aufwändig in der Vorbereitung und Durchführung. Aus psychologischer Sicht ist sie jedoch eine der anspruchsvollsten Unterrichtsmethoden. Denn die freie Form des Gesprächs, bei der keine feste Struktur die Interaktionen zwischen Lehrkraft und Schülerinnen und Schülern regelt (wie wir es später z. B. bei der direkten Instruktion oder bei den kooperativen Methoden kennen lernen werden) erfordert von der Lehrkraft höchste Konzentration, Voraussicht und die Fähigkeit, sich sehr schnell auf unvorhersehbare Reaktionen der Schülerinnen und Schüler einzustellen. Der Unterrichtsforscher Eckhard Klieme hat die Herausforderungen, die sich in dieser Methode für die Lehrkraft stellen, in anschaulicher Weise herausgearbeitet (Klieme, Knoll & Schümer, 1999, S. 54f). So weist er darauf hin, dass ein typisches fragend-entwickelndes Unterrichtsgespräch nur scheinbar offen und symmetrisch ist: Die Lehrkraft hat stets ein bestimmtes Ziel oder eine Lösung im Auge, was aber den Schülerinnen und Schülern unbekannt ist. Die Lehrkraft versucht nun, die Lernenden in diese Lösungsrich-

Scheinbare Offenheit

tung zu lenken, indem sie relativ offene oder vage Fragen stellt – schließlich soll die Lösung nicht vorzeitig „verraten werden". Die Lehrkraft muss dann aus einer Vielzahl an Schülerantworten diejenigen wählen, die am besten zur geplanten Argumentationslinie passen. Eine besondere Schwierigkeit in der fragend-entwickelnden Gesprächsführung liegt darin begründet, dass die Lehrkraft offen für die Antworten der Lernenden sein möchte, was aber dann schwierig wird, wenn Lernende Antworten geben, die nicht zu der geplanten Argumentationslinie passen, weil sie schon einige Gedankenschritte vorweg nehmen, nicht zum Thema passen oder auf eine ganz andere als die angepeilte Lösung abzielen. Im schlechtesten Falle führt dies dazu, dass ein Großteil an Schülerantworten unberücksichtigt bleibt. Für die Schülerinnen und Schüler stellt sich ein solches Unterrichtsgespräch dann als ein Versuch-und-Irrtum-Spiel mit unbekannten Regeln dar, bei dem sie sich anhand der Reaktionen der Lehrkraft in Richtung eines ihnen unbekannten Ziels hin bewegen (Klieme et al., 2001), ohne sich wirklich mit dem Lernstoff auseinander zu setzen. Solche Unterrichtsgespräche werden in der Regel nur von einem Teil der Klasse verfolgt, während ein anderer Teil sich nur selten am Gespräch beteiligt. Wie Klieme und Kollegen scharfsinnig bemerken, ist das Hauptproblem des fragend-entwickelnden Unterrichtsgesprächs daher nicht etwa eine zu deutliche Lenkung durch die Lehrkraft, sondern der Versuch durch eine *scheinbare* Offenheit die Lehrerlenkung zu minimieren.

Direkte Instruktion

„Direkte Instruktion" wird manchmal als Synonym für jegliche Form des lehrerzentrierten Unterrichts verwendet. Der Begriff beschreibt ursprünglich aber ein Bündel von methodischen Vorgehensweisen, die 1986 von den Psychologen Barak Rosenshine und Robert Stevens zusammenfassend beschrieben wurden (Rosenshine & Stevens, 1986). Ausgehend von Beobachtungsstudien und im Einklang mit den Erkenntnissen der Informationsverarbeitungstheorie stellten Rosenshine und Stevens eine Sequenz an verschiedenen Handlungsmustern zusammen, die besonders geeignet zu sein schien, die Aufnahme, Speicherung und den Abruf des zu vermittelnden Stoffs bei den Schülerinnen und Schülern zu unterstützen. Die Methode

Informationsverarbeitung

der direkten Instruktion folgt einer Reihe an Schritten, deren Ziel es ist,
(1) die Aufmerksamkeit der Lernenden auf die relevanten Inhalte zu lenken,
(2) eine tiefe Informationsverarbeitung zu ermöglichen und
(3) den späteren Abruf durch eine ausgiebige Übungsphase zu erleichtern.

Abbildung 12 stellt die Elemente der direkten Instruktion dar, die aus vier Hauphasen besteht, nämlich der Zusammenfassung und Wiederholung am Anfang, der Präsentation eines neuen Inhalts beziehungsweise der Demonstration einer neuen Vorgehensweise, des gemeinsamen Übens mit direkter Rückmeldung und des selbstständigen Übens. Diese Phasen können auch innerhalb einer Unterrichtsstunde wiederholt durchlaufen werden. Die Autoren betonen, dass neben diesen Elementen einer in jeder Übungsphase möglichst schnell erfolgenden korrigierenden Rückmeldung sowie regelmäßigen wöchentlichen oder monatlichen zusammenfassenden Wiederholungen ein hoher Stellenwert zukommt. Dieser Stundenaufbau weist somit große Ähnlichkeit mit dem in der Didaktik bekannten Formalstufen-Modell des Unterrichts auf, das folgende Phasen unterscheidet: Vorbereitung, Darbietung, Verknüpfung, Zusammenführung und Anwendung (vgl. Schröder, 2001).

Die direkte Instruktion ist eine weitaus stärker strukturierte Methode als das fragend-entwickelnde Gespräch, die Interaktionen werden sehr viel deutlicher durch die Lehrkraft gesteuert und alle Interaktionen sind auf das primäre Lernziel – das Lernen des behandelten Stoffes – ausgerichtet. Ihr wird aus diesem Grund häufig vorgeworfen, sie ließe den Lernenden nicht ausreichend Raum, um selbstständig zu denken und führe durch die starke Lehrersteuerung zu einer De-Motivierung der Schüler. In der Tat wohnen „schlecht gemachter" direkter Instruktion diese Gefahren inne. Dies sollte aber nicht verdecken, dass die direkte Instruktion aus psychologischer Sicht grundlegende Prinzipien des menschlichen Lernens berücksichtigt und in einen sinnvollen Rahmen gießt. So wird mit der Kurzdarstellung des zu erarbeitenden Stoffs sichergestellt, dass alle notwendigen Informationen von Beginn an den Schülerinnen und Schülern verfügbar sind, so dass ihnen die Lernziele klar sind und sie nicht wie im fragend-entwickelnden Gespräch anhand der Lehrerfragen erra-

Abbildung 12 | Die Elemente der direkten Instruktion (Anmerkung: orientiert nach Hunter, 1982; Rosenshine, Meister & Chapman, 1996; Rosenshine & Stevens, 1986)

ten müssen, worauf sie ihre Aufmerksamkeit richten sollen. Die gemeinsame Übungsphase stellt sicher, dass alle – und auch wirklich alle – Schülerinnen und Schüler in der Klasse sich mit den Inhalten auseinandersetzen und Rückmeldung darüber erhalten, wie gut ihr Verständnis ist. Die anschließende Übungsphase erleichtert die Konsolidierung des Gelernten und die Abspeicherung im Langzeitgedächtnis.

In verschiedenen Studien zeigt sich, dass diese Unterrichtsform gute Lernerfolge bei den Schülerinnen und Schülern erzielt (Grünke, 2006; Hattie, 2009). Dabei ist zu beachten, dass die direkte Instruktion besonders gut für solche Inhalte geeignet ist, die hoch strukturiert sind und sich gut in einzelne Teilbereiche einteilen lassen (Rosenshine & Meister, 1994). Prinzipiell kann die Methode – möglicherweise in adaptierter Form – in allen Fächern angewendet werden; ein Beispiel für den Religionsunterricht sehen Sie in Tabelle 7. Weiterhin scheint sie besonders bei Lernenden mit eher geringen Vorkenntnissen bzw. auch Schülerinnen und Schülern mit Lernschwierigkeiten zu guten Ergebnissen zu führen (Grünke, 2006; Hattie, 2009). Die für das lehrerzentrierte Unterrichten typische Befürchtung, dass die starke Lehrersteuerung einen negativen Einfluss auf die Motivation der Lernenden habe, kann empirisch nicht bestätigt werden. Die direkte Instruktion ist somit ein schönes Beispiel für die wechselseitige Unabhängigkeit von Tiefen- und Sichtstrukturen des Unterrichts: Die offensichtliche Steuerung durch die Lehrkraft muss keine negativen Folgen haben, solange die Tiefenstrukturen der Interaktion eine gewisse Qualität aufweisen.

Direkte Instruktion konkret

Die direkte Instruktion muss nicht immer nur kleinteilige Übungsaufgaben enthalten. Entscheidend ist die logische Abfolge von Einführung, Darbietung, gemeinsamer Übungsphase und individueller Übung. Im Folgenden sehen Sie einen Entwurf, den eine unserer Studentinnen für den Religionsunterricht skizziert hat und der die einzelnen Teilschritte schön verdeutlicht.

Information über Lernziele	Heute wollen wir uns mit Martin Luther und dem Thesenanschlag in Wittenberg beschäftigen. Was ist Inhalt der Thesen und warum kam es überhaupt zum Thesenanschlag?
Rückblick und Prüfung von Lernvoraussetzungen	Wir haben uns in den Stunden mit der Vorstellung von Himmel, Hölle und Fegefeuer zur Zeit Luthers unterhalten und uns mit dem Ablasshandel befasst. Was passiert nach der damaligen Lehrmeinung mit einem Menschen, wenn er gestorben ist? Was genau ist ein Ablassbrief und warum kauften sich viele Menschen einen solchen?

Darstellende Präsentation des Lernstoffs	Luther stellt 95 Thesen auf, die gegen einen geschäftsmäßigen Handel mit Ablassbriefen sprechen. (Auswahl vortragen)
Angeleitetes Üben und Verstehensprüfung	Warum stellt Luther die 95 Thesen auf? Versuche die Kernaussage der Thesen zusammenzufassen.
Selbstständiges Üben	Eine Cousine Luthers schreibt ihm in einem Brief, dass sie bald das nötige Geld gespart hat, um einen Ablassbrief zu kaufen. Verfasse einen Antwortbrief Luthers.
Hausaufgabe	Luther meint, dass man allein aus Gnade selig wird. Erkläre diese Aussage.

Tabelle 7 | Ein Beispiel für direkte Instruktion im Religionsunterricht

5.3 Methoden des gemeinsamen Lernens: Gruppenarbeit und Kooperatives Lernen

Methoden, die das gemeinschaftliche Lernen von Schülerinnen und Schülern betonen, gelten als eine Art „Gegenentwurf" zu den lehrerzentrierten Methoden. Das gemeinsame Lernen kann in verschiedenen Formen umgesetzt werden, als Partner- oder Gruppenarbeit, mit mehr oder weniger stark strukturierten Vorgaben. Anhänger kooperativer Arbeitsmethoden gehen davon aus, dass das gemeinsame Arbeiten und Lernen eine Möglichkeit ist, um alle Schülerinnen und Schüler aktiv zu beteiligen, dass es für Lernende besonders motivierend wirkt und dass die gemeinsame Auseinandersetzung mit dem Lernstoff kognitive Prozesse auslösen kann, die zu einer tieferen Verarbeitung führen, als dies in den vermeintlich rezeptiven lehrerzentrierten Methoden möglich ist. Darüber hinaus nimmt man an, dass sich Partner- und Gruppenarbeit im Unterricht förderlich auf die sozialen Beziehungen in der Klasse auswirken.

Praktische Erfahrungen und die empirische Lehr-Lernforschung zeigen, dass kooperative Arbeitsformen diese Erwartungen zum Teil auch erfüllen. Gleichzeitig gilt, dass Gruppenarbeit (und hierunter sei auch die Partnerarbeit gefasst) nur dann effektiv – im Sinne der eben genannten Kriterien – sein kann, wenn bestimmte Grundvoraussetzungen gewährleistet sind. Wie im Folgenden dargestellt wird, bietet die psychologische Forschung hierzu konkrete Ansatzmöglichkeiten.

5.3.1 Lernen in der Gruppe – Anspruch und Wirklichkeit

Formen des gemeinsamen Lernens gelten als ein viel versprechender Weg, um Schülerinnen und Schüler partnerschaftlich und aktiv im Unterricht zu beteiligen und sie so besonders stark zu motivieren. Auch aus wissenschaftlicher psychologischer Sicht lässt sich eine Reihe von Argumenten aufzählen, die für den Einsatz von Gruppenarbeitsmethoden im Unterricht sprechen (siehe Tabelle 8). Theoretische Argumente lassen sich unter anderem beim Bezug auf Befunde zur Motivation und die soziokonstruktivistischen Lerntheorien ableiten (vgl. Kapitel 2). So kann die Gruppensituation für Lernende durch die erlebte soziale Eingebundenheit motivierend wirken, und es kann Interesse geweckt werden, wenn die Gruppenarbeit als Wettbewerb zwischen Gruppen organisiert ist. In kognitiver Hinsicht bietet gemeinsames Lernen vielfache Möglichkeiten, Lerninhalte vertieft zu verarbeiten, da zum Beispiel durch die Gegenüberstellung verschiedener Meinungen kognitive Konflikte ausgelöst werden, der gemeinsame Diskurs dazu führen kann, neue Konzepte aufzubauen, bestehende Konzepte zu erweitern und weil die Formulierung von Fragen oder Erklärungen eine effektive Art der Elaboration ist.

Potenzial von Gruppenarbeit

Motivationale Prozesse	Kognitive Prozesse
• Gruppensituation hat hohes Motivierungspotenzial durch Erleben sozialer Eingebundenheit • Gruppenbelohnung und Wettbewerb fördern Motivation durch Erleben von Bedeutsamkeit oder Nützlichkeit	• Auslösung kognitiver Konflikte durch die Gegenüberstellung verschiedener Meinungen • Interaktion und Diskurs mit anderen führt zur vertieften Auseinandersetzung • Fragenstellen und Erklären als Möglichkeit der Elaboration

Tabelle 8 | Das Potenzial von Gruppenarbeit

Ist Gruppenarbeit also die beste Alternative zum Frontalunterricht? Vielleicht denken Sie in diesem Moment an Ihre eigenen Erfahrungen mit der Gruppenarbeit, sei es in Ihrer Schulzeit oder an der Universität – wie haben Sie das als Lernende erlebt? Inwieweit erscheint Ihnen das Potenzial verwirklicht? Welche Probleme fallen Ihnen ein? Wenn Sie wollen, können Sie Ihre Beobachtungen aufschreiben – oder auch gerne in Ihrer Lerngruppe diskutieren.

Unterrichtsmethoden 5

_____

_____

_____

_____

_____

Schwierigkeiten bei Gruppenarbeit

Wenn Ihr Eindruck eher skeptisch ist, so teilen Sie diese Haltung mit vielen anderen Lehrenden und Lernenden, wie Befragungen zu Gruppenarbeit zeigen (Veenman, van Benthum, Bootsma, van Dieren & van der Kemp, 2002; Volet & Mansfield, 2006) – Gruppenarbeit ist nicht unbedingt beliebt und oft scheinen sich die Hoffnungen, die in sie gesetzt werden, nicht zu erfüllen. Tatsächlich ist aus der sozialpsychologischen Forschung eine Vielzahl an Schwierigkeiten bekannt, die auftreten können, wenn Personen in Gruppen zusammen arbeiten (Aronson, Blaney, Stephin, Snikes & Snapp, 2008). So kommt es häufig zu *Koordinationsschwierigkeiten*, die dazu führen, dass Ressourcen nicht optimal zusammengeführt werden und somit die Gruppenproduktivität eingeschränkt wird – denken Sie nur daran, wie viel Zeit oft in selbstorganisierten Lerngruppen darauf verwendet wird, Termine auszumachen oder sich auf die beste Vorgehensweise zu einigen! Weiterhin können Motivationsverluste auftreten, die dazu führen, dass sich einzelne Personen in der Gruppe weniger anstrengen, als sie es machen würden, wenn sie alleine arbeiten würden (siehe Tabelle 9). Ein bei der Gruppenarbeit vielfach beschriebenes Phänomen ist der so genannte „*Trittbrettfahrer-Effekt*", bei dem einzelne Personen sich nur wenig anstrengen, weil ihr Beitrag zur Gruppenleistung – so denken sie – sowieso nur gering sein wird. In ähnlicher Weise tritt *soziales Faulenzen* dann auf, wenn Personen wissen, dass ihr eigener Beitrag gar nicht identifiziert werden kann. Der *Gimpel-Effekt* ist eine Gegenreaktion auf das häufige Erleben der beiden erst genannten Probleme – in diesem Fall reduzieren Personen ihre eigene Anstrengung, weil sie davon ausgehen, dass sie von den anderen Gruppenmitgliedern „ausgenutzt" werden. Speziell bei heterogen zusammengesetzten

Gruppen wird weiterhin relativ oft ein „Status-Effekt" beobachtet, bei dem die Gruppeninteraktion durch Gruppenmitglieder mit höherem Status (dies kann Status aufgrund von sozialer Herkunft, akademischer Leistung oder Beliebtheit sein) dominiert wird und sich Gruppenmitglieder mit niedrigem Status wenig beteiligen.

Gruppenarbeit birgt also gewisse Gefahren, die dazu führen können, dass die Gruppenprozesse alles andere als produktiv ablaufen und letztendlich die angestrebten Ziele der Motivierung und der Lernerfolge nicht optimal erreicht werden. Zum Glück hat sich die psychologische Forschung ausgiebig mit diesem Thema beschäftigt und so wissen wir heute recht gut, wie man das Auftreten der unerwünschten Effekte bei der Gruppenarbeit verhindern kann.

	Effekt	Beispiel	Möglichkeiten, dies zu verhindern (siehe Abschnitt 5.3.2)
Koordinationsverluste	*Koordinationsschwierigkeiten*	„Wir konnten nicht arbeiten, weil Tim und Lisa die Arbeitsblätter nicht dabei hatten."	Klar strukturierte Aufgabenstellungen, organisatorischen Rahmen sicherstellen
Motivationsverluste	*Trittbrettfahrer-Effekt*	„Ob ich jetzt noch was sage, spielt doch sowieso keine Rolle mehr."	Echte Gruppenaufgaben verwenden, bei denen jeder Beitrag zählt, individuelle Verantwortlichkeit sicher stellen
	Soziales Faulenzen	„Das merken die doch gar nicht, wenn ich mich nicht anstrenge."	Positive Interdependenz herstellen, individuelle Verantwortlichkeit sicher stellen.
	Gimpel-Effekt	„Ich lass mich doch nicht von den anderen ausnutzen!"	Positive Interdependenz herstellen, individuelle Verantwortlichkeit sicher stellen.
	Status-Effekt	„Der Stefan mit seiner Eins in Mathe wird es schon am besten wissen."	Echte Gruppenaufgaben verwenden, bei denen jeder Beitrag zählt, individuelle Verantwortlichkeit sicher stellen

Tabelle 9 | Typische Probleme bei der Gruppenarbeit – und Wege, sie zu verhindern (siehe hierzu Abschnitt 5.3.2)

5.3.2 Welche Faktoren machen gemeinsames Arbeiten und Lernen effektiv?

Motivationsverluste in der Gruppenarbeit treten vor allem dann auf, wenn es Personen möglich ist, sich hinter den anderen Gruppenmitgliedern zu verstecken bzw. wenn die eigenen Anstrengungen gar nicht sichtbar in das Gruppenergebnis einfließen. Die psychologische Forschung hat mehrere Prinzipien identifiziert, die diese negativen Effekte verhindern können. Dies sind erstens die Verwendung echter Gruppenaufgaben, zweitens die Herstellung einer positiven Interdependenz zwischen den Gruppenmitgliedern und drittens die Wahrung der individuellen Verantwortlichkeit aller Gruppenmitglieder.

Verwendung echter Gruppenaufgaben

Es gibt viele Aufgaben, die sich für Gruppenarbeiten gut eignen, weil es beim kooperativen Arbeiten zu besseren Ergebnissen kommen kann als beim individuellen Lernen und weil die Gruppensituation bestimmte erwünschte kognitive oder motivationale Prozesse auslösen kann. Manche Aufgaben sind aber für Gruppenarbeit weniger gut geeignet. Gruppenarbeit ist prinzipiell nur dann sinnvoll, wenn die Aufgabe in Teilkomponenten, die von den einzelnen Gruppenmitgliedern übernommen werden können, unterteilbar ist. Es macht beispielsweise wenig Sinn, die Aufgabe, die Tafel zu wischen, von einer Schülergruppe durchführen zu lassen, wenn nur ein Schwamm vorhanden ist. Auch das Lesen eines Textes ist eine Aufgabe, die individuell am besten gelöst werden kann. Gut geeignet für Gruppenaufgaben sind so

Additive Aufgaben   genannte additive Aufgaben, bei denen das Gruppenergebnis die Summe aller Beiträge der Gruppenmitglieder ist – es liegt auf der Hand, dass vier Schüler zusammen mehr Hauptstädte in Europa nennen können als ein einzelner Schüler. Weiterhin gut geeignet

Konjunktive   sind konjunktive Aufgaben, bei denen sich das Gruppenergebnis
Aufgaben   aus den einzelnen Beiträgen ergibt, etwa wenn eine Gruppe eine Karte bearbeiten soll, bei dem die Gruppenmitglieder jeweils ihre Herkunft einzeichnen und erläutern. Wichtig ist bei dieser Form der Aufgabe, dass wirklich jeder Beitrag zählt, das Gruppenprodukt also nicht vollständig ist, wenn nicht jedes Gruppenmitglied einen Beitrag geliefert hat. Nicht unbedingt optimal für Gruppen-

arbeit sind dagegen disjunktive Aufgaben, bei denen die Gruppenaufgabe durch den Beitrag eines einzelnen Mitgliedes gelöst werden kann, also klassische Denk- und Problemlöseaufgaben. Es ist gut vorstellbar, dass bei dieser Art der Aufgabe die oben beschriebenen Motivationsverluste leichter auftreten.

Positive Interdependenz

Interdependenz beschreibt die wechselseitige Abhängigkeit, die zwischen den Gruppenmitgliedern bei der Bearbeitung einer Aufgabe besteht: Das, was eine Person A in der Gruppe tut, hat Einfluss auf Person B. Es lassen sich positive und negative Interdependenz unterscheiden. Positive Interdependenz liegt vor, wenn die Ziele der Gruppenmitglieder kompatibel sind, das heißt, wenn Person A ihr Ziel erreicht, ist es auch möglich, dass Person B ihr Ziel erreicht. Bei der negativen Interdependenz liegt eine Inkompatibilität vor, Person A kann ihr Ziel nur auf Kosten von Person B erreichen. Besonders gut lässt sich das Prinzip anhand eines Beispiels aus dem Sport verdeutlichen. Stellen Sie sich eine Fußballmannschaft vor einem wichtigen Turnierspiel vor: Alle Teammitglieder verfolgen das gleiche Ziel, nämlich das Spiel zu gewinnen. Es liegt eine positive Interdependenz vor, denn wenn ein Spieler das Ziel (Sieg) erreicht, erreichen es auch alle anderen. Jetzt stellen Sie sich die gegnerische Seite vor, die auch das Spiel gewinnen will; auch innerhalb dieses Teams besteht positive Interdependenz. *Zwischen* beiden Teams besteht jedoch eine negative Interdependenz, denn das Ziel der einen Mannschaft kann nur auf Kosten des Ziels der anderen Mannschaft erreicht werden. Positive Interdependenz zwischen den Gruppenmitgliedern ist einer der wichtigsten Wege, um Motivationsverluste zu reduzieren. Sie lässt sich durch verschiedene Mittel umsetzen, etwa, indem gemeinsame Ziele gesetzt werden (wie im Beispiel des Sports), Ressourcen voneinander abhängig gemacht werden (wenn beispielsweise Schüler unterschiedliche Informationen erhalten, die nur kombiniert zur Lösung der Aufgabe führen), oder wenn interdependente Aufgaben verteilt werden (wenn zum Beispiel arbeitsteilig vorgegangen wird und die Lösung nur durch eine Kombination der Arbeitsschritte möglich ist).

Kompatible Ziele

Individuelle Verantwortlichkeit

Individuelle
Verantwortlichkeit

Effekte wie das Trittbrettfahren oder das soziale Faulenzen treten vor allem dann auf, wenn Personen das Gefühl haben, dass ihr eigener Beitrag für sie selbst oder die Gruppe ohne Konsequenzen bleibt. Dies kann verhindert werden, indem die individuelle Verantwortlichkeit jedes einzelnen Gruppenmitglieds sichergestellt wird. Dies bedeutet, dass Gruppenarbeit so gestaltet ist, dass die individuellen Leistungen eines jeden Gruppenmitglieds erkennbar sind, und zwar für die einzelne Person *und* die anderen Gruppenmitglieder, so dass deutlich wird, wer was zum Gruppenergebnis beigetragen hat. Diese individuelle Verantwortlichkeit ist eines der wichtigsten Prinzipien effektiver Gruppenarbeit. Wege, um sie sicher zu stellen, sind unter anderem die Aufteilung der Gruppenarbeit in einzelne Teilaufgaben, die Verwendung individueller Leistungstests, die zusätzlich zu einem Gruppenwert zusammengefasst werden können, das Herausgreifen einzelner Schüler in der Gruppenarbeit mit der Bitte den aktuellen Arbeitsstand zusammenzufassen, kleine Gruppengrößen oder die Beobachtung der Arbeitsgruppe mit besonderem Fokus auf die individuellen Beiträge.

5.3.3 Kooperative Lernmethoden

Die eben beschriebenen Grundprinzipien sind der Schlüssel zu effektiver Gruppenarbeit. Wenn Sie nun noch einmal zur Reflexionsübung in Abschnitt 5.3.1 zurückgehen und Ihre Vorbehalte gegenüber Gruppenarbeit nochmals lesen, werden Sie vermutlich merken, dass es genau die Verletzung dieser Grundprinzipien war, die dazu geführt hat, dass die von Ihnen erlebte Gruppenarbeit oft wenig befriedigend war. In den letzten Jahren wurde daher unter Nutzung dieser psychologischen Erkenntnisse eine Reihe von Methoden entwickelt, die darauf abzielen, die Prinzipien effektiver Gruppenarbeit für das Lernen in der Schule praktisch umzusetzen.

Kooperative Lernformen sind Instruktionsformen, bei denen Kleingruppen zur Erreichung eines gemeinsamen Ziels zusammenarbeiten. Ein zentrales Merkmal aller Formen kooperativen Lernen ist dabei die Strukturierung der Gruppenarbeit nach den oben genannten Prinzipien. Dies geschieht durch den Einsatz bestimmter Arbeitsaufträge, die Zuteilung von Rollen oder bestimmte Belohnungssysteme. Es gibt mittlerweile eine Vielzahl an unterschiedlichen kooperativen Methoden, die sich dieser Mittel bedienen. Tabelle 10 liefert eine Übersicht über einige bekannte Methoden (orientiert nach Borsch, 2010). Wer sich hier weiter kundig machen möchte, dem sei das Buch von Borsch (2010) empfohlen, das eine sehr gut lesbare und praxisnahe Einführung in kooperative Lernmethoden bietet.

Name	Erfinder(in)	Was passiert?
Gruppenpuzzle	Aronson, Blaney, Stephin, Sikes & Snapp, 1978	Die Lernenden wechseln zwischen Stamm- und Expertengruppen. Nach einer Einführungsphase in der Stammgruppe behandeln Experten aus unterschiedlichen Stammgruppen jeweils einen Teilaspekt des Lernthemas vertieft in Expertengruppen. Diese Erkenntnisse werden dann wieder in die Stammgruppen getragen. Es folgt eine individuelle Wissensprüfung.
Gruppenrallye (Student Teams-Achievement Divisions, STAD)	Slavin, 1994	Die Lernenden bearbeiten parallel in mehreren Gruppen das gleiche Lernmaterial. Die Gruppenarbeit schließt mit einem individuellen Wissenstest, die Gruppe mit dem höchsten durchschnittlichen Testwert erhält einen Preis.
Gruppenturnier	DeVries & Slavin, 1978	Die Lernenden bearbeiten parallel in mehreren leistungsheterogenen Gruppen das gleiche Lernmaterial. Anschließend treten einzelne Lernende aus den verschiedenen Gruppen in einem Wettbewerb gegeneinander an, dabei wird der Leistungsstand homogen gehalten. Die Gruppe mit den meisten Siegen erhält eine Gruppenbelohnung.
Gruppenrecherche	Sharan & Sharan, 1992	Lernende arbeiten in Gruppen und erhalten in den Gruppen einen Arbeitsauftrag, der meist die Erarbeitung eines Sachverhalts oder eine Problemlösung betrifft. Der Arbeitsauftrag wird in Teilprojekte aufgeteilt, die die Gruppenmitglieder individuell verfolgen. Die Teilaufgaben werden dann zu einem Gesamtergebnis zusammengefügt und es folgt eine Präsentationsphase, in der alle Gruppen sich gegenseitig ihr Produkt vorstellen. Diese Präsentationen werden gemeinsam bewertet.
Konstruktive Kontroverse	Johnson & Johnson, 1999	Ein kontroverses Thema wird zunächst gemeinsam in der Gesamtgruppe in Teilaspekte strukturiert. Anschließend werden innerhalb von Vierer-Gruppen Zweier-Gruppen gebildet, die dann getrennt voneinander Pro- und Kontra-Argumente erarbeiten. Dann tragen beide Seiten innerhalb der Gruppe ihre Argumente vor und es folgt eine Gruppendiskussion. Anschließend werden die Positionen gewechselt und das Vorgehen wiederholt. Die Gruppenarbeit schließt mit der Erarbeitung eines gemeinsamen Standpunkts, der dann der Gesamtgruppe präsentiert wird.

Tabelle 10 | Übersicht über einige gut bekannte kooperative Lernmethoden

Allen in Tabelle 10 beispielhaft gezeigten kooperativen Methoden ist gemeinsam, dass sie den bekannten Problemen der Gruppenarbeit dadurch begegnen, dass sie echte Gruppenaufgaben verwenden und die Aufgaben und Interaktionen so strukturiert sind, dass individuelle Verantwortlichkeit und positive Interdependenz gegeben sind. So wird zum Beispiel im Gruppenpuzzle die positive Interdependenz durch die Spezialisierung in den Expertengruppen gewährleistet, da nur durch die Beiträge aller Gruppenmitglieder ein Gesamtbild des Themas vermittelt werden kann. Die Gruppenbelohnungen in der Gruppenrallye und dem Gruppenturnier stellen positive Interdependenz durch die Gruppenbelohnung her. Individuelle Verantwortlichkeit wird in einigen Formen (z. B. Gruppenrallye, Gruppenpuzzle) durch individuelle Wissenstests oder die Aufteilung in klar abgrenzbare Aufgaben (z. B. bei der Gruppenrecherche) gewährleistet. Besonders frappierend ist die individuelle Verantwortlichkeit im Gruppenturnier, bei dem jedes einzelne Gruppenmitglied einzeln für sein Team Punkte erkämpfen kann.

Effektivität   Kooperative Lernformen gehören zu den am besten erforschten Unterrichtsmethoden. Über viele Hunderte von Studien hinweg, die Kooperatives Lernen in unterschiedlichen Altersgruppen (vom Kindergarten bis zur Universität) und Fächern untersucht haben, zeigt sich übereinstimmend die hohe Effektivität der Methode. Dabei lassen sich nicht nur hohe Lernfortschritte bei den Schülerinnen und Schülern beobachten, sondern auch positive Effekte auf die Motivation und Einstellungen sowie auf die sozialen Beziehungen in der Klasse (Cohen, 1994; Johnson & Johnson, 1995; Johnson, Johnson & Smith, 1995; Slavin, 1996; Springer, Stanne, & Donovan, 1999). Wichtig ist jedoch, dass die Methoden tatsächlich so umgesetzt werden, dass sie wirklich die genannten Prinzipien effektiver Gruppenarbeit verkörpern. Die empirische Studie zum Einsatz von kooperativen Lernformen in niederländischen Grundschulen auf Seite 66 f. zeigt, dass es in der Praxis leider sehr oft der Fall ist, dass sich Lehrkräfte – aus verschiedenen Gründen – zwar zunächst kooperativer Lernformen bedienen, aber dann eigene Abwandlungen von den Methoden umsetzen, die häufig genau die Prinzipien der individuellen Verantwortlichkeit und positiven Interdependenz verletzen. Auch dies ist wieder ein Beispiel dafür, dass aus Sichtstrukturen nicht automatisch auf Tiefenstrukturen geschlossen werden kann.

5.4 Individualisiertes Lernen: Problemorientierte Unterrichtsmethoden

5.4.1 Die Aufgabe selbst leitet die Lernenden

Ein weitere Gruppe von Methoden lässt sich unter dem Begriff „Offene Methoden" zusammenfassen: Die pädagogische Leitlinie, die diese Methoden teilen, ist die Annahme, dass Lernen besonders dann hochwertig ist, wenn es von den Lernenden von sich aus initiiert und gesteuert wird, und dass bei geeignetem Aufgabenmaterial nur wenig Eingriff und Steuerung durch die Lehrkraft nötig ist, um die Lern- und Entwicklungsprozesse der Schülerinnen und Schüler zu unterstützen. Theoretisch lassen sich die an dieser Annahme orientierten Methoden größtenteils auf Ansätze der Reformpädagogik wie beispielsweise von Maria Montessori, Célestin Freinet oder John Dewey zurückführen, die die Selbstständigkeit und Selbsttätigkeit der Lernenden als ein wichtiges Ziel von Unterricht hervorheben. Leitlinien wie „Hilf mir, es selbst zu tun" oder „Learning by Doing" sind pädagogische Imperative geworden, die ein solches Unterrichtsideal umschreiben. Eine theoretische Nähe lässt sich auch zu den in Kapitel 2 beschriebenen sozialkonstruktivistischen Lerntheorien festmachen, da auch hier die Eigeninitiative und Selbstständigkeit der Lernprozesse hervorgehoben werden. Ein Grundprinzip, das allen Formen offenen Unterrichts zugrunde liegt, ist die Annahme, dass Schülerinnen und Schüler dann bereit sind, sich mit – durchaus auch komplexen und anspruchsvollen – Lerninhalten auseinanderzusetzen, wenn das Aufgabenmaterial ansprechend, zum Beispiel lebensnah und authentisch, ist. Dann seien Lernende intrinsisch motiviert und würden sich selbstständig und in hoher Qualität mit den Lerninhalten auseinander setzen.

Authentische Aufgaben

Im Folgenden werden wir zunächst Formen des offenen Unterrichts vorstellen, um dann zu diskutieren, welche Effekte für offene Unterrichtsmethoden empirisch nachzuweisen sind und welche Herausforderungen die Durchführung dieser Methoden aus psychologischer Sicht mit sich bringt.

5.4.2 Formen des offenen Unterrichts

Als direkte Folge der reformpädagogischen Ansätze entstand der so genannte „offene Unterricht", der in seiner prototypischen Form den folgenden Grundprinzipien folgt (Thibadeau, 2001): Lernen findet in einem offenen Klassenraum mit verschiedenen funktionalen Einheiten statt, in dem die Lernenden reichhaltiges Anregungsmaterial finden. Die Lernenden führen verschiedene Lernaktivitäten durch, um bestimmte, jeweils individuell mit den Lehrkräften vereinbarte, Lernziele zu erreichen. Der zeitliche Ablauf ist in einzelne Einheiten eingeteilt, in denen Einzel- oder individuelle Lehrer-Schüler-Arbeit stattfindet. Offener Unterricht in seiner Reinform findet in der Regel in Schulen mit explizitem Reformansatz statt, bei denen oft auch der Schulalltag insgesamt in innovativen Organisationsformen strukturiert ist. Doch auch in regulären Klassenzimmern haben Unterrichtsmethoden, die auf Basis der reformpädagogischen Ideen entwickelt wurden, wie etwa das entdeckende Lernen oder die Projektarbeit, längst Einzug gehalten.

Entdeckendes Lernen

Die Methode des entdeckenden Lernens (*Discovery Learning*) geht unter anderem auf die Arbeiten des Psychologen Jerome Bruner (1961) zurück, der eine Theorie des Lernens bei Kindern aufstellte und dabei betonte, dass Kinder in der Lage sind, auch komplexe Konzepte zu verstehen, solange das Lernmaterial in angemessener Weise strukturiert ist. Formen des entdeckenden Lernens haben vor allem im naturwissenschaftlichen und mathematischen Unterricht Anwendung gefunden (z.B. Winter & Wittmann, 1989). Unterricht, der nach der Methode des entdeckenden Lernens organisiert ist, ist typischerweise in drei Phasen unterteilt. In der ersten Phase, der *Konfrontation*, erhalten die Schülerinnen und Schüler eine Problemstellung, die es zu bearbeiten gilt. Dabei handelt es sich in der Regel um ein „echtes" Problem, das also alltagsnah ist, aus der Lebenswelt der Schülerinnen und Schüler stammt und sie zu eigenen Fragen anregen soll (Hameyer & Rößer, 2011). Die Problemstellung kann den Lernenden auf verschiedene Weise nahe gebracht werden, zum Beispiel durch ein Unterrichtsgespräch oder durch Arbeitsblätter.

In der zweiten Phase, der *Entdeckung* (Exploration), arbeiten die Schülerinnen und Schüler entweder individuell oder in Partner- oder Gruppenarbeit daran, die aufgeworfenen Fragen zu beantworten. Hierzu werden ihnen Materialien zur Verfügung gestellt, die es zu erkunden und analysieren gilt. Diese Erkundung kann völlig frei sein oder durch Hilfestellungen wie etwa Arbeitsblätter oder dem Gespräch mit der Lehrkraft strukturiert werden. Die Methode schließt meist mit der dritten Phase, der *Präsentation*, in der die Lernenden sich ihre Lösungen gegenseitig präsentieren und sie diskutieren. Im folgenden Exkurs finden Sie ein Beispiel für eine Unterrichtseinheit, die nach den Prinzipien des entdeckenden Lernens gestaltet wurde.

Ein Beispiel für entdeckendes Lernen:
Die Abenteuer des Jasper Woodbury

Eine bekannte Unterrichtseinheit, die entdeckendes Lernen umsetzt und sich dabei an den Prinzipien soziokonstruktivistischer Lerntheorien orientiert, ist die Lernumwelt „The Adventures of Jasper Woodbury" (auch bekannt als „Jasper Series"), die von Mitarbeitern der *Cognition and Technology Group* an der Vanderbilt University entwickelt wurden. Es handelt sich dabei um Unterrichtsmaterial zu den Themen Geometrie, Algebra und Statistik (5.–6. Schuljahr), das aus zwölf Videos mit Abenteuergeschichten rund um die Person Jasper Woodbury besteht. Jede dieser Geschichten führt zu einem Problem, das Jasper lösen muss – zur Lösung des Problems sind verschiedene mathematische Strategien und Problemlösungen notwendig, die ebenfalls in den Geschichten eingeführt werden. Aufgabe der bearbeitenden Schülerinnen und Schüler ist es nun, unter Nutzung des Materials, eine Lösung für das Problem zu entwickeln; hierzu wird in Kleingruppen gearbeitet.

Beispiel „Working Smart" (Zusammenfassung des Videos):

Emily berichtet Jasper und Larry von dem Wettbewerb einer Reiseagentur, bei dem Jugendliche ausgewählt werden sollen, die besonders gut für das Reise-Geschäft geeignet sind – Gewinn ist eine Reise!

Die drei Freunde beschließen, am Wettbewerb teilzunehmen, und versuchen möglichst viele geografische Fakten auswendig zu lernen. In der ersten Wettbewerbsrunde scheitern sie, da sich die Aufgaben des Reise-Quiz nur mit Fragen nach Reisezeit, Benzinkosten und Reiseeffizienz beschäftigen. Nach dieser ersten Enttäuschung zeigt ihnen Larrys Großvater, wie man mit einer bestimmten Art von Grafiken Statistiken anfertigen und auswerten kann. Mithilfe dieser Grafik kann man zum Beispiel bestimmen, mit welchem Transportmittel eine Reise wie lange dauert. Die Kinder sammeln nun Daten, um eine Grafik zu erstellen und damit in der zweiten Wettbewerbsrunde viele Punkte zu sammeln.

Der nun zu bearbeitende Arbeitsauftrag lautet, anhand der vorgegebenen Daten selbst eine Grafik zu erstellen, die es den Kindern ermöglichen wird, den Wettbewerb zu gewinnen.

Die Jasper-Serie ist ein Beispiel dafür, wie mithilfe der Methode des entdeckenden Lernens zentrale Prinzipien soziokonstruktivistischer Lerntheorien umgesetzt werden können. Die Schülerinnen und Schüler bearbeiten ein komplexes übergeordnetes Problem, für deren Gesamtlösung die in sich verknüpften Teilprobleme zunächst bearbeitet werden müssen. Hierzu genügt es nicht, einfach Informationen wiederzugeben, sondern es werden Gelegenheiten geschaffen, die die Lernenden anregen, sich mit ihren eigenen Vorstellungen auseinanderzusetzen. Zur Aufgabenlösung muss bereits vorhandenes Wissen wiederholt genutzt werden, um die neuen Probleme anzugehen. Anregungen hierfür werden durch den erwachsenen Jasper gegeben, der in diesem Kontext als *„knowledgeable other"* fungiert und die Lernenden anregt, Lösungen in der Zone ihrer nächsten Entwicklung zu konstruieren. Die Problemlösung selbst findet durch Diskussion innerhalb der Kleingruppen statt, sodass alle Schülerinnen und Schüler zur Problemlösung beitragen. Durch die Einbettung der Geschichten in eine bedeutungsvolle Ankersituation werden die mathematischen Inhalte in einen für die Kinder lebensnahen Kontext gestellt, der die aktive Auseinandersetzung mit dem Thema anregt.

Die Jasper-Serie wurde von Psychologen explizit als eine praktische Anwendung soziokonstruktivistischer Prinzipien für den Unterricht entwickelt. Das Programm wurde in vielen – zum Teil experimentellen – Studien evaluiert. Diese Studien zeigen, dass Schülerinnen und Schüler, die mit dem Jasper-Material arbeiten, die zu vermittelnden mathematischen Inhalte besser lernten und tiefer verstanden sowie erfolgreichere Problemlösestrategien entwickelten als Kinder mit Regelunterricht zum gleichen Thema. Darüber hinaus zeigten sich günstige Effekte auf motivationale Merkmale wie zum Beispiel Einstellungen zu Mathematik, Interesse und Selbstsicherheit (Hickey, Moore & Pellegrino, 2001).
Informationen zur Jasper-Serie:
http://jasper.vueinnovations.com/ und Cognition and Technology Group at Vanderbilt, 1992; Hickey, et al., 2001

Stationenarbeit

Die Stationenarbeit ist auch unter dem Namen „Lernzirkel" bekannt. Neben frühen pädagogischen Arbeiten – zum Beispiel von Freinet (1998, 2000) – stand bei der Entwicklung dieser Methode auch das aus dem Sport bekannte Zirkeltraining Pate. Bei der Stationenarbeit als Unterrichtsmethode unterteilen die Lehrenden die Lerninhalte in einzelne thematische Pakete. Diese thematischen Pakete beinhalten Arbeitsmaterialien, Anschauungsmaterial oder Teilaufträge, die in Form einzelner „Stationen" örtlich verteilt im Klassenzimmer arrangiert werden. Bei der Auswahl der Materialien sollen möglichst viele verschiedene Repräsentationen verwendet werden, sodass die Lernenden auch die Möglichkeit haben, das Material aktiv zu nutzen. Die Stationen stehen allen Schülerinnen und Schülern zeitgleich zur Verfügung, die selbstständig von Station zu Station wechseln können und so die einzelnen Teilinhalte je nach individuellem Interesse in eigener Reihenfolge und Zeiteinteilung bearbeiten können. Stationenarbeit folgt in der Regel vier Phasen, die in Abbildung 13 dargestellt sind.

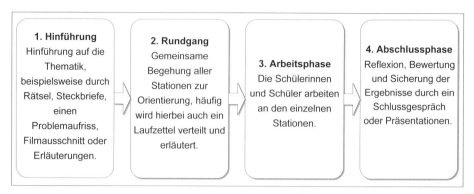

Abbildung 13 | Phasen der Stationenarbeit

5.4.3 Effekte und Herausforderungen offener Unterrichtsmethoden

Mit offenen Unterrichtsmethoden erhoffen sich viele Lehrkräfte, die Selbstständigkeit und Selbsttätigkeit der Schülerinnen und Schüler zu unterstützen. Es liegt nahe, dass die Verwendung authentischer, lebensnaher Probleme und vor allem die Freiheit bei der Aufgabenbearbeitung ein besonderes Motivierungspotenzial für die Lernenden eröffnet. Gleichzeitig erscheint die Autonomie, die den Lernenden in den offenen Methoden zugebilligt wird, eine Antwort auf die Kritik an den eher direktiven Methoden zu sein. Offene Methoden, so die Erwartung, sollten eigenständiges Denken und Problemlösefähigkeiten besser fördern und dazu führen, dass Schülerinnen und Schüler sich stärker aktiv und reflektiert mit Themen auseinander setzen als es im klassischen lehrerzentrierten Unterricht möglich ist.

Effektivität   Leider zeigt der Blick in die Forschungsergebnisse, dass offene Methoden in vielen Fällen diese Ziele nicht erreichen. Zwar sind die offenen Unterrichtsmethoden noch längst nicht so gut erforscht wie die oben beschriebenen kooperativen Lernformen, doch zeigen mehrere Einzelstudien sowie übergreifende Metaanalysen (d.h. Studien, in denen die Ergebnisse mehrerer Einzelstudien statistisch zusammengefasst werden) gemischte Resultate (Giaconia & Hedges, 1982; Hattie, 2009; Kirschner, Sweller & Clark, 2006; Lipowsky, 2002; Mayer, 2004a). So zeigen zwar einige Studien erstens, dass Schülerinnen und Schüler, die mit offenen Methoden unterrichtet wurden, im Vergleich zu Lernenden in konventionellen Lernumgebungen höheres Interesse oder mehr Lernfreude aufweisen; doch sind diese Effekte häufig nur klein bis mittelgroß und auch nicht durchgängig in allen Studien zu beobachten. Zweitens lassen sich nur selten Vorteile nachweisen, wenn es um kognitive Lernziele geht, und zwar sowohl in Bezug auf die Vermittlung fachlicher Lerninhalte als auch generelle Problemlösekompetenz.

Diese Ergebnisse sind seit Jahren Anlass für eine Diskussion zwischen Lehr-Lernforscherinnen und -forschern unterschiedlicher theoretischer Richtungen und haben dazu geführt, dass der Nutzen offener Lernformen grundsätzlich in Frage gestellt worden ist (Kirschner et al., 2006; Mayer, 2004a). Wie auch bei den bereits zuvor beschriebenen Unterrichtsmethoden scheint es jedoch bei den offenen Methoden vor allem darauf anzukommen, *wie* sie umgesetzt und ob dabei grundlegende Prinzipien menschlichen Lernens und der Motivationsentwicklung berücksichtigt werden.

So ist ein entscheidender Schlüssel zum Gelingen offener Unterrichtsmethoden der Grad der Strukturierung, die die Lernenden in der Lernsituation vorfinden. Aufbauend auf der Grundprämisse offener Lernformen, dass die Offenheit der Unterrichtssituation die Autonomie der Lernenden verstärke, die dann wiederum die intrinsische Motivation und Lernbereitschaft erhöhe, wird in offenen Unterrichtsmethoden oft versucht, den Lernenden so viele Freiheiten wie möglich zu gewähren, und zwar in Bezug auf die Lernziele, die Wahl der Arbeitsmaterialien, den zeitlichen Verlauf und die Reihenfolge der Arbeiten. Für Lernende mit wenig Vorwissen kann sich das aber ungünstig auswirken, da sie vor der Aufgabe stehen, aus einer Vielzahl von Lernangeboten, deren Bedeutung ihnen nicht offensichtlich ist, die „richtigen" zu wählen. Auch kann die Offenheit bei der Durchführung von Aufgaben zum Problem werden, wenn wenig Rückmeldung über die Angemessenheit der Lösungsversuche erfolgt – die vermeintliche „Freiheit" kann dann schnell zu einer Überforderung werden und somit de-motivierend wirken. Sehr anschaulich wurde diese „Gefahr" in einem Unterrichtsexperiment demonstriert, das Hardy und Kolleginnen in einer Grundschule durchführten, wie es in dem Exkurs auf den folgenden Seiten beschrieben ist (Hardy, Jonen, Möller & Stern, 2006). Zu große Offenheit, in der

Strukturierung

nur wenige Strukturierungshilfen gegeben werden, kann daher vor allem für Lernende mit geringen Vorkenntnissen eine schwierige Lernsituation darstellen.

Ein zweiter Punkt, der bei der Bewertung und Durchführung offener Methoden zu beachten ist, ist der Unterschied zwischen einer Verhaltensaktivität und einer kognitiven Aktivität (Mayer, 2004a). Der berühmte Begriff des „Learning by Doing" impliziert, dass Handlungen direkt zu Lernergebnissen führen. Aufbauend auf dieser Annahme legen offene Methoden besonderen Wert darauf, den Lernenden viel Raum für eigene Verhaltensaktivitäten zu lassen. Tatsächlich können aber Handlungen, die nicht direkt mit dem Lernstoff zu tun haben, von den eigentlichen Lerninhalten ablenken. Stellen Sie sich vor, Sie wollen mit Grundschülern eine Einheit über „Gesunde Ernährung" machen und die Kinder sollen in Zeitschriften Beispiele dafür suchen. Während manche Kinder sich möglicherweise mit Begeisterung auf die Aufgabe stürzen, haben andere Kinder vielleicht mehr Interesse daran, in den Zeitschriften sachfremde Bilder anzusehen oder für sie interessantere Texte zu lesen. Für eine weitere Gruppe an Kindern ist möglicherweise die Tätigkeit des Ausschneidens motorisch noch zu herausfordernd, sodass sie sich stark auf diese Tätigkeit konzentrieren und sich kaum dem Lerngegenstand zuwenden. Dieses kleine Beispiel soll verdeutlichen, dass es bei der Gestaltung von offenen Unterrichtsmethoden genauso wie bei anderen Methoden wichtig ist, die Begrenztheit der Lernenden – in kognitiver und motivationaler Hinsicht – zu beachten und für angemessene Struktur und Unterstützung zu sorgen.

Verhaltensaktivität vs. mentale Aktivität

Wie viel Strukturierung brauchen Kinder beim Lernen? Ein Unterrichtsexperiment

Ein interessantes Unterrichtsexperiment wurde von Forscherinnen der Universität Münster und des Max-Planck-Instituts für Bildungsforschung durchgeführt (Blumberg, Möller, Jonen & Hardy, 2003; Hardy, Jonen, Möller & Stern, 2006). Dabei ging es um die Frage, wie wichtig eine mehr oder weniger starke Strukturierung in einer offenen Lernsituation sein kann. Die Studie wurde mit 161 Grundschulkindern (acht Schulklassen) im Sachunterricht durchgeführt. Im Rahmen des Unterrichts nahmen alle Klassen an zwei jeweils achtstündigen

Unterrichtseinheiten zum Thema „Schwimmen und Sinken" teil, bei der im Sinne offener Unterrichtsmethoden anregende Unterrichtsmaterialien zur Verfügung standen. Die Kinder konnten in vorstrukturierten Lernexperimenten zahlreiche Gegenstände in Wasserbecken fallen lassen, konnten Arbeitsblätter bearbeiten und gingen sogar an einem Tag ins Schwimmbad um das Schwimm- und Sinkverhalten eines Baumstammes (und ihres eigenen Körpers!) zu untersuchen. Die Ergebnisse wurden mit allen Schülerinnen und Schülern diskutiert. Alle Klassen wurden während des Versuchszeitraumen jeweils von der gleichen Lehrerin mit den gleichen Materialien unterrichtet. Die experimentelle Manipulation bestand nun darin, dass zwei Formen des Unterrichts umgesetzt wurden, die sich darin unterschieden, wie stark die Lehrerin den Unterricht strukturierte. In der Hälfte der Klassen wurde die typische Form des offenen Unterricht umgesetzt, bei dem die Schülerinnen und Schüler alle Materialien nach freier Zeiteinteilung frei wählen konnten und in den Diskussionen ohne stärkere Einwirkung der Lehrkraft die Ergebnisse untereinander besprachen. In der anderen Hälfte der Klassen wurde die Unterrichtseinheit von der Lehrerin vorstrukturiert, indem sie festlegte, wann welche Materialien bearbeitet wurden, und bei den Klassendiskussionen das Gespräch aktiv leitete. Vor und nach der Unterrichtseinheit bearbeiteten die Kinder Wissenstests und Motivationsfragebögen. Zwei Klassen aus derselben Schule, die regulären Unterricht erlebten, dienten als Kontrollgruppe und bearbeiteten ebenfalls diese Instrumente. Ein weiterer Test fand ein Jahr nach dem Experiment statt.

Im Ergebnis zeigte sich zunächst ein deutlicher Vorteil der beiden Experimentalgruppen, die nach der Unterrichtseinheit im Vergleich zur Kontrollgruppe deutlich mehr konzeptuelles Wissen aufwiesen. Nach einem Jahr zeigte sich jedoch das interessante Ergebnis, dass nur die Kinder in der hochstrukturierten Gruppe ein deutlich besseres Verständnis aufwiesen als die beiden anderen Gruppen. Doch wie sah es mit Effekten auf die Motivation (z. B. Interesse, Selbstkonzept, erlebte Selbstbestimmung) der Kinder aus? Interessanterweise fanden sich kaum Unterschiede zwischen den beiden Experimentalgruppen – und wenn, dann wiesen die Kinder in der hoch strukturierten Lernumgebung höhere Werte auf.

Dieses Experiment verdeutlicht, dass Lernsituationen, die mit authentischen Aufgaben und hohen Freiheitsgraden seitens der Lernenden arbeiten, durchaus positive Effekte sowohl auf Motivation als auch Leistung haben können. Allerdings werden diese Effekte nur erreicht, wenn den Lernenden entweder durch das Arbeitsmaterial oder durch die Lehrkraft Unterstützung gegeben wird, die ihnen hilft zu verstehen, auf welche Aspekte es besonders ankommt.

Zusammenfassung

Welche Unterrichtsmethode ist die beste?
Wir haben in diesem Kapitel vielfältige Unterrichtsmethoden kennen gelernt und die theoretischen Hintergründe sowie empirisch nachweisbare Effekte diskutiert. Es sollte klar geworden sein, dass keine Methode per se besser als eine andere ist, sondern dass Methoden bedacht und je nach Lernziel passend eingesetzt werden sollten. Die Einführung in ein Thema verlangt nach einer anderen Vorgehensweise als eine Übung, bei der Inhalte gefestigt werden sollen oder die Vorbereitung von Transfer, und je nachdem, ob kognitive oder motivationale Ziele erreicht werden sollen, kann die eine oder andere Methode vorteilhafter sein. Weiterhin sind auch die Voraussetzungen auf Seiten der Lernenden zu beachten; wie wir gesehen haben, scheinen manche Methoden eher ungünstig für Lernende mit geringen Vorkenntnissen zu sein. Aus diesem Grund gilt die Methodenvielfalt in der empirischen Unterrichtsforschung und unter erfahrenen Praktikern als ein zentraler Aspekt „guten Unterrichts".
Die Wichtigkeit der Methodenvielfalt ist jedoch nicht das einzige Fazit, das zu ziehen ist. Wie eingangs erläutert handelt es sich bei den Methoden um Sichtstrukturen des Unterrichts, also um das generelle „Setting", um Lernen im Klassenunterricht zu ermöglichen. Wie wir gesehen haben, verfügen alle vorgestellten Methoden über das Potenzial, Schülerinnen und Schülern ein Angebot für erfolgreiche Lernprozesse zu machen. Doch die Entscheidung für eine bestimmte Methode allein bestimmt nicht darüber, wie gut Schülerinnen und Schüler dieses Angebot wirklich nutzen können. Wie beispielsweise die Abschnitte über problematische Gruppenarbeit oder zu den offenen Methoden gezeigt haben, kommt es besonders darauf an, wie diese Methoden umgesetzt werden und ob die Tiefenstrukturen so gestaltet sind, dass sie die Lern- und Entwicklungspro-

zesse der Lernenden tatsächlich unterstützen. Kompetente Lehrkräfte kennen also nicht nur viele unterschiedliche Methoden mit ihren Vor- und Nachteilen, sondern setzen sie auch auf angemessene Weise ein und achten darauf, dass grundlegende Qualitätsprinzipien dabei eingehalten werden. Wir hoffen, dass wir Ihnen mit diesem Kapitel ein grundlegendes Verständnis dafür vermitteln konnten.

Übrigens: Haben Sie die drei zu Beginn skizzierten Unterrichtsmethoden wieder erkannt? Sie wurden alle in diesem Kapitel beschrieben – welche waren es?

Bedingungen für qualitätvollen Unterricht: Die professionelle Kompetenz von Lehrkräften

6.1 Was macht eine „gute" Lehrkraft aus?

In den vergangenen Kapiteln haben wir uns damit beschäftigt, wie Unterricht so gestaltet werden kann, dass Schülerinnen und Schüler sich aktiv mit den Lerninhalten beschäftigen, was wiederum den nachhaltigen Wissensaufbau und günstige motivationale Entwicklungen fördert. Sie haben sicher viele Anhaltspunkte entdeckt, die bei der Unterrichtsplanung und -durchführung zu beachten sind. Folgt man dem eingangs vorgestellten Rahmenmodell, so haben sich die Kapitel 4 und 5 vor allem mit dem Unterrichtsangebot (also den Lerngelegenheiten, die Schülerinnen und Schüler vorfinden), der Nutzung dieses Angebots (also den Prozessen, mit denen die Lernenden die Lernsituation verarbeiten) und den Unterrichtswirkungen (also den Lernergebnissen seitens der Schüler) beschäftigt. Doch wie entsteht ein bestimmtes Unterrichtsangebot? Warum findet die Klasse 5a einen anderen Deutschunterricht vor als die Klasse 5b? Natürlich hängt dies in großem Maße von der Lehrkraft ab – also (zukünftig) von Ihnen!

Beginnen wir dieses Kapitel mit einem kleinen Lernangebot, das Sie hoffentlich kognitiv aktiviert. Überlegen Sie einmal: Was brauchen Sie, um einen qualitätvollen Unterricht zu machen? Denken Sie dabei einmal nicht an die Voraussetzungen, die die Schülerinnen und Schüler mitbringen, oder die situativen Gegebenheiten wie Materialien und Zeit oder die eher schwer veränderlichen Faktoren wie das Kollegium (hierzu werden wir im folgenden Kapitel 7 kommen), sondern ausschließlich an Sie als Lehrkraft persönlich. Welche Eigenschaften, Merkmale, Voraussetzungen müssen Sie mitbringen, um die in den vergangenen Kapiteln dargestellten Qualitätsmerkmale von Unterricht umzusetzen?

Wenn Sie wollen, können Sie dies hier aufschreiben:

In diesem Kapitel wird es genau um diese Voraussetzungen auf Seiten der Lehrkräfte gehen. Welche persönlichen Merkmale weisen Lehrkräfte auf, denen es gelingt, qualitätvoll zu unterrichten, und wie entwickeln sich diese Voraussetzungen im Laufe der Zeit? Wir werden beschreiben, was die psychologische Forschung über diese wichtigen Fragen in Erfahrung bringen konnte. Dabei gehen wir zunächst auf den Begriff der „professionellen Kompetenz" ein, der Ihnen sicher auch schon öfter begegnet ist, und erläutern, was sich dahinter verbirgt (Abschnitt 6.2). Darauf folgend gehen wir auf einzelne Aspekte professioneller Kompetenz genauer ein, nämlich das professionelle Wissen (Abschnitt 6.3.1), professionelle Überzeugungen (Abschnitt 6.3.2), Motivation (Abschnitt 6.3.3) und Selbstregulation (Abschnitt 6.3.4).

Wie Sie sich vorstellen können, ist die Kompetenz von Lehrkräften ein umfangreiches Thema, das kaum in wenigen Sätzen zusammenzufassen ist. Wir können im Rahmen dieses Buches nur zentrale Erkenntnisse zur professionellen Entwicklung von Lehrkräften referieren. Wer sich umfassender informieren möchte, dem seien unter anderem die Aufsätze von Bromme (1997), Kunter & Pohlmann (2009) sowie die Herausgeberwerke von Terhart, Bennewitz, & Rothland (2011) und Zlatkin-Troitschanskaia, Beck, Sembill, Nickolaus & Mulder (2009) empfohlen.

6.2 Professionelle Kompetenz als Grundstein für qualitätvollen Unterricht

Die Diskussion darüber, was eine erfolgreiche Lehrkraft ausmacht, hat eine lange Geschichte in der Pädagogik und Psychologie. Vor mehr als 150 Jahren schrieb der Pädagoge Adolph Diesterweg in seinem „Wegweiser zur Bildung für deutsche Lehrer", Lehrer müssten „die Gesundheit und Kraft eines Germanen, den Scharfsinn eines Lessing, das Gemüt eines Hebel, die Begeisterung eines Pestalozzi, die Klarheit eines Tillich, die Beredsamkeit eines Salzmann, die Kenntnisse eines Leibniz, die Weisheit eines Sokrates und die Liebe Jesu Christi" besitzen, um ihre Aufgabe bewältigen zu können (Diesterweg, 1957/1851, S. 11). Bekannt geworden ist auch der von Eduard Spranger geprägte Begriff des „geborenen Erziehers", der – wie Spranger schreibt – „ein ursprüngliches Organ für die Bahnen, in denen der durch ihn hin-

Geborene Erzieher?

durchwirkende Geist weht" besitzen sollte (Spranger, 1958, S. 56f). Falls Ihnen angesichts dieser hehren Ansprüche etwas mulmig wird und Sie Ihre Berufswahl in Zweifel ziehen – tun Sie es nicht. Heute wissen wir mehr – auch dank zahlreicher empirischer Studien. Die pädagogische und psychologische Forschung hat gezeigt, dass nicht nur einige auserwählte exzeptionelle Persönlichkeiten in der Lage sind, Kinder und Jugendliche erfolgreich zu unterrichten, sondern dass die Fähigkeit, Unterricht qualitätvoll zu gestalten, zu einem großem Teil das Ergebnis eines professionellen Lern- und Entwicklungsprozesses ist, der mit dem Studium beginnt und sich über den gesamten Berufsverlauf hinweg fortsetzt. Unterrichten und den Umgang mit Schülerinnen und Schülern kann man lernen – und Erkenntnisse aus der Praxis sowie die empirische Forschung geben uns wertvolle Hinweise darauf, auf welche Voraussetzungen es besonders ankommt.

Um die Voraussetzungen, die Lehrkräfte zur erfolgreichen Unterrichtsgestaltung benötigen, zu beschreiben, wird in der neueren Diskussion häufig der Begriff der „professionellen Kompetenz" verwendet. Kompetenz beschreibt die persönlichen Voraussetzungen zur erfolgreichen Bewältigung spezifischer situationaler Anforderungen und ist prinzipiell erlern- und vermittelbar (Klieme & Leutner, 2006; Oser, Achtenhagen & Renold, 2006; Weinert, 2001). Der Begriff der „professionellen Kompetenz" bezieht sich demnach auf diejenigen Voraussetzungen, die zur Bewältigung spezieller *beruflicher* Aufgaben notwendig sind – im Falle von Lehrkräften also auf die Merkmale, die bestimmen, ob ein Lehrer oder eine Lehrerin in der Lage ist, Unterricht sinnvoll zu planen und durchzuführen. Dabei beschreibt „Kompetenz" sowohl die *Fähigkeit* als auch die *Bereitschaft* zu handeln (Connell, Sheridan & Gardner, 2003). Professionelle Kompetenz kann somit kognitive Aspekte wie Wissen oder Vorstellungen, aber auch motivationale und affektive Aspekte wie Ziele, Motive oder Gefühle umfassen. Man ist sich mittlerweile einig, dass die Fähigkeit und Bereitschaft, Unterricht gut und effektiv zu gestalten, aus einem Zusammenspiel dieser unterschiedlichen Aspekte entsteht (Baumert & Kunter, 2006; Bromme, 1997; Sternberg & Horvath, 1995). Die Förderung dieser Kompetenzaspekte ist Ziel der Lehrerbildung, wie in dem folgenden Exkurs „Standards für die Lehrerbildung" zu erkennen ist.

Professionelle Kompetenz

Standards für die Lehrerbildung

Die erste und die zweite Phase der Lehrerbildung (also Studium und Referendariat) legen zentrale Grundlagen für die Entwicklung professioneller Kompetenz. Viele Studien zeigen, dass die Menge und Qualität der Lerngelegenheiten, die sich Studierenden an den Hochschulen oder den Lehramtsanwärterinnen und -anwärtern im Vorbereitungsdienst bieten, entscheidend dafür sind, ob ein solcher Kompetenzaufbau gelingt (z. B. Blömeke et al., 2010; Brouwer & Korthagen, 2005; Kennedy, Ahn & Choi, 2008). Damit sich die Qualität der Lehrerbildung nicht allzu stark zwischen einzelnen Unversitäts- oder Seminarstandorten unterscheidet, hat die Kultusministerkonferenz in Deutschland so genannte „Standards für die Lehrerbildung" beschlossen. Diese Standards legen in einem Anforderungskatalog das Wissen und die Fähigkeiten fest, über die aus Sicht von Experten Studierende und Referendare jeweils am Ende ihrer jeweiligen Ausbildungsphase verfügen sollten (Terhart, 2002). Ausgehend von diesen Standards haben mittlerweile viele Universitäten und Studienseminare ihr Lehrangebot entsprechend angepasst.

Es liegen Standards für die Bildungswissenschaften (also dem fachunabhängigen Teil der Lehramtsausbildung), die Fachwissenschaften sowie Fachdidaktiken vor. In den Bildungswissenschaften werden beispielsweise die Bereiche *Unterrichten* (alles, was Unterrichtsplanung und -durchführung betrifft), *Erziehen* (Wertevermittlung, Umgang mit Konflikten), *Beurteilen* (Diagnose und Beratung) und *Innovieren* (Weiterbildung und Schulentwicklung) unterschieden. Für jeden dieser Bereiche werden einzelne Standards aufgeführt, die am Ende der jeweiligen Ausbildungsphase (Studium oder Vorbereitungsdienst) erreicht sein sollten. Die Standards für den Bereich Unterricht umfassen Kompetenzen in den folgenden Bereichen: Unterrichtsplanung und -durchführung (in unserer Terminologie speziell auf die Sichtstruktur bezogen), aktivierende und unterstützende Gestaltung von Lernsituationen (die Tiefenstrukturen) und Anregung zum selbstständigen Lernen. Die folgende Auflistung illustriert die unter Unterrichtsplanung und -durchführung festgelegten Standards, bezogen auf die Universitätsphase.

Überprüfen Sie doch einmal, inwieweit Sie selbst schon über diese Kenntnisse verfügen und inwieweit diese im Rahmen ihres Studiums Thema waren!

„**Kompetenz 1:**
Lehrerinnen und Lehrer planen Unterricht fach- und sachgerecht und führen ihn sachlich und fachlich korrekt durch.
Standards für die theoretischen Ausbildungsabschnitte
Die Absolventinnen und Absolventen...
- kennen die einschlägigen Bildungstheorien, verstehen bildungs- und erziehungstheoretische Ziele sowie die daraus abzuleitenden Standards und reflektieren diese kritisch.
- kennen allgemeine und fachbezogene Didaktiken und wissen, was bei der Planung von Unterrichtseinheiten beachtet werden muss.
- kennen unterschiedliche Unterrichtsmethoden und Aufgabenformen und wissen, wie man sie anforderungs- und situationsgerecht einsetzt.
- kennen Konzepte der Medienpädagogik und -psychologie und Möglichkeiten und Grenzen eines anforderungs- und situationsgerechten Einsatzes von Medien im Unterricht.
- kennen Verfahren für die Beurteilung von Lehrleistung und Unterrichtsqualität."
(Ständige Konferenz der Kultusminister der Länder in der Bundesrepublik Deutschland (KMK), 2004, S.7):

Mehr Informationen über die Standards für die Lehrerbildung finden Sie unter www.kmk.org/bildung-schule/allgemeine-bildung/lehrer/lehrerbildung.html

Ein theoretisches Modell zur Systematisierung dieser verschiedenen Aspekte wurde von Baumert und Kunter (2006) vorgestellt und ist seitdem vielfach aufgegriffen worden (siehe Abbildung 14). Das Modell geht davon aus, dass in einer bestimmten beruflichen Situation verschiedene Merkmale dafür verantwortlich sind, ob eine Lehrkraft diese Aufgabe angemessen bewältigen

6.2 Kompetenz als Grundstein für qualitätvollen Unterricht

Abbildung 14 | Aspekte der professionellen Kompetenz

kann. Diese Merkmale können professionelles Wissen, Überzeugungen, motivationale Orientierungen oder selbstregulative Fähigkeiten sein – und alle Aspekte bestimmen gemeinsam, wie sich eine Lehrkraft in ihrem Beruf verhält. Nehmen wir zum Beispiel folgende Situation: Eine Referendarin möchte eine Unterrichtsstunde im Fach Physik zur Einführung eines neuen Themas, zum Beispiel „Geschwindigkeit" planen. Damit dies gelingt, muss die Referendarin natürlich selbst etwas über die physikalischen Hintergründe kennen. Die Stundengestaltung wird ihr vermutlich auch leichter fallen, wenn sie vielleicht schon einmal eine ähnliche Stunde gehalten hat und somit bereits *Wissen* über mögliche methodische Zugänge aufgebaut hat. Wie genau sie ihre Stunde gestalten wird, hat jedoch nicht nur mit ihrem Wissen (und ihren Erfahrungen), sondern auch mit ihren *Überzeugungen* zu tun. Stellen wir uns vor, die Referendarin hat gerade das vorangegangene Kapitel zu Unterrichtsmethoden gelesen, war sehr interessiert an den kooperativen Lehrmethoden und ist überzeugt davon, dass dies ein viel versprechender Zugang ist, während sie Frontalunterricht eher ablehnt. Diese Überzeugung wird ihre Stundenplanung mit Sicherheit beeinflussen. Nehmen wir aber einmal an, unsere junge Lehrerin sieht beim Blick aus dem Fenster die Sonne scheinen und stellt fest, dass sie heute keine Lust hat, lange an der Unterrichtsplanung zu sitzen und lieber am Nachmittag noch etwas anderes machen möchte. Die Entwicklung einer Unterrichtseinheit mit neuen kooperativen Methoden erscheint ihr zu aufwändig und sie ist auch gleichzeitig unsicher, ob es ihr gelingen wird, all die wichtigen Bedingungen umzusetzen. Die aktuelle *Motivation* der Lehrkraft wird somit ihre Unterrichtsplanung entscheidend beeinflussen. Stellen wir uns weiterhin vor, dass die junge Referendarin gerade eine sehr harte Woche inklusive einer Lehrprobe hinter sich hat, in der sie bereits mehrmals bis tief in die Nacht durchgearbeitet hat. Sie fühlt sich erschöpft und ausgelaugt und kann beim besten Willen keine weiteren Kräfte mehr mobilisieren. Der Umgang mit den eigenen Ressourcen wird durch die Fähigkeit der beruflichen *Selbstregulation* gesteuert und auch dieser Aspekt kann das Handeln von Lehrkräften entscheidend beeinflussen. Wir sehen also, dass das professionelle Verhalten von Lehrerinnen und Lehrern durch diverse Kompetenzaspekte bestimmt wird. Im Folgenden werden wir auf diese Kompetenzaspekte genauer eingehen.

6.3 Die Aspekte der professionellen Kompetenz

In der Abbildung 14 sind die Kompetenzaspekte zunächst auf einer übergeordneten Ebene dargestellt. Hinter den abstrakten Begriffen Wissen, Überzeugungen, Motivation oder Selbstregulation verbergen sich einzelne psychologische Konstrukte, die in der Abbildung ebenfalls in Beispielen dargestellt sind, und nun erläutert werden.

6.3.1 Professionelles Wissen

Es liegt auf der Hand, dass Lehrkräfte spezielles Wissen benötigen, um Unterricht angemessen planen und durchführen zu können, denn Lehren ist eine professionelle Tätigkeit, die nicht jedermann spontan und intuitiv durchführen kann. Zur inhaltlichen Beschreibung des Lehrerwissens wird häufig auf eine Taxonomie des Psychologen Lee Shulman (1986, 1987) zurückgegriffen, die mehrere Wissensinhalte beschreibt, welche speziell für das Unterrichten unmittelbar relevant erscheinen. Unterschieden werden Fachwissen, fachdidaktisches Wissen und pädagogisches Wissen.

Das Fachwissen (*content knowledge*) betrifft das Verständnis des zu unterrichtenden Schulstoffs – Lehrkräfte müssen die zu lehrenden Inhalte verstehen und auf einem Niveau durchdrungen haben, das es ihnen erlaubt, sich sicher in der Materie zu bewegen. Die junge Referendarin aus unserem Beispiel sollte also selbst gut verstanden haben, was Geschwindigkeit physikalisch bedeutet, um das Thema unterrichten zu können. *Fachwissen*

Doch allein das Fach gut zu kennen reicht nicht, um eine gute Lehrkraft zu sein – gefragt ist vor allem auch fachdidaktisches Wissen (*pedagogical content knowledge*), also das Wissen darüber, wie man fachliche Inhalte Lernenden begreifbar macht, sei es durch die Auswahl bestimmter Aufgaben, Repräsentationsformen oder die passenden Erklärungen. Gerade für die Gestaltung kognitiv aktivierender Lernsituationen, die wir im Kapitel 4 beschrieben haben, ist es notwendig, dass Lehrkräfte wissen, welche Missverständnisse und Schwierigkeiten die Lernenden typischerweise in einem bestimmten Sachgebiet haben, und Wege kennen, um mit diesen Schwierigkeiten umzugehen (z. B. Erklä- *Fachdidaktisches Wissen* rungsansätze, passende Aufgaben) (Baumert et al., 2010; Lange, Kleickmann, Tröbst & Möller, 2012). Unsere Referendarin sollte also wissen, dass die meisten Menschen eine Alltagsvorstellung von Geschwindigkeit haben, die nur eine Komponente, nämlich Schnelligkeit, umfasst, und es für junge Schüler oft schwierig ist, nachzuvollziehen, dass der physikalische Begriff „Geschwindigkeit" die beiden Komponenten Schnelligkeit und Richtung beinhaltet. Es würde ihr leichter fallen, die Stunde vorzubereiten, wenn sie vielleicht ein gutes Experiment kennt, das geeignet ist, um diese beiden Komponenten zu verdeutlichen. Fachdidaktisches Wissen ist natürlich eng mit dem Fachwissen verbunden (Krauss et al., 2008). Gutes Fachwissen gilt als Voraussetzung für die Entwicklung fachdidaktischen Wissens. So zeigen beispielsweise Beobachtungs- und Interviewstudien aus dem Bereich Mathematik und Naturwissenschaften, dass Lehrkräfte oft selbst fachliche Fehlvorstellungen haben, die ihre Möglichkeiten einschränken, Antworten von Schülern adäquat zu interpretieren oder auch kognitiv herausfordernde Aufgaben zu stellen (Ball, Lubienski & Mewborn, 2001; Halim & Meerah, 2002).

Das beste Erklärungswissen hilft jedoch wenig, wenn die Schülerinnen und Schüler nicht zuhören und Unfug treiben.

Pädagogisch-psychologisches Wissen

Fachunabhängiges pädagogisches und psychologisches Wissen (*pedagogical/psychological knowledge*) betrifft allgemeines Wissen über die Schaffung und Optimierung von Lehr-Lernsituationen, wie zum Beispiel Classroom Management und Unterrichtsmethoden, sowie entwicklungspsychologisches und pädagogisch-psychologisches Grundwissen. Vermutlich haben Sie es bereits gemerkt: Genau genommen ist dieses Buch dazu angelegt, um speziell diese Art des professionellen Wissens bei Ihnen zu fördern. Unsere Referendarin könnte also beispielsweise durch die Lektüre dieses Buches gelernt haben, wie man Regeln und Routinen einführt und damit in der Klasse bereits gute Arbeitsvoraussetzungen geschaffen haben. Auch hat sie eventuell die Merkmale effektiven kooperativen Lernens gut verinnerlicht und wäre somit gut in der Lage, eine Übung zum Thema Geschwindigkeit in Gruppenarbeit zu planen und zu begleiten.

Speziell in der deutschsprachigen Literatur wird neben diesen drei Hauptformen des Wissens häufig vom Diagnosewissen beziehungsweise der diagnostischen Kompetenz von Lehrkräften gesprochen. Gemeint ist dabei Wissen über die und die Fähigkeit zur korrekten Beurteilung von Schülern (Schrader, 2006). Diagnosewissen kann sowohl fachdidaktisches Wissen (z. B. mit welchen Aufgaben kann ich die Fähigkeiten von Schülern am besten einschätzen?) als auch fachunabhängiges Wissen (z. B. wie stelle ich einen Test sinnvoll zusammen?) beinhalten. Dieses Diagnosewissen ist besonders wichtig, um Unterrichtsangebote sinnvoll auf die Lernenden anzupassen.

6.3.2 Professionelle Überzeugungen

Unter dem Begriff „Überzeugungen" werden die Vorstellungen, Annahmen und Meinungen von Lehrkräften, die schulische oder unterrichtsbezogene Phänomene und Prozesse betreffen, zusammengefasst. Anders als Wissen, welches sich inhaltlich auf Fakten, Schemata oder Strukturen bezieht, repräsentieren die Überzeugungen von Personen deren Eindrücke, Meinungen, Bewertungen oder auch subjektive Erklärungssysteme (Pajares, 1992). Jeder Lehrer und jede Lehrerin formt im Laufe der beruflichen Entwicklung bestimmte Überzeugungen, zum Beispiel über seine/ihre Tätigkeit, über bestimmte Schülerinnen und Schüler, über Lernen und Unterrichten, den Bildungskontext oder Bildung allgemein (Woolfolk Hoy, Davis & Pape, 2006). Diese Überzeugungen haben natürlich Konsequenzen dafür, welche professionellen Entscheidungen Lehrkräfte treffen und wo sie die Schwerpunkte ihrer Arbeit setzen. Überzeugungen sind persönliche Bewertungen, die immer eine subjektive Komponente enthalten und daher nicht per se als richtig oder falsch bewertet werden können. Gleichzeitig können natürlich Überzeugungen mehr oder weniger gut begründet sein; manche Überzeugungen beruhen auf falschen Prämissen und schränken dann das Handeln von Lehrkräften ein. Empirisch lässt sich deshalb auch zeigen, dass der Unterrichtserfolg auch von den Einstellungen der Lehrkräfte abhängt. Wir wollen dies anhand von zwei Beispielen erläutern.

Die psychologische Forschung hat erstens gezeigt, dass Lehrkräfte oft bestimmte Vorstellungen darüber haben, was gewisse Schüler oder Schülergruppen zu leisten in der Lage sind, und dass diese Vorstellungen ihr Verhalten diesen Schülern gegenüber beeinflussen können. Die Forschung zu *Erwartungseffekten*

Professionelle Überzeugungen

zeigt beispielsweise, dass Lehrkräfte denjenigen Schülerinnen und Schülern, von denen sie geringere Lernfähigkeit annehmen, oft weniger anspruchsvolle Aufgaben geben. Weiterhin verhalten sich Lehrkräfte häufig auch diesen Kindern oder Jugendlichen gegenüber weniger freundlich und aufgeschlossen (Harris & Rosenthal, 1985). Dies hat wiederum Effekte auf die Leistungen der betroffenen Schülerinnen und Schüler. Offensichtlich können geringe Erwartungen einen negativen Effekt auf die Anstrengungsbereitschaft der Schülerinnen und Schüler ausüben (siehe Kapitel 2). Ganz besonders bedenklich sind diese Überzeugungen der Lehrkräfte dann, wenn die negativen Erwartungen der Lehrkräfte auf Basis von Informationen entstehen, die mit dem tatsächlichen Potenzial der Schüler nichts zu tun haben – wie etwa dem sozialen Hintergrund oder der physischen Attraktivität (Jussim & Harber, 2005).

Als ein weiteres Beispiel seien die *lerntheoretischen Überzeugungen* von Lehrkräften genannt. Wir haben in Kapitel 2 verschiedene psychologische Theorien kennengelernt, die beschreiben, warum und wie wir lernen, zum Beispiel die Informationsverarbeitungstheorie oder die sozio-konstruktivistischen Lerntheorien. Wie verschiedene empirische Studien zeigen, haben auch Lehrkräfte subjektive Theorien darüber, wie Lernen funktioniert (Dubberke, Kunter, McElvany, Brunner & Baumert, 2008; Staub & Stern, 2002). So gibt es Lehrkräfte, die Lernen fast wie eine Fernsehsendung, im Sinne eines „Sender-Empfänger-Modells", verstehen (die Lehrkraft stellt den Lernstoff zur Verfügung, die Schülerinnen und Schüler merken sich den Stoff) und deshalb besonderen Wert auf eine klare Präsentation und Anleitung legen. Andere Lehrkräfte verstehen Lernen eher als einen sozialen Prozess und achten daher besonders darauf, dass Schülerinnen und Schüler Gelegenheit für sozialen Austausch und Diskussionen erhalten. Problematisch wird es auch hier wieder, wenn diese Überzeugungen das Handeln der Lehrkraft deutlich einschränken und bestimmte erwiesenermaßen lernförderliche Methoden oder Zugänge abgelehnt werden, weil sie nicht zu den Einstellungen „passen". So lässt sich beobachten, dass Lehrkräfte, die Lernen vor allem als Sender-Empfänger-Modell verstehen, ihren Klassen weniger kognitiv aktivierende Aufgaben geben und den Lernenden weniger konstruktive Unterstützung bieten (Dubberke et al., 2008; Staub & Stern, 2002).

Unsere Überzeugungen sind uns nicht immer bewusst und manchmal auch nicht direkt zugänglich. Häufig haben sich bestimmte Vorstellungen darüber, wie Unterricht oder Lernen funktioniert, schon früh, oft sogar während der eigenen Schulzeit, herausgebildet. Die reflektierte Auseinandersetzung mit den eigenen Überzeugungen und die bewusste Überprüfung, inwieweit die eigenen Bewertungssysteme das berufliche Handeln möglicherweise einschränken, gelten daher als eine wichtige Komponente der Professionalität von Lehrkräften (Bromme, 1997; Woolfolk Hoy, et al., 2006). Auf den folgenden Seiten finden Sie als Exkurs die Darstellung einer Studie, die die Überzeugungen – aber auch andere Aspekte professioneller Kompetenzen von Lehrkräften ausführlich untersucht hat.

Die Studie COACTIV

Eine bekannte Studie, die sich mit den verschiedenen Aspekten professioneller Kompetenz bei Lehrkräften beschäftigt hat, ist die Studie *Professionswissen von Lehrkräften, kognitiv aktivierender Mathematikunterricht und die Entwicklung mathematischer Kompetenz (COACTIV)*, die in den Jahren 2003–2006 am Max-Planck-Institut für Bildungsforschung unter der Leitung von Jürgen Baumert durchgeführt wurde. COACTIV war eine der ersten Studien im deutschsprachigen Raum, in der Wissen, Überzeugungen, Motivation und Selbstregulation von Lehrkräften untersucht und in Zusammenhang mit deren Unterricht und den Lernerfolgen ihrer Schüler gebracht wurden.

Das Besondere der Studie war, dass die Lehrkräfte, die untersucht wurden, eine repräsentative Stichprobe von Mathematiklehrkräften darstellten – und zwar waren es die Lehrkräfte von denjenigen Schülerinnen und Schülern, die im Jahre 2003 an der PISA-Studie teilgenommen hatten. Da die PISA-Studie 2003 in Deutschland zu einem Längsschnitt erweitert wurde, indem ein Jahr später die beteiligten Klassen nochmals untersucht wurden, war es möglich, die schulische Entwicklung dieser PISA-Klassen in Beziehung zu setzen mit Ausbildungswegen und Kompetenzen ihrer Lehrkräfte.

Zu diesem Zweck entwickelten die Forscherinnen und Forscher unterschiedliche Tests und Fragebögen, um die professionelle Kompetenz der Lehrkräfte direkt zu erfassen. Die Lehrkräfte durften also – ähnlich wie ihre Schüler – einen Fachwissenstest und einen fachdidaktischen Test bearbeiten und viele Fragebögen ausfüllen. Tabelle 11 zeigt Beispiele aus dem Instrumentarium.

Kompetenzaspekt	Bereich	Erfassung	Beispiel aus dem Test/ Fragebogen für die Lehrkräfte
Wissen	Fachwissen	Test	Ist 21024-1 eine Primzahl?
	Fachdidaktisches Wissen	Test	Eine Schülerin sagt: Ich verstehe nicht, warum (-1) · (-1) = 1 ist? Bitte skizzieren Sie kurz möglichst viele verschiedene Wege, mit denen Sie der Schülerin diesen Sachverhalt klar machen könnten!
Überzeugungen	Konstruktivistisch	Fragebogen	Es hilft Schüler(innen) Mathematik zu begreifen, wenn man ihre eigenen Lösungsideen diskutieren lässt.
	Transmissiv	Fragebogen	Schüler(innen) lernen durch die Vorführung von Beispielaufgaben am besten Mathematik.
Motivation	Unterrichtsenthusiasmus	Fragebogen	Mir macht Unterrichten von Mathematik in dieser Klasse großen Spaß.
	Fachenthusiasmus	Fragebogen	Ich bin selbst immer noch vom Fach Mathematik begeistert.
Selbstregulation	Balance von Engagement und Widerstandsfähigkeit	Fragebogen	Für mich ist die Arbeit erst dann getan, wenn ich rundum mit dem Ergebnis zufrieden bin./Nach der Arbeit kann ich ohne Probleme abschalten.

Tabelle 11 |Erfassung professioneller Kompetenz in der COACTIV-Studie (weitere Beispiele siehe Baumert et al., 2008)

Um Informationen darüber zu gewinnen, auf welche Weise sich denn die verschiedenen Merkmale professioneller Kompetenz im Unterricht manifestieren, untersuchte die Forschergruppe den Unterricht in den PISA-Klassen im Hinblick auf das Potenzial zur kognitiven Aktivierung, das Classroom Management und die konstruktive Unterstützung[3]. Dies geschah erstens über Fragebögen, die die Lehrkräfte ausfüllten, zweitens über Fragebögen, die die unterrichteten Schülerinnen und Schüler beantworteten und drittens über eine Analyse der Aufgaben, die die Lehrkräfte in den Klassen stellten (z. B. den Aufgaben in Klausuren und Tests).

Die Studie erbrachte einige sehr interessante Befunde (Kunter & Baumert, 2011; Kunter et al., 2011). So zeigten diejenigen Lehrkräfte, die im fachdidaktischen Test gut abschnitten, auch höhere kognitive Aktivierung und bessere Unterstützung in ihrem Unterricht, und dies schlug sich auch in besseren Mathematikleistungen der Schülerinnen und Schüler nieder. Interessanterweise fand sich dieser Effekt jedoch nicht für das Fachwissen: Lehrkräfte, die die Mathematikaufgaben gut lösen konnten, wurden weder von ihren Klassen besser beurteilt, noch wiesen ihre Aufgaben ein höheres kognitives Aktivierungspotenzial auf. Weiterhin zeigten diejenigen Lehrkräfte, die hohen Enthusiasmus für das Unterrichten berichteten (die also einen hohen Anteil intrinsischer Motivation aufwiesen), eine höhere Unterrichtsqualität, was sich auch auf die motivationale Entwicklungen der Schülerinnen und Schüler niederschlug. Betrachtete man jedoch lediglich den Enthusiasmus für das Fach Mathematik (nicht aber das Unterrichten des Faches), so ließ sich dieser Effekt nicht nachweisen. Außerdem zeigte sich eine positive Wirkung von konstruktivistischen lerntheoretischen Überzeugungen sowie von adaptiven selbstregulativen Fähigkeiten auf die Unterrichtsqualität. Die Studie belegt somit, dass tatsächlich mehrere Aspekte professioneller Kompetenz einen Einfluss darauf haben, wie gut es Lehrkräften gelingt, Unterricht qualitativ hochwertig zu gestalten.

Mehr Informationen über die COACTIV-Studie und deren Nachfolgestudien erhalten Sie unter http://www.mpib-berlin.mpg.de/coactiv/index.html

---

[3] Sie sind der COACTIV-Studie in Kurzfassung bereits im Kapitel 4 im letzten Abschnitt begegnet.

6.3.3 Motivation

In unserem Eingangsbeispiel haben wir gesehen, dass die junge Referendarin zwar einiges an professionellem Wissen aufwies und auch durchaus von bestimmten Methoden überzeugt war – aber ihre Entscheidung, wie sie die Stunde nun wirklich vorbereitet, würde vermutlich in hohem Maße auch von ihrer aktuellen Motivation beeinflusst werden. Wie die Referendarin müssen Lehrkräfte in ihrem täglichen Handeln immer wieder selbst entscheiden, ob und wie sie bestimmte Handlungen durchführen. Sie müssen hohe Konzentration und Aufmerksamkeit aufbringen, sie sollten in der Lage sein mit Misserfolgen umzugehen und bereit sein, langfristig engagiert zu bleiben und sich immer wieder neuen Situationen auszusetzen und entsprechende Lerngelegenheiten zu nutzen (Bakkenes, Vermunt & Wubbels, 2010; Floden & Buchmann, 1993; Sternberg & Horvath, 1995). Inwieweit eine Lehrkraft diese kurz- und langfristigen Anforderungen erfüllt, dürfte zu einem großen Teil auch durch ihre motivationalen Orientierungen bestimmt werden.

In Alltagsdiskussionen hört man oft die Bemerkung, Lehrkräfte seien „nicht genug" motiviert. Gemeint ist damit, manchen Lehrkräften mangele es an innerer Energie und Kraft, um sich ausreichend zu engagieren und anzustrengen. Motivation erscheint in einer solchen Darstellung dann als etwas, das man hat – oder aber nicht hat. Ein solches eindimensionales Motivationsverständnis ist jedoch wissenschaftlich nicht haltbar: In der Psychologie ist seit langem bekannt, dass es „die" Motivation nicht gibt, sondern dass Personen sich im Hinblick auf *verschiedene* motivationale Merkmale (z. B. Ziele, Präferenzen, Motive, Wertvorstellungen) unterscheiden – diese Merkmale interagieren miteinander und können je nach situationalem Kontext bestimmen, welche Verhaltensweisen Personen zeigen und mit welcher Intensität, Qualität oder Dauer dieses Verhalten gezeigt wird. Was für das Lernverhalten der Schülerinnen und Schüler in Hinblick auf das Zusammenspiel von Situation und Personenmerkmalen gilt und in Kapitel 2 dargestellt wurde, gilt entsprechend auch für das Lehrverhalten der Lehrkräfte. In den letzten Jahren hat sich die psychologische Forschung vermehrt damit auseinander gesetzt, welche motivationalen Merkmale für Lehrkräfte besonders relevant sind – an dieser Stelle seien lediglich drei Forschungslinien kurz dargestellt.

Eine erste wichtige Erkenntnis ist die Unterscheidung zwischen intrinsischer und extrinsischer Motivation. Menschen sind dann intrinsisch motiviert, wenn sie eine Handlung aus Freude an der Sache ausführen, und extrinsisch motiviert, wenn sie eine Handlung ausführen, weil sie damit ein bestimmtes Ziel erreichen wollen. Es ist sicher eine unrealistische Forderung, zu verlangen, dass alle Lehrkräfte ihre Tätigkeit stets aus intrinsischen Gründen ausführen sollten – natürlich ist Lehrer-Sein auch ein Beruf, der notwendig ist, um Geld zu verdienen, und nicht alle Lehrkräfte werden jeden Tag immer nur mit Freude an die Arbeit gehen. Dennoch zeigt die empirische Forschung, dass diejenigen Lehrerinnen und Lehrer, die einen hohen Anteil an *intrinsischer Motivation* aufweisen (d.h., die *relativ* oft Freude und Begeisterung während ihrer Arbeit erleben), nicht nur gesünder und zufriedener sind, sondern tatsächlich auch Unterricht mit höherer Qualität anbieten – was wiederum positive Effekte auf das Lernen und die Motivation ihrer Schülerinnen und Schüler hat (Kunter & Holzberger, in Druck).

Intrinsische und extrinsische Motivation

Ein weiteres wichtiges motivationales Merkmal von Lehrkräften ist ihre *Selbstwirksamkeitsüberzeugung*, d.h. ihre Einschätzung, wie gut es ihnen gelingen kann, das Lernen und Verhalten ihrer Schülerinnen und Schüler zu unterstützen und zu fördern, und zwar auch bei vermeintlich schwierigen oder unmotivierten Schüler(inne)n (Tschannen-Moran & Woolfolk Hoy, 2001). Diverse Studien weisen darauf hin, dass Lehrkräfte mit hohen Selbstwirksamkeitsüberzeugungen innovativere und effektivere Methoden einsetzen, und langfristig geringere Stresssymptome und eine größere Bereitschaft, sich auch außerhalb des Unterrichts beruflich zu engagieren, zeigen (z.B. Caprara, Barbaranelli, Steca & Malone, 2006; Tschannen-Moran & Woolfolk Hoy, 2001).

Selbstwirksamkeit

Als dritter Merkmalskomplex seien schließlich *Zielorientierungen* von Lehrkräften genannt. Es lassen sich die *Lern*zielorientierungen von den *Leistungs*zielorientierungen unterscheiden, wobei letztere oft noch in Annäherungs- und Vermeidungsziele differenziert werden (z.B. Elliot, 1999). Während Personen mit Leistungszielorientierung dazu tendieren, sich in leistungsthematischen Situationen vor allem mit anderen Personen zu vergleichen, sehen Personen mit Lernzielorientierung solche Situa-

Zielorientierungen

tionen eher als Möglichkeit des Lernens und der Weiterentwicklung. Es liegt mittlerweile eine Reihe von Studien vor, die belegen, dass Zielorientierungen auch das Verhalten von (angehenden) Lehrkräften beeinflussen (Butler & Shibaz, 2008; Fasching, Dresel, Dickhäuser & Nitsche, 2010; Nitsche, Dickhäuser, Fasching & Dresel, 2011). Insgesamt spricht manches dafür, dass es vor allem die Lernzielorientierungen sind, die mit größerem Wohlbefinden, mehr Lernbereitschaft und besserer Unterrichtsqualität einhergehen.

6.3.4 Berufliche Selbstregulation

Lehrer(in) zu sein, kann Stress bedeuten. Folgt man dem Bild, das vom Lehrerberuf in vielen Medien gezeichnet wird, so gewinnt man den Eindruck, als sei dieser Beruf eine Gefahr für die geistige Gesundheit und als seien alle Lehrkräfte mehr oder weniger stark ausgebrannt und erschöpft (Blömeke, 2005). Zum Glück entspricht dieses düstere Bild nicht den Tatsachen. Auf der ganzen Welt gehen Lehrkräfte mit Freude und Engagement ihrem Beruf nach und nur ein kleiner Anteil der Lehrerinnen und Lehrer hat schwerwiegende Probleme, mit den Belastungen des Berufs umzugehen (Nübling, Vomstein, Haug, Nübling & Adiwidjaja, 2011; Seibt, Thinschmidt, Lützkendorf & Hänsch, 2006). Diese Gruppe von Lehrkräften leidet unter anderem an psychosomatischen Krankheiten, Depressionen, Ängsten oder dem Burnout-Syndrom, einem Erschöpfungszustand, der sich speziell auf das berufliche Wirken bezieht und durch emotionale Erschöpfung, verminderte Leistungsfähigkeit und Zynismus gekennzeichnet ist (Maslach, Schaufeli & Leiter, 2001).

Burnout

Die psychologische Forschung hat sich ausgiebig damit beschäftigt, ob es bestimmte Voraussetzungen gibt, die bestimmen, ob eine Lehrkraft die Anforderungen ihres Berufs gut oder weniger gut bewältigt. Dabei zeigte sich, dass Merkmale der Schulumgebung (wie etwa die Ausstattung an der Schule, das Kollegium oder der Schulleiter) häufig weniger entscheidend sind als der jeweils individuelle Umgang mit den beruflichen Belastungen (Klusmann, Kunter, Trautwein, Lüdtke & Baumert, 2008). Unter Coping-Strategien versteht man Maßnahmen, die Personen ergreifen, um mit schwierigen Situationen umzugehen. Lehrkräfte – wie auch alle anderen Personen – unterscheiden sich darin, welche Coping-Strategien sie einsetzen, und manche Strategien sind mehr oder weniger effektiv (Buchwald & Hobfoll, 2004; Schaarschmidt, Kieschke & Fischer, 1999). Ein entscheidender Faktor ist dabei die Fähigkeit, angemessen mit den eigenen Ressourcen umzugehen (Hobfoll & Freedy, 1993; Jennings & Greenberg, 2009). Mittlerweile liegen viele Studien vor, die zeigen, dass Lehrkräfte, denen es gelingt, zwar einerseits hohes berufliches Engagement zu zeigen, aber andererseits auch in der Lage sind, sich von ihrem Beruf zu distanzieren und gezielt Erholungsstrategien einzusetzen, diejenigen sind, die nicht nur langfristig ihre Gesundheit bewahren, sondern auch besseren Unterricht halten (Klusmann, Kunter, Trautwein & Baumert, 2006; Schaarschmidt, 2005). Dieser angemessene Umgang mit den eigenen Ressourcen wird auch als berufliche Selbstregulation bezeichnet und stellt einen wichtigen Teil professioneller Kompetenz dar. Wenn Sie sich genauer mit dem Thema Umgang mit Stress und Belastung beschäftigen wollen, seien Ihnen die Bücher von Hillert (2007) und Schaarschmidt und Kieschke (2007) empfohlen.

Engagement und Widerstandsfähigkeit

Zusammenfassung

Unterrichten zu lernen ist ein lebenslanger Prozess
Wir haben in diesem Kapitel dargestellt, welche Merkmale professioneller Kompetenz wichtig für gelingenden Unterricht sind. Betrachten wir die in Abbildung 14 dargestellten Kompetenzaspekte, so wird eine Sache deutlich: Niemand wird als kompetente Lehrkraft geboren. Professionelles Wissen, Überzeugungen, aber auch Zielvorstellungen und die Fähigkeit zur Selbstregulation sind keine angeborenen Talente, sondern entwickeln sich im Laufe eines Lehrerlebens. Diese Entwicklung beginnt bereits in der eigenen Schulzeit, wird dann mit dem Lehramtsstudium und anschließendem Vorbereitungsdienst explizit gefördert und setzt sich über den gesamten Verlauf der Karriere fort. Für Sie als Studierende sollte diese Erkenntnis eine Entlastung sein. Sie müssen am Tag, an dem Sie die Universität verlassen, noch nicht alles können. Der Vorbereitungsdienst ist eine hervorragende Lerngelegenheit, um das theoretische Wissen, das Sie bis dahin aufgebaut haben werden, zu vertiefen und in Praxiswissen umzusetzen. Und auch nach dem Vorbereitungsdienst werden Sie noch nicht alles perfekt beherrschen, sondern immer wieder auf Situationen stoßen,

in denen Sie Ihr Wissen erweitern, Ihre Überzeugungen überdenken oder Ihre Motivation verändern werden müssen.

Denn aus dem bisher Gesagten sollte klar geworden sein, dass eine „gute" Lehrkraft vor allem eines sein muss: Lernwillig. Wir haben in diesem Buch viel darüber gesprochen, wie Schülerinnen und Schüler am besten lernen und welche Lernsituationen für sie günstig sind. Doch vieles davon trifft auch auf (angehende) Lehrerinnen und Lehrer zu! Auch im Studium, Vorbereitungsdienst oder späteren Fortbildungen werden Sie dann am meisten profitieren, wenn Sie sich kognitiv aktivierende und unterstützende Lernangebote suchen[4] und diese aktiv nutzen. Die Weiterentwicklung der eigenen beruflichen Kompetenz ist eine immerwährende Aufgabe, die gerade im heutigen Informationszeitalter zunehmend an Bedeutung gewinnt, da sich Wissen stetig weiterentwickelt und sich Paradigmen über Lernen und Bildung immer wieder verändern können.

Bedenken Sie beispielsweise, dass die Forschung zu Gruppenarbeit in der Schule und speziell die Entwicklung kooperativer Lernmethoden in den 1980er Jahren begonnen und erst danach allmählich Anwendung im Schulalltag gefunden hat. Fragen Sie doch einmal Ihre Eltern, ob diese jemals ein Gruppenpuzzle oder eine Projektarbeit in ihrer Schulzeit kennengelernt haben! Heute sind kooperative Lernmethoden aus der Schule kaum mehr wegzudenken. Ein weiteres Beispiel: In der Zeit, als die Autorin und der Autor dieses Buches in die Schule gingen, gab es weder Handy, noch Internet, noch Laptops – Abbildungen auf den Overhead-Projektoren und Lehrfilme aus dem Projektor waren Höhepunkte von Visualisierungen und Nutzung neuer Medien! Oder schließlich: Bis noch vor etwas mehr als zehn Jahren war man in Deutschland recht überzeugt davon, eines der besten Schul- und Bildungssysteme der Welt zu haben – bis 2001 die erste PISA-Studie zeigte, dass unser Bildungssystem im Vergleich zu anderen Ländern gravierende Probleme aufweist, vor allem, was die Förderung von Kindern und Jugendlichen aus benachteiligten Familien betrifft (Baumert et al., 2001). Seitdem heißt es für alle Akteure im Bildungswesen: Lernen und neue Wege der individuellen Förderung entwickeln. Unser letztes Kapitel beschäftigt sich daher mit den Kontextvariablen, die Bildung und Lernen beeinflussen können, und wie sie im Unterricht zu berücksichtigen sind.

---

[4] Klassenführung ist in der Regel bei erwachsenen Lernenden weniger ein Problem.

Rahmenbedingungen des Unterrichts | 7

7.1 Unterricht ist immer kontextabhängig

Frau Löwe aus der 5a trifft in den Osterferien ihren alten Studienkollegen, Herrn Klossert, der an einer Schule in einem anderen Bundesland ebenfalls eine fünfte Klasse unterrichtet. Herr Klossert berichtet von seiner „niveaulosen, ja katastrophalen Klasse", die Schülerinnen und Schüler seien wegen ihrer fehlenden intellektuellen Voraussetzungen kaum zu unterrichten, die Eltern desinteressiert, und außerdem sei die Klassengröße unzumutbar. Frau Löwe, die Herrn Klossert als klugen, besonnenen Studienkollegen in Erinnerung hat, denkt später am Abend nochmals über das Gespräch nach. Sie wundert sich, wie wenig Herr Klossert über sein Fach, seinen Unterricht und das, was er mit der Klasse erreichen möchte, erzählt hat und dass er sich vielmehr fast ausschließlich über Faktoren beschwert hat, die er selbst nur wenig beeinflussen kann. Sie beginnt sich zu fragen: Wie wichtig sind denn tatsächlich solche „unbeeinflussbaren" Rahmenbedingungen?

Im Sinne des von uns verwendeten Rahmenmodells berühren die aufgeworfenen Fragen die Boxen „Kontext", „Familie" und „Kulturelle Rahmenbedingungen". Es geht um Kontextbedingungen des Unterrichtens. Wie sehr beeinflussen diese Rahmenbedingungen den Unterrichtserfolg? Die Forschung zeigt: In allererster Linie kommt es auf die Lehrkraft und die Qualität ihres Unterrichts an; sie sind für den Lernerfolg und die Entwicklung der Schülerinnen und Schüler besonders zentral (Hattie, 2009). Aber auch die Rahmenbedingungen sind nicht zu vernachlässigen. Ihnen kommt – je nachdem, welchen Unterrichtsertrag man ins Auge fasst, etwa Leistung oder Motivation – eine unterschiedlich große, teilweise durchaus entscheidende Bedeutung zu. In diesem Kapitel beschreiben wir deshalb einige Facetten des Lernkontextes, denen häufig ein bedeutsamer Effekt auf die Entwicklung von Schülerinnen und Schülern nachgesagt wird und die man als Lehrkraft zum besseren Verständnis von Unterrichtsqualität und deren Grenzen kennen sollte.

Im Folgenden diskutieren wir zunächst Merkmale der Klassen- und Schulzusammensetzung, sogenannte Kompositionseffekte (Abschnitt 7.2), und gehen dann auf Schulformeffekte ein (Abschnitt 7.3). Weitere oft diskutierte Kontextmerkmale wie Schulklima, regionaler Kontext und curriculare Vorgaben werden in Abschnitt 7.4 diskutiert. Abschnitt 7.5 beschreibt dann, welche

Bedeutung dem familiären Hintergrund der Schülerinnen und Schüler zukommt, und Abschnitt 7.6 schließt mit einem Blick auf die kulturellen Rahmenbedingungen, die Bildungsverläufe beeinflussen.

7.2 Klassenzusammensetzung

Herr Klossert sprach von einer „niveaulosen" Klasse. Ins Vokabular der Forschung übersetzt wird hier die *Klassenzusammensetzung* angesprochen, die häufig auch „*Klassenkomposition*" genannt wird. Wie Herr Klossert heben viele Forscher(innen) die Klassenzusammensetzung als einen Faktor hervor, der zu „differenziellen Entwicklungsverläufen" (vgl. Baumert, Stanat & Watermann, 2006) führen könne, in anderen Worten den Unterrichtserfolg beeinflussen kann. Der Begriff „Kompositionseffekt" bezeichnet die Annahme, dass die Entwicklung der Schülerinnen und Schüler durch die Zusammensetzung der jeweiligen Lerngruppe beeinflusst wird. Wegen dieses Kompositionseffekts, so die Annahme, lernen die Schülerinnen und Schüler also beispielsweise mehr (bzw. weniger) dazu als auf der Basis der individuellen Lernvoraussetzungen der Schülerinnen und Schüler (siehe Kapitel 2) zu erwarten gewesen wäre. Die Häufung bestimmter Individualmerkmale in einzelnen Lerngruppen hätte damit leistungsfördernde oder -mindernde Effekte (Baumert, et al., 2006; Bellin, 2009; Thrupp, Lauder & Robinson, 2002). So geht – als hypothetisches Beispiel – Lisas Mutter von einem Kompositionseffekt aus, wenn sie sagt „Ich möchte nicht, dass Lisa in die Sonnenthal-Grundschule eingeschult wird: Dort sind in jeder Klasse so viele Kinder aus schwierigen Verhältnissen, da wird Lisa bestimmt nicht gut lernen!"

Kompositionseffekt

Wie man an dem Beispiel sieht, werden Kompositionseffekte oft nicht nur in Bezug auf einzelne Klassen, sondern ganze Schulen diskutiert. In Politik und Öffentlichkeit haben Schulen eine größere Beachtung gefunden, deren Schülerschaft durch mehrere „Risikofaktoren" gekennzeichnet ist. Für diese Schulen kursieren allerlei wenig geglückte Begriffe wie „Risikoschulen", „Problemschulen", „Schulen mit belasteter Schülerschaft" und (ausgehend von der vielleicht bekanntesten dieser Schulen) kurz „Rütli-Schulen" (siehe hierzu unsere Darstellung der Rütli-Schule auf S. 170 ff.). Die entsprechenden Schulen sind gekennzeichnet durch einen hohen Anteil von Wiederholern, ein niedriges Leistungs- und Fähigkeitsniveau, Konzentration von Schülerinnen und Schülern aus in hohem Maße bildungsfernen Familien und einen hohen Anteil von Jugendlichen aus Elternhäusern mit besonderen sozialen und privaten Belastungen.

Insgesamt unterscheiden sich Klassen oder Schulen in der leistungsmäßigen, sozialen, kulturellen und lernbiographischen Zusammensetzung ihrer Schülerschaft teilweise sehr stark, und es ist klar, dass diese Zusammensetzung auch das soziale Miteinander und das Lernen der Einzelnen beeinflussen kann. Die Klassenkomposition ist unter anderem eine Konsequenz der räumlichen Lage der Schule (insbesondere im Falle der Grundschulen), der Attraktivität der jeweiligen Schule sowie der Form der im Bundesland beziehungsweise der Schule praktizierten Leistungsdifferenzierung. In Hinblick auf das Leistungsvermögen spiegelt die Klassenkomposition natürlich auch den bisherigen Erfolg des Unterrichts in der jeweiligen Klasse wider. (Dies ist etwas, das Herr Klossert vermutlich weniger stark betont.)

Der in der Wissenschaft am meisten beachtete und am häufigsten untersuchte Kompositionsfaktor ist das durchschnittliche Leistungsniveau beziehungsweise das durchschnittliche Niveau der Begabung der Schülerinnen und Schüler. Doch wie groß ist der Einfluss der Klassenzusammensetzung tatsächlich?

Die vermuteten nützlichen oder hinderlichen Effekte einer bestimmten Klassenkomposition können sowohl die Heterogenität beziehungsweise Homogenität einer Klasse (Beispiel: Es gibt in einer Klasse gleichzeitig viele sehr leistungsstarke und sehr leistungsschwache Schülerinnen und Schüler, die Klasse ist also leistungsheterogen) als auch die mittlere Ausprägung eines Merkmals in einer Klasse (Beispiel: die Leistung in einer Klasse ist insgesamt besonders hoch oder niedrig) betreffen. Besonders in Hinblick darauf, welche Bedeutung es hat, wenn eine Klasse sehr heterogen zusammen gesetzt ist, fehlt es leider noch immer an belastbaren empirischen Befunden. Dagegen konnte gezeigt werden, dass die mittlere Zusammensetzung der Schülerschaft in jeder der in Deutschland angebotenen Schulformen mit der Schulleistung im Zusammenhang steht (vgl. Baumert et al., 2006). Je „günstiger" die Klassenzusammensetzung, desto erfreulicher im Durchschnitt die Leistungsentwicklung der Schülerinnen und Schüler. Die Hauptschule scheint vor ihrer Abschaffung in den meisten Bundesländern diejenige Schulform gewesen zu sein, in der die Leistungsentwicklung am stärksten durch kritische Kompositionsmerkmale beeinflusst und beeinträchtigt wurde. Gleichzeitig war die Variabilität der Zusammensetzung der Schülerschaft an Hauptschulen sehr groß (z.B. Baumert et al., 2006). An den Gymnasien fand sich eine relativ geringe Auswirkung der Klassenkomposition.

Eine „gute" Klasse zu unterrichten, macht es also tatsächlich wahrscheinlicher, dass man als Lehrkraft erfolgreich ist. Allerdings sollten hier drei einschränkende Bemerkungen gemacht werden. Erstens scheinen – siehe oben – die Unterschiede in der Unterrichtsqualität einen größeren Effekt auf den Lernerfolg zu haben als die Unterschiede in der Klassenkomposition. Zweitens sollten Lehrkräfte, die besonders erfolgreich sein wollen, sich lieber die leistungsschwachen Klassen aussuchen, da es deutliche Hinweise unter anderem aus den PISA-Studien darauf gibt, dass gerade in diesen „schlechten" Klassen viele Schülerinnen und Schüler ihr Potenzial nicht ausgeschöpft haben (vgl. auch Turkheimer, Haley, Waldron, D'Onofrio & Gottesman, 2003). In anderen Worten: Wer in solchen Klassen gute Arbeit leistet, erreicht vermutlich besonders viel. Drittens sollte hervorgehoben werden, dass es für Schülerinnen und Schüler nicht nur positive Konsequenzen hat, Teil einer leistungsstarken Klasse zu sein. So ist gut bekannt, dass der ständige Kontakt mit leistungsstarken Mitschülerinnen und Mitschülern negative Konsequenzen für das Selbstbild haben kann—der so genannte Bezugsgruppeneffekt beziehungsweise Big-Fish-Little-Pond Effekt (siehe den folgenden Exkurs).

Die Klasse als Vergleichsmaßstab

In der psychologischen Forschung wurden Kompositionseffekte insbesondere durch die Arbeiten von Marsh (vgl. Marsh, 1987; Marsh et al., 2008) zum so genannten „Big-Fish-Little-Pond Effect" (BFLPE) popularisiert (im Deutschen wird manchmal die Bezeichnung „Fisch-Teich-Effekt" verwendet). In diesem Effekt drückt sich die Abhängigkeit des schulischen Selbstkonzepts vom Leistungsniveau der jeweiligen Bezugsgruppe aus . Schulische Selbstkonzepte sind Überzeugungen

Schulisches Selbstkonzept

Bezugsgruppen-
effekt

von Schülerinnen und Schülern in Hinblick auf ihre Leistungen und Begabungen in der Schule (allgemeines schulisches Selbstkonzept), beziehungsweise in bestimmten Schulfächern (bereichsspezifisches schulisches Selbstkonzept). Die gängigen Vorstellungen zum BFLPE besagen, dass Schülerinnen und Schüler ihre Schulkameraden als Vergleichspersonen verwenden, um zu Einschätzungen der eigenen Fähigkeiten zu gelangen. In einer besonders leistungsstarken Klasse ist eine Schülerin bzw. ein Schüler fortlaufend mit Klassenkameraden konfrontiert, die höhere Fähigkeiten als sie/er aufweisen (Aufwärtsvergleich), was dazu führt, dass die eigene Leistung als eher schlecht beurteilt wird. Ist dieselbe Schülerin/derselbe Schüler dagegen in einer leistungsschwächeren Klasse oder Schule, nehmen die Gelegenheiten zu Abwärtsvergleichen zu (also zu Vergleichen mit Personen, die geringere Leistungen aufweisen), was wiederum mit höheren selbst eingeschätzten Fähigkeiten einhergeht. Damit hängt das Selbstkonzept von Schülerinnen und Schülern also nicht nur von den tatsächlichen eigenen Fähigkeiten ab, sondern eben auch von den Leistungen der Mitschülerinnen und Mitschüler. Der negative Bezugsgruppeneffekt in leistungsstarken Klassen gehört mittlerweile zu den am besten untersuchten Phänomenen der pädagogischen Psychologie (vgl. Marsh et al., 2008; Trautwein & Lüdtke, 2010). Er tritt offenbar bereits auf, bevor die Notengebung einsetzt, und wurde in vielen verschiedenen Schulfächern gefunden. Neben dem Selbstkonzept sind auch das schulische Interesse sowie weitere leistungsrelevante Faktoren vom Bezugsgruppeneffekt betroffen. Zudem ließ sich zeigen, dass der Bezugsgruppeneffekt auch das Verhalten der Schülerinnen und Schüler tangiert. Darüber hinaus zeigten empirische Studien, dass auch die Grundschulempfehlung von Lehrkräften Bezugsgruppeneffekten unterliegt (vgl. Trautwein & Baeriswyl, 2007) – je leistungsstärker die Klassenkameraden sind, umso unwahrscheinlicher ist es, dass ein Kind eine Gymnasialempfehlung erhält, selbst wenn es eigentlich die notwendigen Kompetenzen mitbringt. Einen wichtigen Beitrag dazu, Bezugsgruppeneffekte zu verringern, kann beispielsweise der Einsatz von Vergleichsarbeiten beziehungsweise anderer standardisierter Leistungstests leisten.

Die Klassenkomposition stellt also insgesamt einen Faktor dar, der eine große Relevanz für das Unterrichten besitzt. Die Bedeutung der Klassen*größe* wird dagegen fast immer deutlich überschätzt. In empirischen Studien finden sich – wenn überhaupt – nur geringe positive Effekte von kleinen Klassen auf den Leistungszuwachs (vgl. Von Saldern, 2010). Da eine Verringerung von Klassengrößen enorme finanzielle Folgekosten hat, argumentieren viele Wissenschaftler(innen), dass kleine Klassengrößen vor allem im Anfangsunterricht, bei der Förderung von leistungsschwachen Schülerinnen und Schülern (z.B. beim Lesen) sowie, gegebenenfalls, im Fremdsprachenunterricht verwendet werden sollten. Gute Studien, die die Effekte der Klassengröße für die Gesundheit und das Wohlbefinden von Lehrkräften untersuchen, fehlen leider bis heute.

Klassengröße

7.3 Schulformeffekte

Herr Lewandski ist Mathematiklehrer für das Gymnasium. Nach einem Umzug in eine andere Stadt besteht für ihn die Möglichkeit, an einer Real- und Hauptschule zu unterrichten. Was glauben Sie, wie einfach oder schwer wird ihm dieser Wechsel fallen? Worin wird sich die neue Schulumgebung am meisten von seiner gewohnten unterscheiden – neben der Komposition der Schülerschaft?

Auch die Schulformen der Sekundarstufe I stellen wichtige Rahmenbedingungen für den Unterrichtserfolg dar. Natürlich unterscheiden sich die Klassen der unterschiedlichen Schulformen in der Komposition ihrer Schülerschaft (siehe Abschnitt 7.2), und dies allein mag schon das Auftreten von Unterschieden in der Unterrichtsführung oder bei der Leistungsentwicklung erklären. Aber es stellt sich die Frage: Gibt es über solche Kompositionseffekte hinaus noch weitere Unterschiede zwischen den Schulformen?

Ein Thema, das im Hinblick auf die verschiedenen Schulformen häufig diskutiert wird, ist der so genannte „Schereneffekt". Dieser beschreibt, dass an Haupt- oder Realschulen ungünstigere Kompetenzentwicklungen auftreten können als an Gymnasien, sodass sich anfängliche Leistungsunterschiede zwischen den Schulformen im Verlauf der Sekundarstufe I weiter verstärken. Es

Schereneffekt

finden sich viele empirische Belege für einen solchen Schereneffekt (vgl. Becker, Lüdtke, Trautwein, Köller, & Baumert, 2012; Neumann et al., 2007). Wie konsistent sich die Lernzuwächse zwischen den Schulformen unterscheiden, ist jedoch eine noch nicht eindeutig geklärte Frage. In der Literatur finden sich neben den Studien, die auf zwischen Schulformen divergierende Entwicklungstrends hinweisen, auch Untersuchungen, die parallele und – in Einzelfällen – sogar konvergierende Verläufe nahelegen (vgl. zusammenfassend Becker, 2009). Eine Ursache für die inkonsistente Forschungslage liegt darin, dass man sehr unterschiedliche Leistungstests bei der Messung des Lernzuwachses verwendet hat.

Schereneffekte treten auch dann auf, wenn man die Unterschiede in der Komposition der Schülerschaft, die zwischen Schulformen bestehen, statistisch berücksichtigt. Es stellt sich also die Frage, welche anderen schulformspezifischen Merkmale für die unterschiedlichen Lernerfolge der Schülerinnen und Schüler verantwortlich sind. Zentrale Unterschiede, die als Folgeerscheinung der historisch gewachsenen Differenzierung zwischen „niederem" und „höherem" Schulwesen angesehen werden (vgl. Kunter et al., 2005; Leschinsky, 2003), betreffen die Ausbildung der Lehrkräfte, die Stundengestaltung sowie Aspekte der Schulorganisation (Lehrpläne, Stundentafeln, Lehrbücher). In der Unterrichtsforschung zeigten sich in mehreren Studien deutliche Belege für schulformspezifische Unterrichtskulturen. Wir haben in Kapitel 4 Beispiele für solche schulformspezifischen Unterrichtskulturen kennen gelernt, als es um die kognitive Aktivierung ging, die oftmals im Hauptschul-Unterricht deutlich weniger stark ausgeprägt ist als in anderen Schulformen. Es wird vermutet, dass solche und weitere Unterschiede in den Unterrichtskulturen aus unterschiedlichen Ausbildungstraditionen und damit korrespondierenden beruflichen Leitbildern resultieren (vgl. auch (Baumert, Blum & Neubrand, 2004; Klieme et al., 2001).

7.4 Weitere Kontextfaktoren

Neben der Klassenzusammensetzung und der Schulform gibt es eine Reihe weiterer Kontextfaktoren, die mittelbar oder unmittelbar Effekte auf den Unterricht und die Unterrichtsqualität haben,

7.4 Weitere Kontextfaktoren

beziehungsweise mit dazu beitragen, wie die Schülerinnen und Schüler sich entwickeln.

Häufig wird dem so genannten *Schulklima* eine große Bedeutung zugeschrieben (vgl. (Eder, 1996; Freiberg, 1999). Das Schulklima wird auch in dem Rahmenmodell von Helmke (2012) aufgeführt, das wir für dieses Lehrbuch adaptiert haben. Wir haben den Begriff des Klimas bereits in Kapitel 4 angesprochen (siehe Abschnitt 4.4.3). Wie dort angemerkt, ist man von einer einheitlichen, präzisen Definition des Begriffes „Klima" allerdings noch weit entfernt. Mit „Schulklima" können sehr unterschiedliche Aspekte gemeint sein, wie es die Beschreibung von Cohen, McCabe, Michelli und Pickeral (2009) veranschaulicht. Diese Autoren fassen unter das Schulklima vier große Bereiche:

Schulklima

(1) Die Sicherheit, sowohl im Sinne der körperlichen Unversehrtheit und der Einstellungen zu Gewalt als auch im Sinne sozial-emotionaler Sicherheit;
(2) Lehren und Lernen, worunter mit der Unterrichtsqualität, der Berücksichtigung sozialer, emotionaler und ethischer Lernziele, der Weiterbildung und professionellen Weiterentwicklung sowie der Führung in der Schule vier relativ große und distinkte Bereiche gefasst werden;
(3) Beziehungskultur zwischen den Beteiligten, wobei wiederum zwischen dem Respekt für Unterschiedlichkeit, Aspekten des Schullebens sowie der akademischen Orientierung der Schüler und Lehrer unterschieden wird;
(4) Charakteristika des Schulgebäudes (inkl. Sauberkeit und Größe) sowie außerschulische Angebote.

Angesichts dieser vielen Aspekte, die mit dem Begriff des Schulklimas in Verbindung gebracht werden, ist es kaum verwunderlich, dass sich nicht sagen lässt, wie wichtig *das* Schulklima ist. Aber ohne Zweifel sind einzelne Facetten, wie beispielsweise der Umgang der Schule mit Bullying und ihr extracurriculares Angebot (z.B. Hausaufgabenunterstützung bzw. Nachhilfe), um nur zwei Aspekte zu nennen, wichtig und erleichtern bzw. erschweren einzelnen Lehrkräften das Unterrichten. Es lässt sich vermuten, dass dem Schulklima (bzw. seinen Facetten) mit der zunehmenden Flächendeckung von Ganztagsangeboten auch in Deutschland eine zunehmend wichtigere Rolle zukommen wird (siehe hierzu den Exkurs zum Thema „Rütli-Schule" auf den folgenden Seiten).

Regionaler Kontext Der *regionale Kontext*, in dem sich eine Schule befindet, wird häufig als weiterer wichtiger Kontextfaktor genannt (vgl. Böhm-Kasper, Schuchart & Schulzeck, 2007), der auch die Arbeit der Lehrkräfte und die Unterrichtswirklichkeit beeinflusse. Gemeint sind hierbei unter anderem die ökonomische Situation und der kulturelle Kontext der Gemeinde, des Stadtteils, der Stadt oder der Region, in der die Schule liegt. Welche Auswirkungen kann der regionale Kontext haben? Einige Annahmen, die sich so oder so ähnlich auch in der Literatur finden (vgl. Baumert, Carstensen, & Siegle, 2005; Böhm-Kasper et al., 2007):

- In einer Region, in der die Arbeitslosigkeit grassiere, könne wegen der beruflichen Perspektivlosigkeit die Motivation der Schülerinnen und Schüler besonders niedrig ausfallen.
- Bestimmte Regionen in Deutschland würden ein besonders hohes Leistungsniveau aufweisen, das durch die konfessionelle Zusammensetzung der Bevölkerung (mit-) verursacht werde.
- Gute Lehrkräfte bemühten sich (mit einigem Erfolg) um eine Anstellung in Städten oder Gemeinden, denen es wirtschaftlich vergleichsweise gut gehe.

Es lässt sich in wissenschaftlichen Studien tatsächlich sehr einfach zeigen, dass regionale Kontexte die Zusammensetzung der Schülerschaft wesentlich bestimmen und über diese Zusammensetzung (inklusive der oben beschriebenen Kompositionseffekte) die Leistungsentwicklung in Schulen maßgeblich mitbestimmen. Wie stark in Deutschland die Kontexteffekte sind, die jenseits dieser „direkten" Effekte auf die Zusammensetzung der Schülerschaft wirksam werden, ist derzeit noch Gegenstand wissenschaftlichen Diskussion – vermutlich gibt es sie, aber noch wichtiger ist die Qualität der pädagogischen Arbeit in den jeweiligen Schulen (vgl. Baumert et al., 2005).

Wie verschiedene ungünstige Kontextfaktoren zusammen wirken und wie Schule verändert werden kann: Das Beispiel der Rütli-Schule

Am 28.02.2006 reichte es den Lehrerinnen und Lehrern der Rütli-Schule. In der Gesamtkonferenz beschloss das Kollegium der im Berliner Bezirk Neukölln gelegenen Hauptschule, dass keine Möglichkeit mehr bestehe, unter den vorherrschenden

Bedingungen den Schulbetrieb aufrechtzuerhalten und schrieben einen verzweifelten Brief an die Berliner Senatsverwaltung. In diesem als „Brandbrief" bekannt gewordenem Schreiben verwiesen die Rütli-Lehrer auf eine ganze Reihe an Kontextfaktoren, die das Unterrichten an der Schule in erheblichem Maße erschwerten. Sie baten die Senatsverwaltung dringend um Hilfe.

Die von den Lehrkräften genannten Kontextfaktoren waren unter anderem:
- Ungünstige Komposition: Zum damaligen Zeitpunkt waren mehr als 83% der Schülerinnen und Schüler nichtdeutscher Herkunft und es stand kein entsprechendes Personal zu Verfügung.
- Schlechtes Schulklima: Es wurde von hoher Gewaltbereitschaft, Zerstörungen, Regelverstößen und respektlosem Verhalten gegenüber Lehrkräften und Mitschülerinnen und Mitschülern berichtet.
- Mangelnde Unterstützung durch die Eltern
- Hoher Krankenstand im Kollegium
- Mangelnde Wertschätzung der Schule im Kiez

Der Brief erlangte ein außergewöhnlich großes Medienecho und führte bundesweit zu zahlreichen Diskussionen. Als Folge erhielt die Schule Unterstützung in Form mehrerer Sozialarbeiter, durch zusätzliche Mittel zum Teil von privaten Förderern konnten zahlreiche Projekte (z. B. Orchester, Theater-Patenschaft, Vertrieb von Rütli-T-Shirts) initiiert werden und es wurden Mittel zur Verbesserung der Ausstattung und einer grundlegenden Veränderung des Schulbaus zur Verfügung gestellt. Weiterhin wurde die Schule gemeinsam mit anderen Schulen in ein Modellprojekt zur Bildung von Gemeinschaftsschulen aufgenommen.

Heute haben diese Bemühungen Früchte getragen. Die ehemalige Rütli-Schule ist nun zu einem Vorzeigeprojekt geworden. Als „1. Gemeinschaftsschule" wurden die ehemalige Hauptschule, eine Realschule, eine Grundschule sowie Kindergärten in einem „Rütli-Campus" zusammengelegt. Die Ganztagsschule bietet nach dem Unterricht Mittagessen, Zusatzunterricht, Unterstützungsangebote und zahlreiche Freizeit- und Arbeitsgruppen. Namhafte Sponsoren bieten Zusatzangebote, Besucher und Lehrkräfte berichten von einem freundlichen Schulklima – und was das Wichtigste ist: Ein Großteil der Schülerinnen und Schüler erreicht nun den angestrebten mittleren Schulabschluss und etwa die Hälfte qualifiziert sich sogar für die gymnasiale Oberstufe.

Natürlich ist diese Schule ein besonderer Fall, da durch das große Medieninteresse und die damit verbundene Aufmerksamkeit Veränderungen stattfanden, die in normalen Situationen kaum denkbar wären. Dennoch ist der Fall aus verschiedenen Gründen instruktiv. Er verdeutlicht erstens, wie das Zusammenwirken mehrerer ungünstiger Kontextfaktoren das Unterrichten erheblich beeinträchtigen kann. Zweitens zeigt er jedoch, dass eine Veränderung des Schulkontextes möglich ist, und dass gerade Aspekte wie das Schulklima oder die regionale Einbindung durch geeignete Maßnahmen gezielt verbessert werden können, was wiederum positive Wirkungen auf die Schülerinnen und Schüler zeigt. Und drittens beweist er, dass der Kompositionseffekt häufig als Kontextmerkmal überschätzt wird: Denn die Schülerschaft der Schule hat sich kaum verändert – wohl aber der Umgang der Schule mit ihren Schülerinnen und Schülern.

Quellen:

http://www.gew-berlin.de/documents_public/060228_erklaerung-ruetli.pdf

http://www.tagesspiegel.de/berlin/schule/neukoelln-ruetli-schule-wie-neu-erfunden/1765336.html

Als weitere relevante Kontextfaktoren für den Unterricht sind beispielsweise das jeweils gültige *Curriculum* zu nennen sowie die *Stundenallokationen* und *Vorgaben für Prüfungen*. Lehrkräfte betonen zwar immer, ihren Unterricht unabhängig von solchen Vorgaben von außen zu konzipieren und durchzuführen (insbesondere bei Pensionierungsfeiern gehört dies zum guten Ton), aber Reformen wie der Verkürzung der Gymnasialzeit (von G9 auf G8), Änderungen im Kurssystem und Veränderungen der Prüfungsvorgaben können sich Lehrkräfte kaum völlig entziehen. Eine vermutlich besonders zentrale Rolle bei der Umsetzung von Reformen in die Schulwirklichkeit kommt Schulbüchern zu—allerdings fehlt es an jüngeren empirischen Studien, die die Rolle der Schulbücher für die Veränderung von Unterricht detailliert untersuchen.

7.5 Familiäre Herkunft

Auch die familiäre Herkunft der Schülerinnen und Schüler (siehe Box „Familie" im Rahmenmodell) lässt sich als ein Kontextfaktor interpretieren. Die familiäre Herkunft bestimmt in deutlichem Maße die Lernvoraussetzungen der einzelnen Schülerinnen und Schüler, sei es über genetische Faktoren oder über das Lernen und die Erziehung im Elternhaus. Die Familie als zentraler Lernort und Determinante von Bildungserfolg ist deshalb mit Recht seit einigen Jahren wieder ins Visier der Forschung gelangt (z.B. Baumert, Maaz & Trautwein, 2009; Wild & Lorenz, 2009).

Die familiäre Herkunft der Schülerinnen und Schüler ist ein zentrales Kompositionsmerkmal einer Klasse. Allerdings ist die Rolle der Eltern nicht in der „Lieferantenrolle" erschöpft – vielmehr begleiten diese die Entwicklung der Kinder, sie greifen hier und dort ein, und der Unterricht und der Unterrichtserfolg der Kinder haben eine Rückwirkung auf die Familien. Es entsteht ein komplexes Wechselspiel, das für Lehrkräfte oftmals schwer zu durchschauen ist und von dem sie sich oft genug auch überfordert fühlen. Keine Frage: Der Umgang mit übermotivierten oder überforderten Eltern, die Beratung von Eltern und der Einbezug von Eltern beispielsweise bei den Hausaufgaben gehört zu denjenigen Kompetenzen, die in der Ausbildung der Lehrkräfte an den meisten Hochschulen und Lehrerseminaren bislang zu kurz kommen. Wer einen praktischen Ratgeber sucht, der in die Beratungsarbeit von Lehrkräften einführt, findet dies in dem Buch von Hertel und Schmitz (2010).

Sehr stark verkürzt könnte man sagen, dass eine hohe Bildungsnähe von Eltern positiv ist – je mehr sich Eltern für schulische Inhalte interessieren, selbst Bildungsaktivitäten nachgehen (beispielsweise Bücher lesen), selbst als positive Modelle wirken und hohe Bildungsaspirationen für ihr Kind haben, umso größer ist die Wahrscheinlichkeit, dass Schülerinnen und Schüler (bei sonst gleichen kognitiven Voraussetzungen) tatsächlich einen hohen Bildungserfolg aufweisen werden. Allerdings sollte das Interesse der Eltern an der Entwicklung des Kindes nicht in Einmischung resultieren: Je stärker sich Eltern ungefragt und unnötigerweise beispielsweise bei der Hausaufgabenerledigung einbringen, umso größer ist die Gefahr, dass dies sogar negative Konsequenzen hat, beispielsweise in Hinblick auf die Leistungs-

Bildungshintergrund

Hausaufgaben

entwicklung, das Selbstkonzept und die selbstregulativen Fähigkeiten der Kinder (Dumont, 2012; Wild, 2004). Der folgende Exkurs illustriert dies anhand der Ergebnisse einer Studie mit Grundschulkindern (vgl. auch Helmke, Schrader & Lehneis-Klepper, 1991; Niggli, Trautwein, Schnyder, Lüdtke & Neumann, 2007). Als Lehrkraft sollte man es sich also gut überlegen, wann und in welcher Form man eine Hausaufgabenunterstützung durch die Eltern einfordert (Trautwein, Niggli, Schnyder & Lüdtke, 2009).

(Wie) Sollen Eltern bei den Hausaufgaben helfen?

Trudewind und Wegge (1989) unterschieden mit der so genannten Instruktionsfunktion, der Kontrollfunktion und der Anregungsfunktion drei unterschiedliche Formen von elterlicher Einflussnahme auf ihre Kinder. In einer Längsschnittstudie mit Grundschülern wies die Wahrnehmung einer Instruktionsfunktion durch die Eltern (z.B. häufige Hilfsangebote bei Schulaufgaben in der ersten Klasse oder Maßnahmen zur Verbesserung von Schulleistungen) negative Zusammenhänge mit der Schulleistung auf. Ebenso ging die Kontrolle und Bewertung von Hausaufgaben durch die Eltern (Kontrollfunktion) mit einer schwächeren Schulleistung einher. Interessanterweise zeigte sich, dass nicht nur das von den Eltern berichtete Ausmaß von Hilfe bei den Hausaufgaben negativ mit der Leistung einherging, sondern auch die schon vor der Einschulung berichtete Absicht, das eigene Kind bei der Erledigung der Schulaufgaben zu unterstützen. Dies galt auch dann, wenn unterschiedliche Niveaus der Schulreife der teilnehmenden Kinder kontrolliert wurden. Hinsichtlich der dritten Form elterlicher Unterstützung, der Anregungsfunktion (z.B. Eltern betrachten zusammen mit ihrem Kind Bilderbücher oder lernen mit ihnen Lieder, Gedichte und Gebete), fanden Trudewind und Wegge (1989) positive Zusammenhänge mit der Schulleistung. Allerdings gingen in diese Variable nur Aspekte ein, die nicht direkt den Umgang mit Hausaufgaben zum Thema haben, sondern eher den Bildungshintergrund der Familien widerspiegeln.

7.6 Kulturelle Rahmenbedingungen

Kulturelle Rahmenbedingungen (siehe Box „Kulturelle Rahmenbedingungen" im Rahmenmodell) geben unter anderem das vor, was in einer jeweiligen Gesellschaft als wünschenswerte beziehungsweise akzeptable Erziehungspraktiken angesehen werden. Erziehung und Unterricht unterscheiden sich dabei in unterschiedlichen Kulturen, und sie verändern sich über die Zeit. Einige Beispiele:
- Der Erfolg chinesischer Athleten bei den Olympischen Spielen des Jahres 2012 in London wurde unter anderem mit Trainingsmethoden erklärt, die in westlichen Industrieländern nicht möglich wären.
- Der kleine Klapps, der „noch niemandem geschadet hat", war bei der Generation in Deutschland, die sich jetzt im Großelternalter befindet, noch gang und gäbe und musste nicht verheimlicht werden – heutzutage ist zumindest letzteres der Normalfall.
- Religiöse Vorschriften sorgen dafür, dass in vielen Ländern Mädchen keine ihren Fähigkeiten entsprechende schulischen Angebote erhalten.

Solche Beispiele illustrieren gut sichtbare Grenzen beziehungsweise Möglichkeiten, die unterschiedliche kulturelle Rahmenbedingungen der (schulischen) Erziehung setzen.

Darüber hinaus gibt es jedoch viele weniger offensichtliche, aber gleichfalls wirksame kulturelle Rahmenbedingungen, die in den Unterricht hineinwirken. Denken Sie an den Ruck, der nach der PISA-Studie 2000 durch Deutschland ging – seither fällt es Politikern schwerer als zuvor, im Bildungshaushalt zu kürzen, in den Medien ist das Thema Bildung viel präsenter, und offensichtliche Missstände in Schulen werden weniger lang geduldet als früher. Ein weiteres Beispiel: In der Schweiz gehen die unterschiedlichen kulturellen Prägungen in den deutschsprachigen und französischsprachigen Landesteilen mit sehr unterschiedlichen Unterrichts-Choreographien einher – teilweise sogar innerhalb ein und desselben Kantons.

Allerdings gilt auch hier (wie bei den Eltern), dass wir es nicht mit einer Einbahnstraße in der Wirkrichtung zu tun haben. Die Art des Unterrichtens und der Unterrichtserfolg haben langfristig auch Rückwirkungen darauf, wie sich eine Gesellschaft weiterentwickelt. Auch deshalb lohnt es sich, über Unterricht, seine Ziele und die Qualität des Unterrichts immer wieder neu und intensiv nachzudenken.

Zusammenfassung

Ein abschließender Blick auf die Psychologie des Unterrichts
In diesem Kapitel haben wir der Tatsache Rechnung getragen, dass die Handlungsmöglichkeiten von Lehrkräften und Schülern und Schülerinnen immer auch durch das sie umgebende schulische und gesellschaftliche Umfeld geprägt ist. Zum Abschluss dieses Buches stellen wir die wichtigsten Erkenntnisse zur Bedeutung kontextueller Rahmenbedingungen noch einmal zusammen, bevor wir ein abschließendes Fazit über das gesamte Buch ziehen.

Die Rahmenbedingungen von Unterricht
Unterricht ist immer eingebettet in die Rahmenbedingungen, die Lehrkräfte und Schülerinnen und Schüler in ihrer Schule, aber auch in ihrer Gesellschaft vorfinden. Diese Kontextbedingungen können auf das Unterrichtsangebot und die Wirkungen von Unterricht auf vielfältige Weise einwirken.
  Wie wir gezeigt haben, können beispielsweise bestimmte Klassenzusammensetzungen das Lernen oder die motivationale Entwicklung der Schülerinnen und Schüler auf positive oder negative Weise beeinflussen. Diese Kompositionseffekte können zum Beispiel dadurch entstehen, dass Lehrkräfte ihr Unterrichtsangebot auf die Lernvoraussetzungen der Klasse abstimmen und beispielsweise in Klassen mit weniger leistungsstarken Schülerinnen und Schülern weniger kognitiv aktivierend unterrichten (siehe jedoch den Unterschied zwischen Schwierigkeitsniveau und kognitiver Aktivierung in Abschnitt 4.3.2), oder dass Lehrkräfte Schwierigkeiten haben, in der Klasse für angemessenes Classroom Management zu sorgen. Nicht zu vergessen ist jedoch auch die soziale Interaktion zwischen Schülerinnen und Schülern, die direkten Einfluss auf den Wissensaufbau oder die motivationale Entwicklung von Schülerinnen und Schülern haben kann – wie in den Abschnitten zu den sozionkonstruktivistischen Lerntheorien (Abschnitt 2.3) und dem Big-Fish-Little-Pond-Effekt (Abschnitt 7.2) gezeigt. Eine weitere Kontextbedingung, die das Lernen und die Lernaktivtitäten der Schülerinnen und Schüler beeinflussen kann, ist deren familiärer Hintergrund. Natürlich wünschen sich alle Lehrkräf-

te Eltern, die ihre Kinder unterstützen und sich für die Schule engagieren – dass der angemessene Umgang mit den Eltern durchaus eine Herausforderung sein kann, wurde in diesem Kapitel ebenfalls diskutiert (Abschnitt 7.5).

Schülerinnen, Schüler, Eltern und Lehrkräfte prägen die Schulumwelt, und es ist unbestritten, dass sich Schulen in ihrem „Klima" – also beispielsweise dem Umgang miteinander, der Ausstattung, den Werten und Normen – unterscheiden. Und die Schulen selbst sind natürlich wiederum in bestimmte regionale oder kulturelle Kontexte eingebettet, die Einfluss darauf haben können, welche Möglichkeiten Lehrkräften offenstehen, um ihren Unterricht zu gestalten. Festzuhalten bleibt jedoch zweierlei. Erstens zeigt die Forschung seit vielen Jahren immer wieder deutlich, dass den genannten Kontextbedingungen – so wichtig sie auch theoretisch sind – eine vergleichsweise geringe Bedeutung zukommt, wenn es darum geht, Lernunterschiede von Schülerinnen und Schülern zu erklären (Hattie, 2009; Scheerens & Bosker, 1997). Viel wichtiger sind und bleiben die tatsächlichen Unterrichtsangebote (also die Aspekte, die wir in den Kapiteln 4 und 5 beschrieben haben), die innerhalb von Schulen zum Teil erheblich variieren können. Zweitens sind schulische Rahmenbedingungen nicht unveränderlich. Wie das Beispiel der Rütli-Schule zeigt, können selbst bei ungünstigen Ausgangsbedingungen große Veränderungsprozesse angeregt werden. Im Zuge zunehmender Einzelschulautonomie ist zu erwarten, dass es für Lehrkräfte zukünftig immer mehr auch eine wichtige professionelle Aufgabe sein wird, sich für die Verbesserung der Rahmenbedingungen ihrer eigenen Schule einzusetzen und innovative Wege zur Veränderung der Schulkultur zu finden.

Ein Schlussfazit: Was wir über qualitätvollen Unterricht wissen
Blättern Sie doch nun noch einmal zurück in Kapitel 1 und betrachten Sie das Angebots-Nutzungs-Modell auf Seite 17. Im Verlauf dieses Buches haben Sie nun alle Komponenten des Modells kennengelernt und erfahren, dass die Frage, ob ein bestimmtes Unterrichtsangebot auch zu den gewünschten Wirkungen seitens der Schülerinnen und Schüler führt, von vielen verschiedenen Aspekten beeinflusst wird.

Sie haben erfahren, dass Lernen ein aktiver Prozess ist, der Anstrengung und selbständige Lerntätigkeiten von den Lernenden erfordert (Abschnitt 2.2). Dabei wurde auch deutlich, dass Lernen selten isoliert erfolgt, sondern der soziale Austausch ein wichtiger Faktor für erfolgreiches Lernen ist (Abschnitt 2.3). Dass Lerntätigkeiten und

Lernwirkungen immer auch von dem jeweiligen Lernpotenzial der Kinder und Jugendlichen – sei es in kognitiver oder motivationaler Hinsicht – beeinflusst wird, wurde in den Abschnitten 2.4 und 2.5 ausführlich dargestellt.

Ihre wichtigste Aufgabe als Lehrkraft ist es, den Unterricht – Ihr Lernangebot – so zu gestalten, dass Ihre Schülerinnen und Schüler angeregt werden, dieses Lernangebot zu nutzen und zu verarbeiten. Wenn das Unterrichtsangebot normativen Standards entspricht und über die Lernaktivtitäten der Lernenden zu günstiger Leistungs- und Persönlichkeitsentwicklung von Schülerinnen und Schülern führt, kann man von qualitätvollem Unterricht sprechen (vgl. Abschnitt 1.2). Häufig versucht man, „Unterrichtsqualität" an Sichtstrukturen, vor allem der Wahl bestimmter Methoden, festzumachen. Wie in Kapitel 5 gezeigt, ist es aber aus heutiger Sicht nicht zielführend, bestimmte Methoden per se zu verdammen oder zu bevorzugen – wichtiger sind die Tiefenstrukturen, also die Interaktionen der Lernenden mit den Lehrenden, den Lerninhalten oder anderen Lernenden. In Kapitel 4 haben wir die Tiefenstrukturen in Classroom Management, kognitive Aktivierung und konstruktive Unterstützung eingeteilt und gezeigt, wie diese Dimensionen im Unterricht umgesetzt werden können.

Welche Form von Unterrichtsangebot gemacht wird, kann von Kontextbedingungen (Kapitel 7) oder der professionellen Kompetenz der Lehrkräfte (Kapitel 6) abhängen. Wir hoffen, dass es uns mit diesem Buch gelungen ist, Ihre professionelle Kompetenz für das Unterrichten zu fördern, und zwar nicht nur im Hinblick auf neues Wissen, das Sie hoffentlich gut geordnet in ihr Langzeitgedächtnis überführt haben. Ziel dieses Buches war es auch, einige Überzeugungen, die Sie vielleicht vor der Lektüre des Buches über „guten" oder „schlechten" Unterricht hatten, in Frage zu stellen und Sie einzuladen, diese zu reflektieren. Schließlich hoffen wir, dass es uns weiterhin gelungen ist, Sie für die Psychologie des Unterrichts zu begeistern und Sie zu motivieren, sich zukünftig mit den angesprochenen Themen zu beschäftigen. Dass auch dieses Buch nur ein Lernangebot sein kann und die Nutzung dieses Angebots in Ihrer Hand liegt, sollte mittlerweile deutlich geworden sein. Um mit den Worten Erich Kästners aus „Das fliegende Klassenzimmer" (geschrieben 1933) zu schließen:

„Ein Pauker hat die verdammte Pflicht und Schuldigkeit, sich wandlungsfähig zu erhalten. Sonst könnten die Schüler ja früh im Bette liegen bleiben und den Unterricht auf Grammophonplatten[5] abschnurren lassen. Nein, nein, wir brauchen Menschen als Lehrer und keine zweibeinigen Konservenbüchsen! Wir brauchen Lehrer, die sich entwickeln müssen, wenn sie uns entwickeln wollen."

(Kästner, 1933/2004; S. 90)

---

[5] heute: mp3-Files (Anm. d. Autoren)

Im Text zitierte Internetquellen

http://www.schule-bw.de/unterricht/faecher/englisch/mat-med/grammatik/passive/ppp.htm
http://timssandpirls.bc.edu/
http://www.geschichte-erforschen.de/unterricht/kounin/index.htm.
http://jasper.vueinnovations.com/
http://www.kmk.org/bildung-schule/allgemeine-bildung/lehrer/lehrerbildung.html
http://www.gew-berlin.de/documents_public/060228_erklaerung-ruetli.pdf
http://www.tagesspiegel.de/berlin/schule/neukoelln-ruetli-schule-wie-neu-erfunden/1765336.html

Weiterführende Literatur und praktische Ratgeber

Bohl, T. (Hrsg.). (2010). *Selbstbestimmung und Classroom Management: empirische Befunde und Entwicklungsstrategien zum guten Unterricht.* Bad Heilbrunn: Klinkhardt.

Borsch, F. (2010). *Kooperatives Lehren und Lernen im schulischen Unterricht.* Stuttgart: Kohlhammer.

Eichhorn, C. (2011). *Classroom-Management: wie Lehrer, Eltern und Schüler guten Unterricht gestalten* (4. Aufl.). Stuttgart: Klett-Cotta.

Emmer, E. T., Evertson, C. M. & Worsham, M. E. (2006). *Classroom management for middle and high school teachers* (7. Aufl.). Boston, MA: Allyn & Bacon.

Evertson, C. M., Emmer, E. T. & Worsham, M. E. (2006). *Classroom management for elementary teachers* (7. Aufl.). Boston, MA: Allyn & Bacon.

Götz, T., Frenzel, A. C. & Dresel, M. (Hrsg.). (2011). *Emotion, Motivation und selbstreguliertes Lernen.* Paderborn: Schöningh

Hasselhorn, M. & Gold, A. (2013). *Pädagogische Psychologie – Erfolgreiches Lernen und Lehren* (Bd. 2). Stuttgart: Kohlhammer.

Hatto, C. (2003). *Das Klassenklima fördern. Ein Methoden-Handbuch.* Berlin: Cornelsen.

Heckhausen, J. & Heckhausen, H. (Hrsg.). (2010). *Motivation und Handeln* (4. überarb. und erw. Aufl.). Berlin, Heidelberg: Springer.

Helmke, A. (2012). *Unterrichtsqualität und Lehrerprofessionalität: Diagnose, Evaluation und Verbesserung des Unterrichts* (4. Aufl.). Seelze: Klett-Kallmeyer.
Hertel, S. & Schmitz, B. (2010). *Lehrer als Berater in Schule und Unterricht.* Stuttgart: Kohlhammer.
Hillert, A. (2007). *Das Anti-Burnoutbuch für Lehrer.* München: Kösel.
Kliebisch, U. W. & Meloefski, R. (2009). *Classroom Management, Förderung, Zeit-Management, Selbst-Management des Lehrers* (Bd. 3). Baltmannsweiler: Schneider Verlag Hohengehren.
Klippert, H. (2005). *Teamentwicklung im Klassenraum: Übungsbausteine für den Unterricht* (7. Aufl.). Weinheim [u.a.]: Beltz.
Kunter, M. & Pohlmann, B. (2009). Lehrer. In J. Möller & E. Wild (Hrsg.), *Einführung in die Pädagogische Psychologie* (S. 261–282). Berlin: Springer.
Mattes, W. (2011). *Methoden für den Unterricht: 75 kompakte Übersichten für Lehrende und Lernende* (Neuaufl.). Paderborn: Schöningh im Westermann.
Meyer, H. (2004). *Was ist guter Unterricht?* Berlin: Cornelsen Scriptor.
Schaarschmidt, U. & Kieschke, U. (Hrsg.). (2007). *Gerüstet für den Schulalltag: Psychologische Unterstützungsangebote für Lehrerinnen und Lehrer.* Weinheim: Beltz.
Terhart, E., Bennewitz, H. & Rothland, M. (Hrsg.). (2011). *Handbuch der Forschung zum Lehrerberuf.* Münster: Waxmann.
Toman, H. (2007). *Classroom-Management: Praxishilfen für das Classroom-Management* (Bd. 25). Baltmannsweiler: Schneider Verlag Hohengehren
Wiechmann, J. (2010b). *Zwölf Unterrichtsmethoden. Vielfalt für die Praxis* (5. Aufl.). Weinheim: Beltz.
Wild, E. & Möller, J. (Hrsg.). (2009). *Pädagogische Psychologie.* Heidelberg: Springer Medizin.
Zlatkin-Troitschanskaia, O., Beck, K., Sembill, D., Nickolaus, R. & Mulder, R. (Hrsg.). (2009). *Lehrprofessionalität. Bedingungen, Genese, Wirkungen und ihre Messung.* Weinheim, Basel: Beltz.

Literaturverzeichnis

Aebli, H. (1961). *Grundformen des Lehrens.* Stuttgart: Klett.
Aebli, H. (1983). *Zwölf Grundformen des Lehrens: eine allgemeine Didaktik auf psychologischer Grundlage.* Stuttgart: Klett-Cotta.
Anderson, J. R. (2001). *Kognitive Psychologie.* Heidelberg: Spektrum.
Arnold, K.-H., Sandfuchs, U.& Wiechmann, J. (Hrsg.). (2006). *Handbuch Unterricht.* Bad Heilbrunn: Klinkhardt.
Aronson, E., Blaney, N., Stephin, C., Sikes, J.& Snapp, M. (1978). *The jigsaw classroom.* Beverly Hills, CA: Sage.
Aronson, E., Wilson, T. D.& Akert, R. M. (2008). *Sozialpsychologie.* München: Pearson Education.
Artelt, C., Baumert, J., Julius-McElvany, N.& Peschar, J. (2003). *Learners for life: Student approaches to learning – results from PISA 2000.* Paris: OECD.
Atkinson, R. C.& Shiffrin, R. M. (1971). The control of short-term memory. *Scientific American, 225,* 82-90. doi: 10.1038/scientificamerican0871-82
Ausubel, D. P. (1960). The use of advance organizers in the learning and retention of meaningful verbal material. *Journal of Educational Psychology, 51*(5), 267–272. doi: 10.1037/h0046669
Babad, E. Y. (2007). Teachers' nonverbal behavior and its effects on students. In R. P. Perry & J. C. Smart (Hrsg.), *The scholarship of teaching and learning in higher education: An evidence-based perspective* (S. 201–261). New York, NY: SBaddeley, A. (2012). Working memory: theories, models, and controversies. *Annual Review of Psychology, 63,* 1–29. doi: 10.1146/annurev-psych-120710-100422
Bakkenes, I., Vermunt, J. D. & Wubbels, T. (2010). Teacher learning in the context of educational innovation: Learning activities and learning outcomes of experienced teachers. *Learning and Instruction, 20*(6), 533–548. doi: 10.1016/j.learninstruc.2009.09.001
Ball, D. L., Lubienski, S. T. & Mewborn, D. S. (2001). Research on teaching mathematics: The unsolved problem of teachers' mathematical knowledge. In V. Richardson (Hrsg.), *Handbook of research on teaching* (4. Aufl., S. 433–456). New York, NY: Macmillan.
Baumert, J., Blum, W., Brunner, M., Dubberke, T., Jordan, A., Klusmann, U., . . . Tsai, Y.-M. (2008). *Professionswissen von Lehrkräften, kognitiv aktivierender Mathematikunterricht und die Entwicklung von mathematischer Kompetenz (COACTIV): Dokumentation der Erhebungsinstrumente.* Berlin: Max-Planck-Institut für Bildungsforschung.

Baumert, J., Blum, W. & Neubrand, M. (2004). Drawing the lessons from PISA-2000: Long term research implications. In D. Lenzen, J. Baumert, R. Watermann & U. Trautwein (Hrsg.), *PISA und die Konsequenzen für die erziehungswissenschaftliche Forschung: Beiheft 3-04 der Zeitschrift für Erziehungswissenschaft* (S. 143–157). Wiesbaden: VS Verlag für Sozialwissenschaften.

Baumert, J., Carstensen, C. H. & Siegle, T. (2005). Wirtschaftliche, soziale und kulturelle Lebensverhältnisse und regionale Disparitäten des Kompetenzerwerbs. In M. Prenzel, J. Baumert, W. Blum, R. H. Lehmann, D. Leutner, M. Neubrand, R. Pekrun, J. Rost & U. Schiefele (Hrsg.), *PISA 2003. Der zweite Vergleich der Länder in Deutschland – Was wissen und können Jugendliche?* (S. 323–365). Münster: Waxmann.

Baumert, J., Klieme, E., Neubrand, M., Prenzel, M., Schiefele, U., Schneider, W., . . . Weiß, M. (2001). *PISA 2000: Basiskompetenzen von Schülerinnen und Schülern im internationalen Vergleich*. Opladen: Leske + Budrich.

Baumert, J. & Kunter, M. (2006). Stichwort: Professionelle Kompetenz von Lehrkräften. *Zeitschrift für Erziehungswissenschaft, 9*(4), 469–520. doi: 10.1007/s11618-006-0165-2

Baumert, J., Kunter, M., Blum, W., Brunner, M., Voss, T., Jordan, A., . . . Tsai, Y.-M. (2010). Teachers' mathematical knowledge, cognitive activation in the classroom, and student progress. *American Educational Research Journal, 47*(1), 133–180. doi: 10.3102/0002831209345157

Baumert, J., Maaz, K. & Trautwein, U. (2009). *Bildungsentscheidungen*. Wiesbaden: VS Verlag für Sozialwissenschaften.

Baumert, J., Stanat, P. & Watermann, R. (2006). Schulstruktur und die Entstehung differenzieller Lern- und Entwicklungsmilieus. In J. Baumert, P. Stanat & R. Watermann (Hrsg.), *Herkunftsbedingte Disparitäten im Bildungswesen: Vertiefende Analysen im Rahmen von PISA 2000* (S. 95–188). Wiesbaden: VS Verlag für Sozialwissenschaften.

Beck, B. & Klieme, E. (Hrsg.). (2007). *Sprachliche Kompetenzen. Konzepte und Messung* (Vol. 1). Weinheim: Beltz Pädagogik.

Becker, M. (2009). *Kognitive Leistungsentwicklung in differenziellen Lernumwelten: Effekte des gegliederten Sekundarschulsystems in Deutschland*. Berlin: Max-Planck-Institut für Bildungsforschung.

Becker, M., Lüdtke, O., Trautwein, U., Köller, O. & Baumert, J. (2012). The differential effects of school tracking on psychmetric intelligence: Do academic-track schools make students smarter? *Jounal of Educational Psychology, 104*, 682–699. doi: 10.1037/a0027608

Bellin, N. (2009). *Migrationshintergrund und Leistung. Mehrebenenanalysen zum Sprach- und Leseverständnis von Grundschülern*. Wiesbaden: VS Verlag für Sozialwissenschaften.

Berliner, D. C. (2005). The near impossibility of testing for teacher quality. *Journal of Teacher Education, 56*(3), 205–213. doi:10.1177/0022487105275904

Blömeke, S. (2005). Das Lehrerbild in Printmedien. *Die Deutsche Schule, 97*(1), 24–39.

Blömeke, S., Suhl, U., Kaiser, G., Felbrich, A., Schmotz, C. & Lehmann, R. (2010). Lerngelegenheiten und Kompetenzerwerb angehender Mathematiklehrkräfte im internationalen Vergleich. *Unterrichtswissenschaft, 38*(1), 29–50.

Blum, W. (2001). Was folgt aus TIMSS für Mathematikunterricht und Mathematiklehrerausbildung? In Bundesministerium für Bildung und Forschung (BMBF) (Hrsg.), *TIMSS – Impulse für Schule und Unterricht* (S. 75–87). Bonn: Bundesministerium für Bildung und Forschung (BMBF).

Blumberg, E., Möller, K., Jonen, A. & Hardy, I. (2003). Multikriteriale Zielerreichung im naturwissenschaftlichen Sachunterricht der Grundschule. In D. Cech & H.-J. Schwier (Hrsg.), *Lernwege und Aneignungsformen im Sachunterricht* (S. 77–92). Bad Heilbrunn: Klinkhardt.

Bohl, T. (Hrsg.). (2010). *Selbstbestimmung und Classroom Management: empirische Befunde und Entwicklungsstrategien zum guten Unterricht*. Bad Heilbrunn: Klinkhardt.

Bohl, T., Kleinknecht, M., Batzel, A. & Richey, P. (2012). *Aufgabenkultur in der Schule. Eine vergleichende Analyse von Aufgaben und Lehrerhandeln im Hauptschul-, Realschul- und Gymnasialunterricht*. Baltmannsweiler: Schneider.

Böhm-Kasper, O., Schuchart, C. & Schulzeck, U. (Hrsg.). (2007). *Kontexte von Bildung. Erweiterte Perspektiven in der Bildungsforschung*. Münster: Waxmann.

Borich, G. D. (2007). *Effective teaching methods: Research based practice* (6. Aufl.). Upper Saddle River, NJ: Pearson Prentice-Hall.

Borsch, F. (2010). *Kooperatives Lehren und Lernen im schulischen Unterricht*. Stuttgart: Kohlhammer.

Brigham, F. J., Scruggs, T. E. & Mastropieri, M. A. (1992). Teacher enthusiasm in learning disabilities classrooms: Effects on learning and behavior. *Learning Disabilities Research and Practice, 7*(2), 68–73.

Bromme, R. (1997). Kompetenzen, Funktionen und unterrichtliches Handeln des Lehrers. In F. E. Weinert (Hrsg.), *Psychologie des Unterrichts und der Schule* (Bd. 3, S. 177–212). Göttingen: Hogrefe.

Brophy, J. & Good, T. L. (1986). Teacher behavior and student achievement. In M. C. Wittrock (Hrsg.), *Handbook of research on teaching* (S. 340–370). New York, NY: Macmillan Library.
Brophy, J. & McCaslin, M. (1992). Teachers' reports of how they perceive and cope with problem students. *The Elementary School Journal, 93*(1), 3-68. doi: 10.1086/461712
Brouwer, C. N. & Korthagen, F. (2005). Can teacher education make a difference? *American Educational Research Journal, 42*(1), 153–224. doi: 10.3102/00028312042001153
Bruner, J. S. (1961). The act of discovery. *Harvard Educational Review, 31*, 21–32.
Buchwald, P. & Hobfoll, S. E. (2004). Burnout aus ressourcentheoretischer Perspektive. *Psychologie in Erziehung und Unterricht, 51*(4), 247–257. doi: 10.2378/peu.vi4.3671
Butler, R. & Shibaz, L. (2008). Achievement goals for teaching as predictors for students' perception of teachers' behaviours and student helpseeking and cheating. *Learning and Instruction, 18*(5), 453–467. doi: 10.1016/j.learninstruc.2008.06.004
Caprara, G. V., Barbaranelli, C., Steca, P. & Malone, P. S. (2006). Teachers' self-efficacy beliefs as determinants of job satisfaction and students' academic achievement: A study at the school level. *Journal of School Psychology, 44*(6), 473–490. doi: 10.1016/j.jsp.2006.09.001
Cazden, C. B. (2001). *Classroom discourse: The language of teaching and learning* (2 Aufl.). Portsmouth, NH: Heinemann.
Ceci, S. J. (1991). How much does schooling influence general intelligence and its cognitive components? A reassessment of the evidence. *Developmental Psychology, 27*(5), 703–722. doi: 10.1037/0012-1649.27.5.703
Cepeda, N. J., Pashler, H., Vul, E., Wixted, J. T. & Rohrer, D. (2006). Distributed practice in verbal recall tasks: A review and qualitative synthesis. *Psychological Bulletin, 132*, 354–380. doi: 10.1037/0033-2909.132.3.354
Clausen, M. (2002). *Unterrichtsqualität: Eine Frage der Perspektive?* Münster: Waxmann.
Cognition and Technology Group at Vanderbilt. (1992). The Jasper series as an example of anchored instruction: Theory, program, description, and assessment data. *Educational Psychologist, 27*, 291–315. doi: 10.1207/s15326985ep2703_3

Cohen, E. G. (1994). Restructuring the classroom: Conditions for productive small groups. *Review of Educational Research, 64*(1), 1–35. doi: 10.3102/00346543064001001

Cohen, J., McCabe, L., Michelli, N. M. & Pickeral, T. (2009). School climate: Research, policy, teacher education and practice. *Teachers College Record, 111*(1), 180–213.

Collins, A. M., Greeno, J. G. & Resnick, L. B. (2001). Educational learning theory. In N. J. Smelser & P. B. Baltes (Hrsg.), *International encyclopedia of the social & behavioral sciences* (S. 4276–4279). Oxford (UK): Elsevier. doi: 10.1016/B0-08-043076-7/02421-9

Collins, A. M. & Loftus, E. F. (1975). A spreading activation theory of semantic processing. *Psychological Review, 82*, 407–428.

Connell, M. W., Sheridan, K. & Gardner, H. (2003). On abilities and domains. In R. J. Sternberg & E. L. Grigorenko (Hrsg.), *The psychology of abilities, competencies, and expertise* (S. 126–155). New York, NY: Cambridge University Press.

Cornelius-White, J. (2007). Learner-centered teacher-student relationships are effective: A meta-analysis. *Review of Educational Research, 77*(1), 113–143. doi: 10.3102/ 003465430298563

Davis, H. A. (2003). Conceptualizing the role and influence of student-teacher relationships on children's social and cognitive development. *Educational Psychologist, 38*(4), 207–234. doi:10.1207/S15326985EP3804_2

DESI-Konsortium (Hrsg.). (2008). *Unterricht und Kompetenzerwerb in Deutsch und Englisch* (Vol. 2). Weinheim: Beltz Pädagogik.

DeVries, D. L. & Slavin, R. E. (1978). Teams-Games-Tournament (TGT): Review of ten classroom experiments. *Journal of Research and Development in Education, 12*, 28–38.

Diesterweg, A. (1957/1851). *Wegweiser zur Bildung für deutsche Lehrer.* Paderborn: Schöningh.

Dignath, C. & Büttner, G. (2008). Components of fostering self-regulated learning among students. A meta-analysis on intervention studies at primary and secondary school level. *Metacognition and Learning, 3*(3), 231–264. doi: 10.1007/s11409-008-9029-x

Ditton, H. (2006). Unterrichtsqualität. In K.-H. Arnold, U. Sandfuchs & J. Wiechmann (Hrsg.), *Handbuch Unterricht.* (S. 177–183). Bad Heilbrunn: Klinkhardt.

Donovan, J. J. & Radosevich, D. J. (1999). A meta-analytic review of the distribution of practice effect: Now you see it, now you don't. *Journal of Applied Psychology, 84*(5), 795–805. doi: 10.1037/0021-9010.84.5.795

Doyle, W. (2006). Ecological approaches to classroom management. In C. M. Evertson & C. S. Weinstein (Hrsg.), *Handbook of Classroom Management* (S. 97–125). Mahwah, NJ: Lawrence Erlbaum.

Dubberke, T., Kunter, M., McElvany, N., Brunner, M. & Baumert, J. (2008). Lerntheoretische Überzeugungen von Mathematiklehrkräften: Einflüsse auf die Unterrichtsgestaltung und den Lernerfolg von Schülerinnen und Schülern. *Zeitschrift für Pädagogische Psychologie, 22*(3–4), 193–206. doi: 10.1024/1010-0652.22.34.193

Dumont, H. (2012). *Elterliche Hausaufgabenhilfe unter dem Blickwinkel sozialer Disparitäten: Eine Untersuchung pädagogisch-psychologischer Effekte.* Unveröffentlichte Promotionsschrift, Universität Tübingen.

Eccles, J. S. & Wigfield, A. (2002). Motivational beliefs, values, and goals. *Annual Review of Psychology, 53*(1), 109–132. doi: 10.1146/annurev.psych.53.100901.135153

Eder, F. (1996). *Schul- und Klassenklima. Ausprägung, Determinanten und Wirkungen des Klimas an weiterführenden Schulen.* Innsbruck: Studien-Verlag.

Eder, F. (2001). Schul- und Klassenklima. In D. H. Rost (Hrsg.), *Handwörterbuch Pädagogische Psychologie* (S. 578–586). Weinheim: Beltz Psychologie Verlags Union.

Eichhorn, C. (2011). *Classroom-Management: wie Lehrer, Eltern und Schüler guten Unterricht gestalten* (4. Aufl.). Stuttgart: Klett-Cotta.

Einsiedler, W. (1997a). Empirische Grundschulforschung im deutschsprachigen Raum – Trends und Defizite. *Unterrichtswissenschaft, 25*(4), 291–315.

Einsiedler, W. (1997b). Unterrichtsqualität und Leistungsentwicklung: Literaturüberblick. In F. E. Weinert & A. Helmke (Hrsg.), *Entwicklung im Grundschulalter* (S. 225–240). Weinheim: Beltz Psychologie Verlags Union.

Elliot, A. J. (1999). Approach and avoidance motivation and achievement goals. *Educational Psychologist, 34*, 169–189. doi: 10.1207/s15326985ep3403_3

Emmer, E. T., Evertson, C. M. & Worsham, M. E. (2006). *Classroom management for middle and high school teachers* (7. Aufl.). Boston, MA: Allyn & Bacon.

Evertson, C. M., Emmer, E. T. & Worsham, M. E. (2006). *Classroom management for elementary teachers* (7. Aufl.). Boston, MA: Allyn & Bacon.

Fasching, M. S., Dresel, M., Dickhäuser, O. & Nitsche, S. (2010). Goal orientations of teacher trainees: Longitudinal analysis of magnitude, change and relevance. *Journal for Educational Research Online, 2*(2), 9–33.

Floden, R. E. & Buchmann, M. (1993). Between routines and anarchy: Preparing teachers for uncertainty. *Oxford Review of Education, 19*(3), 373–382. doi: 10.1080/0305498930190308

Freiberg, J. H. (1999). *Beyond behaviorism: Changing the classroom management paradigm*. Boston, MA: Allyn & Bacon.

Freinet, C. (1998). *Pädagogische Werke* (Vol. 1). Paderborn: Schöningh.

Freinet, C. (2000). *Pädagogische Werke* (Vol. 2). Paderborn: Schöningh.

Frensch, P. A. & Rünger, D. (2003). Implicit learning. *Current Directions in Psychology, 12*, 13–18.

Freudenthal, H. (1991). *Revisiting Mathematics Education: China Lectures*. Dordrecht: Kluwer Academic Publishers.

Giaconia, R. M. & Hedges, L. V. (1982). Identifying features of effective open education. *Review of Educational Research, 52*(4), 579–602. doi: 10.3102/00346543052004579

Götz, T., Frenzel, A. C. & Dresel, M. (Hrsg.). (2011). *Emotion, Motivation und selbstreguliertes Lernen*. Paderborn: Schöningh.

Greeno, J. G., Collins, A. M. & Resnick, L. B. (1996). Cognition and learning. In D. C. Berliner & R. C. Calfee (Hrsg.), *Handbook of educational psychology* (S. 15–46). New York, NY: Macmillan Library.

Grell, J. (2011). Direktes Unterrichten. Ein umstrittenes Unterrichtsmodell. In J. Wiechmann (Hrsg.), *Zwölf Unterrichtsmethoden. Vielfalt für die Praxis* (5. Aufl., S. 35–49). Weinheim: Beltz.

Grünke, M. (2006). Zur Effektivität von Fördermethoden bei Kindern und Jugendlichen mit Lernstörungen. *Kindheit und Entwicklung, 15*(4), 239-254. doi: 10.1026/0942-5403.15.4.239

Halim, L. & Meerah, S. M. M. (2002). Science trainee teachers' pedagogical content knowledge and its influence on physics teaching. *Research in Science & Technological Education, 20*(2), 215–225. doi: 10.1080/02635140220000030462

Hameyer, U. & Rößer, B. (2011). Entdeckendes Lernen. In J. Wiechmann (Hrsg.), *Zwölf Unterrichtsmethoden. Vielfalt für die Praxis* (5. Aufl., S. 129–143). Weinheim: Beltz.

Harackiewicz, J. M., Rozek, C. R., Hulleman, C. S. & Hyde, J. S. (2012). Helping parents to motivate adolescents in mathematics and science: An experimental test of a utility-value intervention. *Psychological Science, 23*(8), 899–906. doi: 10.1177/0956797611435530

Hardy, I., Jonen, A., Möller, K. & Stern, E. (2006). Effects of instructional support within constructivist learning environments for elementary school students' understanding of „floating and sinking". *Journal of Educational Psychology, 98*(2), 307–326. doi: 10.1037/0022-0663.98.2.307

Harris, M. J. & Rosenthal, R. (1985). Mediation of interpersonal expectancy effects: 31 meta-analyses. *Psychological Bulletin, 97*(3), 363–386. doi: 10.1037/0033-2909.97.3.363

Hasselhorn, M. & Gold, A. (2013). *Pädagogische Psychologie – Erfolgreiches Lernen und Lehren.* Stuttgart: Kohlhammer.

Hattie, J. A. (2009). *Visible learning: A synthesis of over 800 meta-analyses relating to achievement.* New York: Routledge.

Hattie, J. A. & Timperley, H. (2007). The power of feedback. *Review of Educational Research, 77*(1), 81–112. doi: 10.3102/003465430298487

Hatto, C. (2003). *Das Klassenklima fördern. Ein Methoden-Handbuch.* Berlin: Cornelsen.

Heckhausen, J. & Heckhausen, H. (Hrsg.). (2010). *Motivation und Handeln* (4. überarbeitete und erweiterte Aufl.). Berlin, Heidelberg: Springer.

Helmke, A. (1999). Direkte Instruktion – effektiver Unterricht? *Bildung Real, 38,* 59–72.

Helmke, A. (2003). *Unterrichtsqualität: Erfassen, bewerten, verbessern.* Seelze: Kallmeyersche Verlagsbuchhandlung.

Helmke, A. (2012). *Unterrichtsqualität und Lehrerprofessionalität: Diagnose, Evaluation und Verbesserung des Unterrichts* (4. Aufl.). Seelze: Klett-Kallmeyer.

Helmke, A. & Schrader, F.-W. (1990). Zur Kompatibilität kognitiver, affektiver und motivationaler Zielkriterien des Schulunterrichts – Clusteranalytische Studien. In M. Knopf & W. Schneider (Hrsg.), *Entwicklung. Allgemeine Verläufe – Individuelle Unterschiede – Pädagogische Konsequenzen. Festschrift zum 60. Geburtstag von Franz Emanuel Weinert* (S. 180–200). Göttingen: Hogrefe.

Helmke, A., Schrader, F.-W. & Lehneis-Klepper, G. (1991). Zur Rolle des Elternverhaltens für die Schulleistungsentwicklung ihrer Kinder. *Zeitschrift für Entwicklungspsychologie und Pädagogische Psychologie, 23,* 1–22.

Herbart, J. F. (1806). *Allgemeine Pädagogik aus dem Zweck der Erziehung abgeleitet.* Göttingen: Röwer.

Hertel, S. & Schmitz, B. (2010). *Lehrer als Berater in Schule und Unterricht.* Stuttgart: Kohlhammer.

Hickey, D. T., Moore, A. L. & Pellegrino, J. W. (2001). The motivational and academic consequences of elementary mathematics environments: Do constructivist innovations and reforms make a difference? *American Educational Research Journal, 38*(3), 611–652. doi: 10.3102/00028312038003611

Hiebert, J., Gallimore, R., Garnier, H., Givvin, K. B., Hollingsworth, H., Jacobs, J., . . . Stigler, J. W. (2003). *Teaching mathematics in seven countries: Results from the TIMSS 1999 Video Study*. Washington, DC: U.S. Department of Education, National Center for Education Statistics.

Hillert, A. (2007). *Das Anti-Burnoutbuch für Lehrer*. München: Kösel.

Hobfoll, S. E. & Freedy, J. (1993). Conservation of resources: A general stress theory applied to burnout. In W. B. Schaufeli, C. Maslach & T. Marek (Hrsg.), *Professional burnout: Recent developments in theory and research* (S. 115–133). Washington, DC: Taylor & Frances.

Hugener, I. (2008). *Inszenierungsmuster im Unterricht und Lernqualität*. Münster: Waxmann.

Hunter, M. (1982). *Mastery teaching*. El Segundo, CA: TIP Publications.

Jennings, P. A. & Greenberg, M. T. (2009). The prosocial classroom: Teacher social and emotional competence in relation to student and classroom outcomes. *Review of Educational Research, 79*(1), 491–525. doi: 10.3102/0034654308325693

Johnson, D. W. & Johnson, R. T. (1995). Cooperative learning and nonacademic outcomes of schooling: The other side of the report card. In J. E. Pedersen & A. D. Digby (Hrsg.), *Secondary schools and cooperative learning* (S. 81–150). New York, NY: Garland.

Johnson, D. W. & Johnson, R. T. (1999). *Learning together and alone: Cooperative, competitive, and individualistic learning*. Boston, MA: Allyn and Bacon.

Johnson, D. W., Johnson, R. T. & Smith, K. A. (1995). Cooperative learning and individual student achievement in secondary schools. In J. E. Pedersen & A. D. Digby (Hrsg.), *Secondary schools and cooperative learning* (S. 3–54). New York, NY: Garland.

Jussim, L. & Harber, K. D. (2005). Teacher expectations and self-fulfilling prophecies: Knowns and unknowns, resolved and unresolved controversies. *Personality and Social Psychology Review, 9*(2), 131–155. doi: 10.1207/s15327957pspr0902_3

Karnath, H.-O. & Thier, P. (Hrsg.). (2012). *Kognitve Neurowissenschaften* (3., aktualisierte und erweiterte Aufl.). Berlin [u.a.]: Springer.

Kästner, E. (2004). *Das fliegende Klassenzimmer*. Hamburg: Cecilie Dressler Verlag. (Original veröffentlicht 1933)

Kennedy, M. M., Ahn, S. & Choi, J. (2008). The value added by teacher education. In M. Cochran-Smith, S. Feiman-Nemser, D. J. McIntyre & K. E. Demers (Hrsg.), *Handbook of research on teacher education* (3. Aufl., S. 1249–1273). New York [u.a.]: Routledge.

Kirschner, P. A., Sweller, J. & Clark, R. E. (2006). Why minimal guidance during instruction does not work: An analysis of the failure of constructivist, discovery, problem-based, experiential, and inquiry-based teaching. *Educational Psychologist, 41*(2), 75–86. doi: 10.1207/s15326985ep4102_1

Kliebisch, U. W. & Meloefski, R. (2009). *Classroom Management, Förderung, Zeit-Management, Selbst-Management des Lehrers* (Bd. 3). Baltmannsweiler: Schneider Verlag Hohengehren.

Klieme, E. (2006). Empirische Unterrichtsforschung: aktuelle Entwicklungen, theoretische Grundlagen und fachspezifische Befunde. Einleitung in den Thementeil. *Zeitschrift für Pädagogik, 52*(6), 765–773.

Klieme, E., Knoll, S. & Schümer, G. (1999). *Mathematikunterricht der Sekundarstufe I in Deutschland, Japan und den USA – Dokumentation der TIMSS-Video-Studie [CD-ROM]*. Berlin und Stuttgart: Max-Planck-Institut für Bildungsforschung und Klett.

Klieme, E. & Leutner, D. (2006). Kompetenzmodelle zur Erfassung individueller Lernergebnisse und zur Bilanzierung von Bildungsprozessen. Beschreibung eines neu eingerichteten Schwerpunktprogramms der DFG. *Zeitschrift für Pädagogik, 52*(6), 876–903.

Klieme, E., Lipowsky, F., Rakoczy, K. & Ratzka, N. (2006). Qualitätsdimensionen und Wirksamkeit von Mathematikunterricht. Theoretische Grundlagen und ausgewählte Ergebnisse des Projekts „Pythagoras". In M. Prenzel & L. Allolio-Näcke (Hrsg.), *Untersuchungen zur Bildungsqualität von Schule. Abschlussbericht des DFG-Schwerpunktprogramms* (S. 128–146). Münster: Waxmann.

Klieme, E., Pauli, C. & Reusser, K. (2009). The Pythagoras Study: Investigating effects of teaching and learning in Swiss and German mathematics classrooms. In T. Janik & T. Seidel (Hrsg.), *The power of video studies in investigating teaching and learning in the classroom* (S. 137–160). Münster: Waxmann.

Klieme, E. & Rakoczy, K. (2003). Unterrichtsqualität aus Schülerperspektive: Kulturspezifische Profile, regionale Unterschiede und Zusammenhänge mit Effekten von Unterricht. In J. Baumert, C. Artelt, E. Klieme, M. Neubrand, M. Prenzel, U. Schiefele, W. Schneider, K.-J. Tillmann & M. Weiß (Hrsg.), *PISA 2000 – Ein differenzierter Blick auf die Länder der Bundesrepublik Deutschland* (S. 334–359). Opladen: Leske & Budrich.

Klieme, E. & Rakoczy, K. (2008). Empirische Unterrichtsforschung und Fachdidaktik. Outcome-orientierte Messung und Prozessqualität des Unterrichts. *Zeitschrift für Pädagogik, 54*(2), 222–237.

Klieme, E., Schümer, G. & Knoll, S. (2001). Mathematikunterricht in der Sekundarstufe I: „Aufgabenkultur" und Unterrichtsgestaltung. In Bundesministerium für Bildung und Forschung (BMBF) (Hrsg.), *TIMSS – Impulse für Schule und Unterricht* (S. 43–57). Bonn: Bundesministerium für Bildung und Forschung (BMBF).

Klippert, H. (2005). *Teamentwicklung im Klassenraum: Übungsbausteine für den Unterricht* (7. Aufl.). Weinheim [u.a.]: Beltz.

Klusmann, U., Kunter, M., Trautwein, U. & Baumert, J. (2006). Lehrerbelastung und Unterrichtsqualität aus der Perspektive von Lehrenden und Lernenden. *Zeitschrift für Pädagogische Psychologie, 20*(3), 161–173. doi: 10.1024/1010-0652.20.3.161

Klusmann, U., Kunter, M., Trautwein, U., Lüdtke, O. & Baumert, J. (2008). Engagement and emotional exhaustion in teachers: Does the school context make a difference? *Applied Psychology, 57*(1), 127–151. doi: 10.1111/j.1464-0597.2008.00358.x

Knoll, S. (2003). *Verwendung von Aufgaben in Einführungsphasen des Mathematikunterrichts* (unveröffentlichte Dissertation). Freie Universität Berlin, Fachbereich Erziehungswissenschaft und Psychologie, Berlin.

Kounin, J. S. (1976). *Techniken der Klassenführung*. Bern: Huber.

Krapp, A. (2001). Interesse. In D. H. Rost (Hrsg.), *Handwörterbuch Pädagogische Psychologie* (S. 286–294). Weinheim: Beltz Psychologie Verlags Union.

Krapp, A. (2002). Structural and dynamic aspects of interest development: Theoretical considerations from an ontogenetic perspective. *Learning and Instruction, 12*(4), 383–409. doi: 10.1016/S0959-4752(01)00011-1

Krauss, S., Brunner, M., Kunter, M., Baumert, J., Blum, W., Neubrand, M. & Jordan, A. (2008). Pedagogical content knowledge and content knowledge of secondary mathematics teachers. *Journal of Educational Psychology, 100*(3), 716–725. doi: 10.1037/0022-0663.100.3.716

Kunter, M. (2005). *Multiple Ziele im Mathematikunterricht*. Münster: Waxmann.

Kunter, M. & Baumert, J. (2011). Das COACTIV-Forschungsprogramm zur Untersuchung professioneller Kompetenz von Lehrkräften – Zusammenfassung und Diskussion. In M. Kunter, J. Baumert, W. Blum, U.

Klusmann, S. Krauss & M. Neubrand (Hrsg.), *Professionelle Kompetenz von Lehrkräften – Ergebnisse des Forschungsprogramms COACTIV* (S. 345–366). Münster: Waxmann.

Kunter, M., Baumert, J., Blum, W., Klusmann, U., Krauss, S. & Neubrand, M. (Hrsg.). (2011). *Professionelle Kompetenz von Lehrkräften – Ergebnisse des Forschungsprogramms COACTIV.* Münster: Waxmann.

Kunter, M., Brunner, M., Baumert, J., Klusmann, U., Krauss, S., Blum, W., ... Neubrand, M. (2005). Der Mathematikunterricht der PISA-Schülerinnen und -Schüler: Schulformunterschiede in der Unterrichtsqualität. *Zeitschrift für Erziehungswissenschaft, 8*(4), 502–520. doi: 10.1007/s11618-005-0156-8

Kunter, M. & Holzberger, D. (in Druck). Loving teaching: Research on teachers' intrinsic orientations. In P. W. Richardson, S. Karabenick & H. M. G. Watt (Hrsg.), *Teacher motivation: Theory and practice*. London: Routledge.

Kunter, M., Klusmann, U., Baumert, J., Richter, D., Voss, T., & Hachfeld, A. (in Druck). Professional competence of teachers: Effects on quality and student development. *Journal of Educational Psychology*.

Kunter, M. & Pohlmann, B. (2009). Lehrer. In J. Möller & E. Wild (Hrsg.), *Einführung in die Pädagogische Psychologie* (S. 261–282). Berlin: Springer.

Kunter, M. & Voss, T. (2011). Das Modell der Unterrichtsqualität in COACTIV: Eine multikriteriale Analyse. In M. Kunter, J. Baumert, W. Blum, U. Klusmann, S. Krauss & M. Neubrand (Hrsg.), *Professionelle Kompetenz von Lehrkräften – Ergebnisse des Forschungsprogramms COACTIV* (S. 85–113). Münster: Waxmann.

Lange, K., Kleickmann, T., Tröbst, S. & Möller, K. (2012). Fachdidaktisches Wissen von Lehrkräften und multiple Ziele im naturwissenschaftlichen Sachunterricht. *Zeitschrift für Erziehungswissenschaft, 15*(1), 55–75. doi: 10.1007/s11618-012-0258-z

Leschinsky, A. (2003). Das pädagogische „Schisma" – Wege zu einer Klärung. *Zeitschrift für Pädagogik, 49*(6), 855–869.

Lipowsky, F. (2002). Zur Qualität offener Lernsituationen im Spiegel empirischer Forschung – Auf die Mikroebene kommt es an. In U. Drews & U. Wallrabenstein (Hrsg.), *Freiarbeit in der Grundschule. Offener Unterricht in Theorie, Forschung und Praxis* (S. 126–159). Frankfurt am Main: Grundschulverband.

Lipowsky, F. (2009). Unterricht. In E. Wild & J. Möller (Hrsg.), *Pädagogische Psychologie* (S. 73–102). Heidelberg: Springer Medizin.

Lipowsky, F., Rakoczy, K., Pauli, C., Drollinger-Vetter, B., Klieme, E. & Reusser, K. (2009). Quality of geometry instruction and its short-term impact on students' understanding of the Pythagorean Theorem. *Learning and Instruction, 19*(6), 527–537. doi: 10.1016/j.learninstruc.2008.11.001

Marsh, H. W. (1987). The big-fish-little-pond effect on academic self-concept. *Jounal of Educational Psychology, 79*(3), 280–295. doi: 10.1037/0022-0663.79.3.280

Marsh, H. W., Seaton, M., Trautwein, U., Lüdtke, O., Hau, K., O'Mara, A. & Craven, R. (2008). The big-fish-little-pond-effect stands up to critical scrutiny: Implications for theory, methodology, and future research. *Educational Psychology Review, 20*(3), 319–350. doi: 10.1007/s10648-008-9075-6

Marzano, R. J., Gaddy, B. B. & Foseid, M. C. (2005). *Handbook for classroom management that works*. Alexandria, VA: Association for Supervision and Curriculum Development (ASCD).

Marzano, R. J. & Marzano, J. S. (2003). The key to classroom management. *Educational Leadership, 61*(1), 6–13.

Maslach, C., Schaufeli, W. B. & Leiter, M. P. (2001). Job burnout. *Annual Review of Psychology, 52*, 397–422. doi: 10.1146/annurev.psych.52.1.397

Mattes, W. (2011). *Methoden für den Unterricht: 75 kompakte Übersichten für Lehrende und Lernende* (Neuaufl.). Paderborn: Schöningh im Westermann.

Mayer, R. E. (2004a). Should there be a three-strikes rule against pure discovery learning? *American Psychologist, 59*(1), 14–19. doi: 10.1037/0003-066X.59.1.14

Mayer, R. E. (2004b). Teaching of subject matter. *Annual Review of Psychology, 55*, 715–744. doi: 10.1146/annurev.psych.55.082602.133124

Meyer, H. (1987). *Unterrichtsmethoden*. Frankfurt am Main: Cornelsen.

Meyer, H. (2002). *Unterrichtsmethoden 1 – Theorieband* (Neuaufl.). Frankfurt am Main: Cornelsen.

Meyer, H. (2004). *Was ist guter Unterricht?* Berlin: Cornelsen Scriptor.

Miller, G. A. (1956). The magical number seven, plus or minus two: Some limits on our capacity for processing information. *Psychological Review, 63*(2), 81–97. doi: 10.1037/h0043158

Naftulin, D. H., Ware, J. E., Jr. & Donnelly, F. A. (1973). The Doctor Fox Lecture: A Paradigm of Educational Seduction. *Journal of Medical Education, 48*, 630-635.

Neisser, U., Boodoo, G., Bouchard, T. J., Jr., Boykin, A. W., Brody, N., Ceci, S. J., . . . Urbina, S. (1996). Intelligence: Knowns and unknowns. *American Psychologist, 51*(2), 77–101. doi: 10.1037//0003-006X.51.2.77

Neubrand, M., Jordan, A., Krauss, S., Blum, W. & Löwen, K. (2011). Aufgaben im COACTIV-Projekt: Einblicke in das Potenzial für kognitive Aktivierung im Mathematikunterricht. In M. Kunter, J. Baumert, W. Blum, U. Klusmann, S. Krauss & M. Neubrand (Hrsg.), *Professionelle Kompetenz von Lehrkräften – Ergebnisse des Forschungsprogramms COACTIV* (S. 115–132). Münster: Waxmann.

Neumann, M., Schnyder, I., Trautwein, U., Niggli, A., Lüdtke, O. & Cathomas, R. (2007). Schulformen als differenzielle Lernmilieus: Institutionelle und kompositionelle Effekte auf die Leistungsentwicklung im Fach Französisch. *Zeitschrift für Erziehungswissenschaft, 10*, 399–420. doi: 10.1007/s11618-007-0043-6

Niggli, A., Trautwein, U., Schnyder, I., Lüdtke, O. & Neumann, M. (2007). Elterliche Unterstützung kann hilfreich sein, aber Einmischung schadet: Familiärer Hintergrund, elterliches Hausaufgabenmanagement und Leistungsentwicklung. *Psychologie in Erziehung und Unterricht, 54*, 1–14.

Nitsche, S., Dickhäuser, O., Fasching, M. S. & Dresel, M. (2011). Rethinking teachers' goal orientations: Conceptual and methodological enhancements. *Learning and Instruction, 21*(4), 574–586. doi: 10.1016/j.learninstruc.2010.12.001

Nübling, M., Vomstein, M., Haug, A., Nübling, T. & Adiwidjaja, A. (2011). *European-wide survey on teachers work related stress – assessment, comparison, and evaluation of the impact of psychosocial hazards on teachers at their workplace.* Download: http://teachersosh.homestead.com/Stress_III/PapersAndDocsWRSIII/etuce_teachers_europe_191211_final2.pdf

Oser, F. & Spychiger, M. (2005). *Lernen ist schmerzhaft: Zur Theorie des negativen Wissens und zur Praxis der Fehlerkultur.* Weinheim: Beltz.

Oser, F. K., Achtenhagen, F. & Renold, U. (Hrsg.). (2006). *Competence oriented teacher training. Old research demands and new pathways.* Rotterdam: Sense Publishers.

Oser, F. K. & Baeriswyl, F. J. (2001). Choreographies of teaching: Bridging instruction to learning. In V. Richardson (Hrsg.), *Handbook of research on teaching* (4. Aufl., S. 1031–1065). Washington, DC: American Educational Research Association.

Pajares, M. F. (1992). Teachers' beliefs and educational research: Cleaning up a messy construct. *Review of Educational Research, 62*(3), 307–332. doi: 10.3102/00346543062003307

Patrick, B. C., Hisley, J. & Kempler, T. (2000). „What's everybody so excited about?": The effects of teacher enthusiasm on student intrinsic motivation and vitality. *Journal of Experimental Education, 68*(3), 217–236. doi: 10.1080/00220970009600093

Pianta, R. C. & Hamre, B. K. (2009). Conceptualization, measurement, and improvement of classroom processes: Standardized observation can leverage capacity. *Educational Researcher, 38*(2), 109-119. doi: 10.3102/0013189X09332374

Pintrich, P. R. (2003). A motivational science perspective on the role of student motivation in learning and teaching contexts. *Journal of Educational Psychology, 95*(4), 667–686. doi: 10.1037/0022-0663.95.4.667

Rakoczy, K., Klieme, E., Drollinger-Vetter, B., Lipowsky, F., Pauli, C. & Reusser, K. (2007). Structure as a quality feature in mathematics instruction of the learning environment vs. a structured presentation of learning content. In M. Prenzel (Hrsg.), *Studies on the educational quality of schools. The final report of the DFG Priority Programme* (S. 101–120). Muenster: Waxmann.

Renkl, A. (2009). Wissenserwerb. In E. Wild & J. Möller (Hrsg.), *Pädagogische Psychologie* (S. 3–26). Berlin: Springer.

Resnick, L. B. (1991). Shared cognition. Thinking as social practice. In L. B. Resnick, J. M. Levin & S. D. Teasley (Hrsg.), *Perspectives on socially shared cognition* (S. 1–20). Washington, DC: American Psychological Association.

Roorda, D. L., Koomen, H. M. Y., Spilt, J. L. & Oort, F. J. (2011). The influence of affective teacher-student relationships on students' school engagement and achievement. *Review of Educational Research, 81*(4), 493–529. doi: 10.3102/0034654311421793

Rosenshine, B. & Meister, C. (1994). Direct instruction. In T. Husén & T. N. Postlethwaite (Hrsg.), *The international encyclopedia of education* (S. 1524-1530). Oxford: Pergamon Press.

Rosenshine, B., Meister, C. & Chapman, S. (1996). Teaching students to generate questions: A review of the intervention studies. *Review of Educational Research, 66*(2), 181–221. doi: 10.3102/00346543066002181

Rosenshine, B. & Stevens, R. (1986). Teaching functions. In M. C. Witrock (Hrsg.), *Handbook of research on teaching* (3. Aufl., S. 376-391). New York, NY: Macmillan.

Schaarschmidt, U. (Hrsg.). (2005). *Halbtagsjobber? Psychische Gesundheit von Lehrerinnen und Lehrern – Analyse eines veränderungsbedürftigen Zustandes*. Weinheim Beltz-Verlag.

Schaarschmidt, U. & Kieschke, U. (Hrsg.). (2007). *Gerüstet für den Schulalltag: Psychologische Unterstützungsangebote für Lehrerinnen und Lehrer*. Weinheim: Beltz.

Schaarschmidt, U., Kieschke, U. & Fischer, A. W. (1999). Beanspruchungsmuster im Lehrerberuf. *Psychologie in Erziehung und Unterricht, 46*(4), 244–268.

Scheerens, J. & Bosker, R. J. (1997). *The foundations of educational effectiveness*. Oxford: Pergamon.

Schrader, F.-W. (2006). Diagnostische Kompetenz von Eltern und Lehrern. In D. H. Rost (Hrsg.), *Handwörterbuch Pädagogische Psychologie* (S. 95–100). Weinheim: Beltz Psychologie Verlags Union.

Schröder, H. (Hrsg.) (2001). *Didaktisches Wörterbuch – Wörterbuch der Fachbegriffe von „Abbilddidaktik" bis „Zugpferd-Effekt"* (3. erw. und aktual. Aufl.). München, Wien: R. Oldenbourg.

Seibt, R., Thinschmidt, M., Lützkendorf, L. & Hänsch, S. (2006). *Arbeitsfähigkeit und Vitalität von Lehrern und Bürofachkräften. Ein Vergleich*. Bremerhaven: Wirtschaftsverlag NW.

Seidel, T. (2003). *Lehr-Lernskripts im Unterricht*. Münster: Waxmann.

Seidel, T. (2009). Klassenführung. In E. Wild & J. Möller (Hrsg.), *Pädagogische Psychologie* (S. 135–150). Heidelberg: Springer Medizin.

Seidel, T., Prenzel, M., Rimmele, R., Herweg, C., Kobarg, M., Schwindt, K. & Dalehefte, I. M. (2007). Science teaching and learning in German physics classrooms. Findings from the IPN Video Study. In M. Prenzel (Hrsg.), *Studies on the educational quality of schools. The final report on the DFG Priority Programme* (S. 79–99). Münster: Waxmann.

Seidel, T. & Shavelson, R. J. (2007). Teaching effectiveness research in the past decade: The role of theory and research design in disentangling meta-analysis results. *Review of Educational Research, 77*(4), 454–499. doi: 10.3102/0034654307310317

Sfard, A. (1998). On two metaphors for learning and the danger of choosing just one. *Educational Researcher, 27*(2), 4–13. doi: 10.3102/0013189X027002004

Sharan, Y. & Sharan, S. (1992). *Expanding cooperative learning through group investigation*. New York, NY: Teachers College Press.

Shuell, T. J. (1996). Teaching and learning in a classroom context. In D. C. Berliner & R. C. Calfee (Hrsg.), *Handbook of educational psychology* (S. 726–764). New York, NY: Simon & Schuster Macmillan.

Shulman, L. S. (1986). Those who understand: Knowledge growth in teaching. *Educational Researcher, 15*(2), 4–21. doi: 10.3102/0013189X015002004

Shulman, L. S. (1987). Knowledge and teaching: Foundations of the new reform. *Harvard Educational Review, 57*(1), 1–22.

Skinner, E. A. & Belmont, M. J. (1993). Motivation in the classroom: Reciprocal effects of teacher behavior and student engagement across the school year. *Journal of Educational Psychology, 85*(4), 571–581. doi: 10.1037/0022-0663.85.4.571

Slavin, R. E. (1994). *Using student team learning.* Baltimore, MD: John Hopkins University, Center for Social Organization of Schools.

Slavin, R. E. (1996). Research on cooperative learning and achievement: What we know, what we need to know. *Contemporary Educational Psychology, 21*(1), 43–69. doi: 10.1006/ceps.1996.0004

Spranger, E. (1958). *Der geborene Erzieher.* Heidelberg: Quelle & Meyer.

Springer, L., Stanne, M. E. & Donovan, S. S. (1999). Effects of small-group learning on undergraduates in science, mathematics, engineering, and technology: A meta-analysis. *Review of Educational Research, 69*(1), 21–51. doi: 10.3102/00346543069001021

Stadler, M. A. & Frensch, P. A. (Hrsg.). (1998). *Handbook of implicit learning.* Thousand Oaks, CA: Sage.

Ständige Konferenz der Kultusminister der Länder in der Bundesrepublik Deutschland (KMK). (2012). *Übersicht über die Pflichtstunden der Lehrkräfte an allgemein bildenden und beruflichen Schulen – Schuljahr 2011/2012.* Download: http://www.kmk.org/fileadmin/pdf/Statistik/Pflichtstunden_der_Lehrer_2011.pdf

Ständige Konferenz der Kultusminister der Länder in der Bundesrepublik Deutschland (KMK). (2004). *Standards für die Lehrerbildung: Bildungswissenschaften. (Beschluss der Kultusministerkonferenz vom 16.12.2004)* (S. 47). Download: http://www.kmk.org/bildung-schule/allgemeine-bildung/lehrer/lehrerbildung.html

Staub, F. C. & Stern, E. (2002). The nature of teachers' pedagogical content beliefs matters for students' achievement gains: Quasi-experimental evidence from elementary mathematics. *Journal of Educational Psychology, 94*(2), 344–355. doi: 10.1037/0022-0663.94.2.344

Sternberg, R. J. & Horvath, J. A. (1995). A prototype view of expert teaching. *Educational Researcher, 24*(6), 9–17. doi: 10.2307/1176079

Stigler, J. W., Gonzales, P., Kawanaka, T., Knoll, S. & Serrano, A. (1999). *The TIMSS Videotape Classroom Study: Methods and findings from an exploratory research project on eighth-grade mathematics instruction in*

Germany, Japan, and the United States. Los Angeles, CA: Department of Education, Office of Educational Research and Improvement.

Stigler, J. W. & Hiebert, J. (1999). *The Teaching Gap.* New York: Free Press.

Tenorth, H.-E. (2006). Professionalität im Lehrerberuf: Ratlosigkeit der Theorie, gelingende Praxis. *Zeitschrift für Erziehungswissenschaft, 9*(4), 580–597. doi: 10.1007/s11618-006-0169-y

Terhart, E. (2002). *Standards für die Lehrerbildung. Eine Expertise für die Kultusministerkonferenz.* Münster: Waxmann.

Terhart, E., Bennewitz, H. & Rothland, M. (Hrsg.). (2011). *Handbuch der Forschung zum Lehrerberuf.* Münster: Waxmann.

Thibadeau, E. F. (2001). Open classroom: Learning and teaching. In N. J. Smelser & P. B. Baltes (Hrsg.), *International encyclopedia of the social and behavioral sciences.* (S. 10863–10867). Oxford: Elsevier.

Thrupp, M., Lauder, H. & Robinson, T. (2002). School composition and peer effects. *International Journal of Educational Research, 37*(5), 483–504. doi: 10.1016/S0883-0355(03)00016-8

Tobias, S. & Duffy, T. M. (Hrsg.). (2009). *Constructivist instruction: Success or failure?* New York, NY: Routledge.

Toman, H. (2007). *Classroom-Management: Praxishilfen für das Classroom-Management* (Bd. 25). Baltmannsweiler: Schneider Verlag Hohengehren

Trautwein, U. & Baeriswyl, F. (2007). Wenn leistungsstarke Klassenkameraden ein Nachteil sind: Referenzgruppeneffekte bei Übergangsentscheidungen. *Zeitschrift für Pädagogische Psychologie, 21,* 119–133. doi: 10.1024/1010-0652.21.2.119

Trautwein, U. & Lüdtke, O. (2010). Referenzgruppeneffekte. In W. Bos, E. Klieme & O. Köller (Hrsg.), *Schulische Lerngelegenheiten und Kompetenzentwicklung: Festschrift für Jürgen Baumert* (S. 11–30). Münster: Waxmann.

Trautwein, U., Niggli, A., Schnyder, I. & Lüdtke, O. (2009). Between-teacher differences in homework assignments and the development of students' homework effort, homework emotions, and achievement. *Jounal of Educational Psychology, 101,* 176–189. doi: 10.1037/0022-0663.101.1.176

Trudewind, C. & Wegge, J. (1989). Anregung – Instruktion – Kontrolle: Die verschiedenen Rollen der Eltern als Lehrer. *Unterrichtswissenschaft, 17,* 133–155.

Tsai, Y.-M., Kunter, M., Lüdtke, O., Trautwein, U. & Ryan, R. M. (2008). What makes lessons interesting? The roles of situation and individual factors in three school subjects. *Journal of Educational Psychology*, 100(2), 460–472. doi: 10.1037/0022-0663.100.2.460

Tschannen-Moran, M. & Woolfolk Hoy, A. (2001). Teacher efficacy: Capturing an elusive construct. *Teaching and Teacher Education*, 17(7), 783–805. doi: 10.1016/S0742-051X(01)00036-1

Turkheimer, E., Haley, A., Waldron, M., D'Onofrio, B. & Gottesman, I. I. (2003). Socioeconomic status modifies heritability of IQ in young children. *Psychological Science*, 14, 623–628. doi: 10.1046/j.0956-7976.2003.psci_1475.x

Van den Berg, R. (2002). Teachers' meanings regarding educational practice. *Review of Educational Research*, 72(4), 577–625. doi: 10.3102/00346543072004577

Veenman, S., Kenter, B. & Post, K. (2000). Cooperative learning in Dutch primary classrooms. *Educational Studies*, 26(3), 281–302. doi: 10.1080/03055690050137114

Veenman, S., van Benthum, N., Bootsma, D., van Dieren, J. & van der Kemp, N. (2002). Cooperative learning and teacher education. *Teaching and Teacher Education*, 18(1), 87–103. doi: 10.1016/s0742-051x(01)00052-x

Volet, S. & Mansfield, C. (2006). Group work at university: Significance of personal goals in the regulation strategies of students with positive and negative appraisals. *Higher Education Research and Development*, 25(4), 341–356. doi: 10.1080/07294360600947301

Von Saldern, M. (2010). Klassengröße. In D. H. Rost (Hrsg.), *Handwörterbuch Pädagogische Psychologie* (S. 362–368). Weinheim: Psychologie Verlags-Union.

Von Saldern, M., Littig, K.-E. & Ingenkamp, K. (1986). *Landauer Skalen zum Sozialklima für 4. bis 13. Klassen (LASSO 4-13)*. Weinheim: Beltz.

Wagenschein, M. (1968). *Verstehen lehren : Genetisch, sokratisch, exemplarisch*. Berlin: Beltz.

Wang, M. C., Haertel, G. D. & Walberg, H. J. (1993). Toward a knowledge base for school learning. *Review of Educational Research*, 63(3), 249–294. doi: 10.3102/00346543063003249

Weinert, F. E. (1996). Für und Wider die „neuen Lerntheorien" als Grundlagen pädagogisch-psychologischer Forschung. *Zeitschrift für pädagogische Psychologie*, 10, 1–12. doi: 10.1037//0022-0663.91.1.76

Weinert, F. E. (2001). A concept of competence: A conceptual clarification. In D. S. Rychen & L. H. Salganik (Hrsg.), *Defining and selecting key competencies* (S. 45–65). Seattle, WA: Hogrefe & Huber.

Weinert, F. E. & Schrader, F.-W. (1997). Lernen lernen als psychologisches Problem. In F. E. Weinert & H. Mandl (Hrsg.), *Enzyklopädie der Psychologie. Themenbereich D: Praxisgebiete. Serie I: Pädagogische Psychologie. Band 4: Psychologie der Erwachsenenbildung* (S. 295–335). Göttingen: Hogrefe.

Weinert, F. E., Schrader, F.-W. & Helmke, A. (1989). Quality of instruction and achievement outcomes. *International Journal of Educational Research, 13*(8), 895–914. doi: 10.1016/0883-0355(89)90072-4

Wentzel, K. R. (1999). Social-motivational processes and interpersonal relationships: Implications for understanding motivation at school. *Journal of Educational Psychology, 91*(1), 76–97.

Wentzel, K. R., Battle, A., Russell, S. L. & Looney, L. B. (2010). Social supports from teachers and peers as predictors of academic and social motivation. *Contemporary Educational Psychology, 35*(3), 193–202. doi: 10.1016/j.cedpsych.2010.03.002

Wiechmann, J. (2010a). Unterrichtsmethoden – vom Nutzen der Vielfalt. In J. Wiechmann (Hrsg.), *Zwölf Unterrichtsmethoden. Vielfalt für die Praxis* (5. Aufl., S. 13–23). Weinheim: Beltz.

Wiechmann, J. (2010b). *Zwölf Unterrichtsmethoden. Vielfalt für die Praxis* (5. Aufl.). Weinheim: Beltz.

Wild, E. (2004). Häusliches Lernen. Forschungsdesiderate und Forschungsperspektiven. In D. Lenzen & J. Baumert (Hrsg.), *PISA und die Konsquenzen für die erziehungswissenschaftliche Forschung. (Zeitschrift für Erziehungswissenschaft, Beiheft 3)* (S. 37–64). Wiesbaden: VS Verlag für Sozialwissenschaften.

Wild, E. & Lorenz, F. (2009). Familie. In E. Wild & J. Möller (Hrsg.), *Pädagogische Psychologie*. Heidelberg [u.a.]: Springer Medizin-Verlag.

Wild, E. & Möller, J. (Hrsg.). (2009). *Pädagogische Psychologie*. Heidelberg: Springer Medizin.

Winter, H. & Wittmann, E. C. (1989). *Entdeckendes Lernen im Mathematikunterricht: Einblicke in die Ideengeschichte und ihre Bedeutung für die Pädagogik: mit 98 Figuren*. Braunschweig: Vieweg.

Woolfolk Hoy, A., Davis, H. & Pape, S. (2006). Teachers' knowledge, beliefs, and thinking. In P. A. Alexander & P. H. Winne (Hrsg.), *Handbook of educational psychology* (S. 715–737). Mahwah, NJ: Lawrence Erlbaum.

Woolfolk Hoy, A. & Weinstein, C. S. (2006). Student and teacher perspectives on classroom management. In C. M. Evertson & C. S. Weinstein (Hrsg.), *Handbook of Classroom Management* (S. 181–219). Mahwah, NJ: Lawrence Erlbaum.

Wubbels, T., Brekelmans, M. & Hooymayers, H. (1991). Interpersonal teacher behavior in the classroom. In B. J. Fraser & H. J. Walberg (Hrsg.), *Educational environments: Evaluation, antecedents and consequences* (S. 141–160). Elmsford, NY: Pergamon Press.

Wygotski, L. S. (1984). Denken bei Schizophrenen (W. Jantzen, Trans.). In G. Feuser & W. Jantzen (Hrsg.), *Jahrbuch für Psychopathologie und Psychtherapie IV/1984* (S.33–49). Köln: Pahl-Rugenstein. (Nachdruck aus *Archives of Neurology and Psychiatry, 31*, 1063–1077, 1934)

Zlatkin-Troitschanskaia, O., Beck, K., Sembill, D., Nickolaus, R. & Mulder, R. (Hrsg.). (2009). *Lehrprofessionalität. Bedingungen, Genese, Wirkungen und ihre Messung*. Weinheim, Basel: Beltz.

Stichwortregister

A

Additive Aufgaben 124
Aktives Lernen 34, 42, 86
Aktivierungsgrad 91
Allgemeinpsychologie 47
Angebots-Nutzungs-Modell 17, 60
Anstrengungsbereitschaft 43
Arbeitsgedächtnis 26, 94, 112
Authentische Aufgaben 129
Authentische Situationen 38
Autorität? 79

B

Bezugsgruppeneffekt 166
Bildungshintergrund 173
Burnout 158

D

Differentielle Psychologie 47
Durchsetzung 83

E

Effektivität 128, 134
Engagement 159
extrinsische Motivation 157

F

Fachdidaktisches Wissen 149
Fachspezifische Aspekte 68
Fachwissen 149
Fähigkeitsüberzeugungen 49
Feedback 97
Fehlerfreundlicher Unterricht 99
Forschungszugänge 68

G

Geborene Erzieher? 143

Geteiltes Wissen 40

H

Hausaufgaben 173
Herausforderungen im Unterricht 57

I

Implizites Lernen 24
Individuelle Verantwortlichkeit 126
Informationsverarbeitung 26, 116
Intelligenz 48
Interaktion 37, 95
Interesse 45, 49
Intrinsische Motivation 157

K

Klassenführung 78
Klassengröße 167
Klassische Unterrichtsmethode 111
Kognitiv aktivierende Aufgaben 87
Kognitiv aktivierende Gespräche 89
Kognitive Aktivierung 86
Kompatible Ziele 125
Komplexe Lernvorgänge 32, 87
Kompositionseffekt 163
Konjunktive Aufgaben 124
Konsequenzen 82
Kontextfaktoren 61
Kooperation 83

L

Langzeitgedächtnis 28, 94
Lehrkraft als Moderator 114
Lernpotenzial 18, 48, 61
Lernstrategien 49

Stichwortregister

M
Methodenvielfalt 109
Motivation 43
Motivierende Faktoren 45

P
Pädagogisch-psychologisches Wissen 150
Potenzial von Gruppenarbeit 121
Präventive Strategien 81
Professionelle Kompetenz 144
Professionelle Überzeugungen 151

Q
Qualitätvoller Unterricht 20

R
Rahmenmodelle 16
Regeln und Routinen 82

S
Schereneffekt 167
Schulische Wirkungen 18
Schulisches Selbstkonzept 165
Schulklima 169
Schwierigkeiten bei Gruppenarbeit 122

Selbstwirksamkeit 157
Sensorisches Gedächtnis 26
Sichtstrukturen 65
Soziokonstruktivistische Lerntheorien 36
Stoffniveau 91
Strukturierung 135

T
Tiefenstrukturen 65, 76

U
Unterricht als Lerngelegenheit 18
Unterricht verstehen 14

V
Verhaltensaktivität vs. mentale Aktivität 136
Vorwissen 30, 48

W
Wartezeit 100
Widerstandsfähigkeit 159
Wissensvernetzung 32

Z
Zielorientierungen 157